浙东运河文化研究丛书

浙东运河
名城古镇

丁兴根　徐　瑾　编著

Famous Cities and
Ancient Towns
along the
Zhedong Canal

ZHEJIANG UNIVERSITY PRESS
浙江大学出版社
·杭州·

图书在版编目（CIP）数据

浙东运河名城古镇 / 丁兴根，徐瑾编著. -- 杭州 ：
浙江大学出版社，2024. 8. -- ISBN 978-7-308-25331-4

Ⅰ. K928.42

中国国家版本馆 CIP 数据核字第 2024KN3818 号

浙东运河名城古镇
ZHEDONG YUNHE MINGCHENG GUZHEN

丁兴根　徐　瑾　编著

策划统筹	金更达　宋旭华
责任编辑	闻晓虹
责任校对	张培洁　赵　珏
封面设计	杭州浙信文化传播有限公司
出版发行	浙江大学出版社
	（杭州市天目山路 148 号　邮政编码 310007）
	（网址：http://www.zjupress.com）
排　　版	杭州浙信文化传播有限公司
印　　刷	绍兴市越生彩印有限公司
开　　本	710mm×1000mm　1/16
印　　张	20
字　　数	317 千
版 印 次	2024 年 8 月第 1 版　2024 年 8 月第 1 次印刷
书　　号	ISBN 978-7-308-25331-4
定　　价	138.00 元

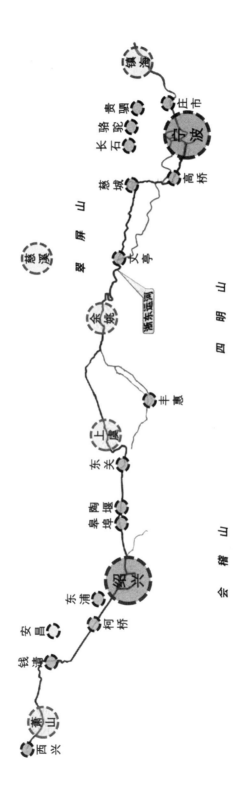

浙东运河名城古镇示意图（制图：金小军）

"绍兴文化研究工程成果文库"序

　　文化是观察世界的窗口，每一种文化都有其独特的符号、价值和历史。文化是理解自身的钥匙，我们的身份认同、思维方式、行为模式等，都深深打上了文化的烙印。文化更是纵览时空的明灯，它映射着我们来时的足迹，照亮了我们前行的道路。

　　绍兴是中华文明体系中一个极具辨识度的地域样本，早在近万年前的新石器时代早中期，嵊州小黄山就有於越先民繁衍生息。华夏文明的重要奠基人尧、舜、禹等，都在绍兴留下大量的遗迹遗存和典故传说。有历史记载以来，绍兴境域和地名屡有递嬗，春秋时期为越国都城腹地，秦汉时期为会稽郡，隋唐时期称越州，南宋时取"绍奕世之宏休，兴百年之丕绪"之意改越州为绍兴，至今已沿用近千年。

　　绍兴地处长江三角洲南翼，神奇的北纬 30° 线把绍兴和世界诸多璀璨文明发源地联结在一起。绍兴有会稽山脉南北蜿蜒和浙东运河东西横贯，"从山阴道上行，山川自相映发，使人应接不暇"，"千岩竞秀，万壑争流，草木蒙笼其上，若云兴霞蔚"。基于坐陆面海的独特地理环境，越地先民以山为骨为脊，以水为脉为魂，艰苦卓绝，不断创造，形成了与自然风光交相辉映的壮丽人文景观。

　　越史数千年，可以说是一部跨越时空的文化史诗，它融合了地域特色、人文特质、时代特征，生动展现了绍兴人民孜孜不倦的热爱、追求与创造，早已渗透到了一代又一代绍兴人的血脉中。绍兴文化以先秦於越民族文化暨越国文化为辉煌起点，在与吴文化、楚文化等交流融合中，不断吐故纳新、丰富发展，逐渐形成了刚柔并济的独有特质，这在"鉴湖越台名士乡"彪炳史册的先贤们身上得到充分展现：从大禹的公而忘私、治水定邦，到勾践的卧薪尝胆、发愤图强；从王充的求真务实、破除谶纬，到谢安的高卧东山、决胜千里；从陆游的壮志未酬、诗成万首，到王阳明的知行合一、"真三不朽"；从徐渭的狂狷奇绝、"有明一人"，到张岱的心怀故国、"私史无贰"；从秋瑾的豪迈任侠、大义昭昭，到蔡元培的兼容并包、开明开放；从周恩来"面壁十年图破壁"的凌云志，到鲁迅"我以我血荐轩辕"的"民族魂"……一代代英雄豪杰无不深刻展现着绍兴鲜明的文化品格。

"稽山何巍巍，浙江水汤汤。"世纪之初，时任浙江省委书记习近平同志敏锐感知文化对经济社会发展的独特作用，强调进一步发挥浙江的人文优势，把"加快建设文化大省"纳入"八八战略"总体布局。他曾多次亲临绍兴调研文化工作，对文化基因挖掘、文化阵地打造、文化设施建设、文化队伍提升、人文经济发展等方面作出重要指示，勉励绍兴为繁荣和发展社会主义文化事业作出新的贡献。习近平总书记还在多种场合反复讲到王充、陆游、王阳明、秋瑾、蔡元培、鲁迅等绍兴文化名人，征引诗文、阐发思想，其言谆谆，其意殷殷。这些年来，绍兴广大干部群众始终把习近平总书记的深情厚爱牢记于心、见效于行，努力把文化这个最深沉的动力充分激发出来，把这个绍兴最鲜明的特质充分彰显出来，把这个共富最靓丽的底色充分展示出来，不断以人文底蕴赋能经济发展，以经济发展助推文化繁荣，全力打造人文经济学绍兴范例。这种人文经济共荣共生的特质，正是这座千年古城穿越时空的独特魅力，也是其阔步前行的深层动力。

2022 年 3 月，为深入贯彻习近平总书记在哲学社会科学工作座谈会上的重要讲话精神，认真落实浙江文化研究工程实施十五周年座谈会精神，绍兴在全省率先启动绍兴市"十四五"文化研究工程，对文化历史与现状展开全面、系统、有序的研究。一方面，借此挖掘和梳理绍兴历史文化资源，繁荣和丰富当代文化建设，规划和指导未来文化发展；另一方面，绍兴文化作为中华文化的重要组成部分，其当代的研究与传承是深入贯彻习近平文化思想的生动体现，对推动中华优秀传统文化保护传承具有重要意义。这是绍兴实施文化研究工程的初心和使命。

绍兴文化研究工程围绕"今、古、人、文"四个方面展开，出版系列图书，打造浙江文化研究工程的"绍兴样板"。在研究内容上，重点聚焦诗路文化、宋韵文化、运河文化、黄酒文化、戏曲文化等文化形态，挖掘绍兴历史文化底蕴；深入开展绍兴名人研究，解码名士之乡的文化基因；全面荟萃地方文献典籍，编纂出版《绍兴大典》，梳理绍兴千年文脉传承；系统展示古城精彩蝶变，解读人文经济绍兴实践。在研究力量上，通过建设特色研究平台、加强市内外院校与研究机构合作、公开邀约全国顶尖学者参与等方式，形成内外联动的整体合力，进一步提升研究层次和学术影响。

2023 年 9 月，习近平总书记再次亲临浙江考察，对浙江提出"要在建设中华民族现代文明上积极探索"的新要求，赋予绍兴"谱写新时代胆剑篇"的新使命。站在新的历史起点上，我们期待，通过深化绍兴文化研究工程，进一步擦亮历史文化名城和"东亚文化之都"的金名片，通过集结文化研究成果，进一步夯实赓续历史文脉、推进文化创造性转化和创新性发展的坚实根基。我们坚信，在习近平文化思想的指引下，坚持历史为根、文化为魂，必将能够更好扛起新的文化使命，打造更多中华民族现代文明建设的标志性成果，创造新时代绍兴文化新的高峰。

是为序。

中共绍兴市委书记 施惠芳

2024 年 8 月

"浙东运河文化研究丛书"序

四十余年的水利史、运河史及相关研究厚积薄发，多学科的学者合力推出了"浙东运河文化研究丛书"十卷本，将水利史、运河史研究扩展到水文化、运河文化研究领域，绍兴文化界迎来了又一个丰收季。丛书即将出版，主编嘱我作序。绍兴本就是蕴含深厚历史文化传统的城市，如今重点组织完成一套围绕浙东运河的包括历史、文化、地理、水利等多方面的研究成果，本是顺理成章的事，不需要他人多语。但是绍兴市领导为这个项目的启动和完成注入精力颇多，诸位作者付出了诸多心血和努力，所取得的成绩令人鼓舞，因此必须表示祝贺！并附带着对水文化研究的意义以及水历史与水文化的关系，谈点个人的看法，以就教于方家。

历史上的水文化研究蔚为大观。黄河流域的龙山文化、二里头文化，附属于长江流域的三星堆文化、河姆渡文化等，大都保有水文化的内容。当然考古学所揭示出来的物质创造和生产力水平，远落后于当今社会的计算机技术、航天工程所代表的物质进步和科技水平。但由于时代久远，这些远逝的物质成果和精神创造，都已演变成为一种文化符号。可见，文化概念是和历史密切相关的，如都江堰、大运河已被列为世界文化遗产，它们既是文化的物质载体，也是历史文化。进入春秋战国时期，老子、孔子、管子、荀子等先祖，对水的物质性和社会性也有许多深刻的阐释。《管子·水地》揭示了水的物质性，认为水是造就地球、构成生物的基本物质："水者何也？万物之本原也，诸生之宗室也"，"万物莫不以生"。在水的精神文化方面，大师们也都有生动的阐释。例如《荀子·宥坐》记载了孔子和弟子子贡之间的对话，这些对话颇为生动有趣。子贡问孔子：您为什么遇见大水都要停下来仔细观察呢？孔子答曰：你看，水滋养着万种生物，似德；水始终遵循着向低处流的道理，似义；水浩浩荡荡无穷无尽，似道；水跌落万丈悬崖而不恐惧，似勇；水无论居于何种容器，表面都是平的，似法；水满不必用"概"而自然平整，似正；水能深入细小孔隙，似察；水能使万物清洁，似善化；河水虽经过万种曲折，必流向东，似志。因此君子见到大水必然要停下来仔细观察。孔子阐述了对水文化的认知，他说水性，又从水性中提炼出人性和社会性，以及其中蕴含的哲理，展示水文化的美丽、丰富、生动和深刻。类似的认识不胜枚举，这里仅举此例。

近代以来，文科和理科相互融通的理念颇受推崇，许多著名学者纷纷倡导。祖籍绍兴的北大校长蔡元培在 1918 年前后曾多次在文章中提倡文理融通的理念。他曾力主"破学生专己守残之陋见"，要求学生"融通文、理两科之界限：习文科各门者，不可不兼习理科中之某种（如习史学者，兼习地质学；习哲学者，兼习生物学之类）；习理科者，不可不兼习文科之某种（如哲学史、文明史之类）"。他还指出："治自然科学者，局守一门，而不肯稍涉哲学，而不知哲学即科学之归宿，其中如自然哲学一部，尤为科学家所需要。"他坚信文理融通可以生发新思考和新认识。今时今日，融通的理念更应成为学术界的共识。近现代科学巨匠爱因斯坦也曾致力于科学与人文的相互融通。1931 年，他在对加州理工学院学生的演讲中提出："如果你们想使你们一生的工作有益于人类，那么，你们只懂得应用科学本身是不够的。关心人的本身，应当始终成为一切技术上奋斗的主要目标。……在你们埋头于图表和方程时，千万不要忘记这一点！"爱因斯坦自身贯彻实践了他科学应该服务于人文的理念。由此，视文化为政治、经济、科技的原动力，亦无不可。

文化体现出一种思维方式。

无论是东方文明还是西方文明，科学在古代都与人文处于同一体系，后来才发生分化。近百年来，西方更强调分析，而东方更强调综合。历史上的水问题，本来是在多种复杂条件下发生的，如果脱离了人文的背景，将难以获得全面的解读。历史、人文与科学相互融通，才能寻得可信的答案。以水利所属的学科为例，早前它是属于土木工程类的，后来单独分出来，再后来又分属水资源、泥沙、结构、岩土、机电等学科门类。学科门类越分越细，但各学科并非原本就是这样独立存在的，而是由于我们一时从整体上认识不了那么复杂的水问题，于是将其分解成一个个学科来研究，一个学科之中再分若干研究方向。然而细分以后，分解的各个部分就逐渐远离水利的整体，甚至妨碍对整体的理解。对学科的细分促进了认识的深入，但原本的整体被拆分后，在使用单一的、精密的分析方法去解读受多因子影响的问题时，可能得出与实际相差甚远的结论。诺贝尔奖获得者、比利时物理化学家普里高津就认为，"现代科学的新趋势已经走向一个新的综合，一个新的归纳"，他呼吁"将强调实验及定量表述的西方传统，和整合研究的自在系统的中国传统结合起来"，倡导对已有的学科门类进行整合，并要求历史和人文研究的加入。文艺复兴时期，欧洲一些思想家力求在古希腊和古罗马的优秀思想中寻找智慧。如今，我们在科学研究和方法论上是否也需要"复兴"点什么？这种"复兴"或可以使人们的认识得到某种程度的升华。

自然科学需要持有怀疑态度和批判精神，而其来源之一便是比较与融通，便是科学与人文的结合。新的学科生长点往往便生于可以激发更多想象力的交叉领域研究。苏轼在观察庐山时说："横看成岭侧成峰，远近高低各不同。不识庐山真面目，只缘身在此山中。"大自然千姿百态，有无数个角度可以解读它，科学是一个，人文是另一个，而科学与人文的交叉融合将会使认识更加全面和丰富。既然现代基础科学在继承传统文化的过程中，依然能够推陈出新，正如数学家吴文俊和药理学家屠呦呦的工作所展现的那样，那么像水问题这样以大自然为背景、受人文因素影响更多、边界条件更复杂的学科领域，更要发挥交叉研究的优势。

古往今来，水问题的历史研究相沿不断。即使在近百年来水利科学技术突飞猛进的时代，水问题的历史研究仍不失其光辉，其本质便在于具有整合融通的优势。例如，近几十年来，水利史在着重探讨水利工程技术及其溯源研究的基础上，又加强了水利与社会相互影响的研究，其着眼点是进一步考察社会、政治、经济、文化、环境对水利的影响；同时引入相关自然科学学科如地理、气象和相关社会科学学科如哲学、经济的研究方法，以及开发相关的整合研究途径与方法，在师法古今中引申出对现实水问题，特别是宏观问题有实际价值的意见和办法。

研究水问题，水利史的加入甚至是提供了一条捷径。水利史的研究在大型工程和水利思想建设中的作用是有迹可循的。中国水利水电科学研究院水利史研究所就曾提出有说服力的成果。1989年，《长江三峡地区大型岩崩与滑坡的历史与现状初步考察》被纳入《长江三峡地质地震专家论证文集》；1991年提出的"灾害的双重属性"概念，被2002年修订的《中华人民共和国水法》所吸收；1991年在"纪念鉴湖建成1850周年暨绍兴平原古代水利研讨会"上提出的"人与自然和谐发展"，被时任水利部部长认为是"破解中国水问题的核心理念"；1994年完成的"三峡库区移民环境容量研究"项目，提出"分批外迁到环境容量相对宽裕的地区，实施开发性移民"的新方针，由长江水利委员会上报国务院三峡工程建设委员会办公室，两年后直接引起原定的长江三峡水库移民"就地后靠"方针的根本改变。2000年以来，多项中国灌溉工程遗产的历史研究被国际组织认可，多项工程被纳入世界灌溉工程遗产名录。围绕京杭运河、隋唐运河、浙东运河全线及其重要节点的一系列成果，对中国大运河申遗起到了基础性支撑作用。这些成果是水利史基础研究长期积累的显现，其中一些成果既是水历史研究，又是水文化研究。

现代人有时轻视古人，认为他们的认知"简单"。但哪怕是"简单"的水问题，也包含了最基本的水流与建筑物间错综复杂的相互作用，以及对人与自然关系最基本的理解。这种"简单"其实是在排除了一些非基本的复杂因素的干扰后，问题本质得以更清晰地呈现，体现了大道至简、古今相通的智慧。爱因斯坦曾在1944年尖锐地指出："物理学的当前困难，迫使物理学家比其前辈更深入地去掌握哲学问题。"这句话不仅限于物理学范畴，实乃振聋发聩的警世恒言，提醒我们所有学科领域都应重视对历史与文化的探究。在此再一次重申："现代科学技术的发展对古老历史科学提出了新的要求，同时它又为历史研究的深入提供了新的方法和手段。科学的发展非但不应排斥历史与文化，相反地，把历史的经验和信息科学化，正是科学所要完成的重要课题。"

文化还是一种精神。

大禹治水的"禹疏九河""三过家门而不入"的佳话，铸就了中华民族艰苦奋斗的民族精神，其中蕴含的改造与顺应自然、人与自然和谐共生的思想尤为宝贵。世上许多民族有大洪水再造世界的故事流传，但只有大禹治水是讲先民在领袖带领下通过众志成城的奋斗战胜了洪水，奠定了中华大地的繁荣发展，并使得禹文化从此成为民族文化宝库中的一颗璀璨明珠。

又如都江堰飞沙堰与分水鱼嘴和宝瓶口配合，实现了自动调节内外江的分流比，既使枯水期多送水入宝瓶口，又利用凤栖窝前的弯道，强化了弯道环流，使洪水期多排沙到外江，把水力学与河流泥沙动力学原理发挥得近乎完美，可谓"乘势利导，因时制宜"哲学思想在工程实践中的生动应用，深刻诠释了人与自然和谐共生的理念。有赖科学与人文的结合，都江堰实现了运行两千多年的举世公认的卓越成就。

在水文化中，人与自然的和谐是永恒的主题。北宋时期，黄河堤防频繁决溢，治河思想因此空前活跃。苏轼在《禹之所以通水之法》一文中提出："治河之要，宜推其理，而酌之以人情。"这里的"理"，是治河的科学原理，"人情"则是社会。他认为："古者，河之侧无居民，弃其地以为水委。今也，堤之而庐民其上，所谓爱尺寸而忘千里也。"他继承了大禹的治水理念，结合宋代人居情况，建议设置滞洪区以减轻洪灾损失，极有见地。

重视水历史和水文化研究不是一时兴起，它就是中华文化的重要组成部分。在水利科学技术迅猛发展的今天，传统水利工程技术已经陈旧，但随着时代的发展，人们越来越清楚地看到，水利的成败得失不仅取决于对水的运动规律的认知和水利设施安全的保障，也直接受到诸多社会因素的影响。离开广阔而深刻的人文、历史背景来孤立地就水利谈水利是片面的。甚至可以认为，对许多水问题的解答，只靠自然科学是无能为力的，急需人文学科的参与。我们在五千年文明史中积累的许多经验和教训，都来自传统文化。因此，面对水问题，我们需要跨学科的综合视角，将自然科学与人文科学紧密结合。如果我们只寄希望于人为设计的各种各样的模型，其局限性显而易见，我们必须同时向大自然学习，因为大自然才是真正的大师。

以上对水历史和水文化的认识，是我有感于本丛书的布陈表达了类似的理解而就此说点补充的话。

至于夏商周三代之后的我国早期运河工程，《史记·河渠书》就曾历数。司马迁说："此渠皆可行舟，有余则用溉浸，百姓飨其利。"此中所言也包括吴越一带的运河在内。《越绝书》具体记载的有吴国境内太湖西边的胥溪，东边围绕太湖并入长江的常州、无锡、苏州间的水路，再向南横绝钱塘江而直入山阴（即今之绍兴）。山阴再向东则有"山阴故水道"直通曹娥江，这就是本丛书重点讨论的浙东运河的前身。越国有了古代浙东运河之利，就有了向北与吴国争锋以及与诸侯争霸的资本，于是演绎了"卧薪尝胆"和"十年生聚，十年教训"的历史剧目。交通的便利更促进了本地区文化的发展。

学习文化，理解其中丰富的内涵，对研究运河的历史发展大有裨益；同时，深入钻研运河工程和运河历史，也会对其文化内涵有更深度的解读，二者相得益彰，非只注重一方可比。"浙东运河文化研究丛书"十卷本的布陈涵盖了运河史、文化遗存、运河生态廊道、通江达海交通衔接与文化传播、名人行迹、历代文学与诗歌、名城与名镇、民俗与民风、传统产业继承与发扬等诸方面。丛书在以往研究基础上吸纳了最新的研究成果，通过近年来对史料的进一步挖掘和多视角的解读，以及对文化遗存的新发现，还原了浙东运河历史文化的诸多细节，将浙东运河与中国大运河的相关性、独特性及其在中国历史中的地位更为生动地呈现了出来，诠释了主流学界对文化的定义，即文化是"人类知识、信仰和行为的整体。在这一定义上，文化包括语言、思想、信仰、风俗习惯、禁忌、法规、制度、工具、技术、艺术品、礼仪、仪式及其他有关成分"（《不列颠百科全书》国际中文版）。由此也可见本丛书的内容丰富和意义深远。

　　丛书作者们通过努力完成了一项创新性的工作，促进了水利史尤其是运河史和运河文化研究的进一步成长。由此继之，也期待浙东运河与文化交叉研究的再深入，产出更多的优秀成果，让古老的浙东运河展现出时代的风采。

　　谨致祝贺。

周魁一

2024 年 1 月 26 日于白浮泉畔

前　言

浙东运河名城古镇的研究，既是基于对以城市为视域的中国运河史的梳理，又是对传承大运河文化、服务当下经济社会发展的探索。

浙东运河始于今杭州西兴，与钱塘江相接，终于宁波镇海，流入东海，连通杭州、绍兴、宁波三地——浙江最发达的区域。浙东运河流经的萧山区、柯桥区、上虞区、余姚市、慈溪市、镇海区，自改革开放以来，都已成为经济社会发展的高地，而浙东运河两侧的古镇如钱清、柯桥、东关、丰惠、慈城等，也均在经济社会演进的版图上有着浓墨重彩之笔。

对运河与沿线城镇关系的研究，论著众多，本书的目的主要注重以下三个方面：

一是通过对运河流域城市群的展示，梳理运河与城市的共生关系，探寻城市发展的动力和密码，尝试解答新时代如何推动运河与城市和谐共存。

二是通过对运河文化的梳理，对"浙东唐诗之路""海上丝绸之路"以及名人文化等进行探源溯流，为传承运河文化提供借鉴。

三是推进运河沿线历史文化遗迹的保护。本书辟出专章，对运河流域的历史文化街区做了详细介绍，既展现了当下各地在发展和保护上做出的努力和探索，也为经济社会高质量发展如何寻找新的动力源提供了一种思路。

当然，对于浙东运河文化研究这一宏大的课题而言，本书仅限于抛砖引玉，期待站位更高、理念更新的研究者的关注。

目录 I C O N T E N T S

上部
城因水兴

下 部
街因水名

上　部

城因水兴

概述　运河影响下沿线城市的空间发展

徐瑾　达玉子 / 文

自古以来，运河作为重要的水路交通干线，对城市的发展和空间布局产生了深远的影响。浙东运河作为京杭大运河的重要河段，在沿线城市聚落的发展、城市聚落空间格局的形成以及城市商业的兴盛等方面，都发挥了重要作用。

一、运河带动城市聚落的形成与发展

春秋战国时期，越国整治并开凿了山阴地区原有的水道和陆路，形成了从山阴城到曹娥江的水陆交通网络。《越绝书·越绝外传记地传》记载："山阴故水道，出东郭，从郡阳春亭。去县五十里。"这是现存的有关浙东运河的最早记载。此水道西起山阴城之东隅，东至虞邑东关镇练塘，绵亘约二十里又七，不仅联结了东郭南北众流，更使越都与其军事、生产重镇之交通得以畅达，且辅以码头，与海疆相接，四通八达。

从晋朝开始，灌溉技术的提升和水运的便利，让农业得到了前所未有的发展。在水网密布的广阔平原上，农田犹若棋盘，阡陌纵横，蔚为壮观。随着农业的发展，众多村落市镇依田而生，日渐繁荣。圩田的开垦也加快了速度，到了南朝的时候，浙东运河沿线的会稽一地已经是"带海傍湖，良畴亦数十万顷"。

这一时期，浙东运河体系也渐趋完善，以绍兴为核心，鉴湖汇三十六源之水，并入山阴故水道，形成重要航道。同期，西兴运河开凿，与鉴湖并行，被誉为"境绝利博，莫如鉴湖"。至南北朝，浙东运河全线畅通，以鉴湖为中心辐射周边，催生西兴、钱清、衙前、百官等聚落的形成。①

隋朝，隋炀帝开通了大运河，贯通了南北水路交通。这一举措不仅加强了地域间的联系，也为沿线的聚落形成提供了契机。在运河一线，人们开始聚居，并逐渐形成了规模不一的聚落。这些聚落最初可能是为了便利水运而设立的驿站或码头，后来逐渐发展成为商业、手工业和农业的综合体。②

浙东运河作为其中一段重要的运河，其最早的职能主要是区域性的水路通航。因此，沿岸的聚落以一定距离均匀排布，作为水路航道的服务性节点。这些聚落承担着运输、贸易、居住等多种功能，成为运河沿线的重要组成部分。随着时间的推移，这些聚落逐渐发展壮大，形成了城镇和村落的雏形。

南宋时期，浙东运河沿线的聚落得到了进一步的发展。根据城镇聚落的规模和职能，可以将其分为：中心城镇，如绍兴古城、萧山等，它们承担着区域内的主要经济、运输功能，是区域内的政治、经济、文化中心；以商贸、旅宿或运输集散为职能的节点市镇，如钱清、西兴等，它们因特殊的地形或地理位置而具有咽喉地位，发展成为较大规模与承担重要功能的城镇聚落；较小规模的聚落，如柯桥、陶堰等，它们主要承担居住、休息、运河管理、疏浚等日常功能，是运河沿线的基础组成部分。③

二、运河奠定城市空间格局与基本骨架

运河的开凿和治理不仅促进了聚落的形成和发展，也奠定了城市的基

---

① 盛鸿郎，邱志荣. 鉴湖与绍兴水利［M］. 北京：中国书店，1991.

② 张慧茹. 南宋杭州水环境与城市发展互动关系研究［D］. 西安：陕西师范大学，2008.

③ 徐瑾，周筱芳. 南宋浙东运河城镇聚落系统［J］. 钱塘江文化，2022（7）：7—9.

本空间格局。在古代水利工程中，人们因势利导地利用水资源，形成了适宜的水地比例。这种水地比例不仅满足了农业生产和生活的需要，也为城市的规划和发展提供了基础条件。[①]

在广袤的山会平原上，运河的蜿蜒流淌为城市的发展提供了天然的轴线。人们沿着运河两岸聚居，形成了带状或团块状的城市形态。同时，运河的交汇点和重要节点也成为城市的重要公共空间，如码头、桥梁、闸口等。这些公共空间不仅承载着交通运输的功能，也是人们交流、贸易、休闲的场所，为城市增添了活力和魅力。

以绍兴古城为例，其城市空间格局的形成与运河密不可分。其中山阴大城筑于山会平原之上，依托九座孤丘（越中九丘）构建，利用自然山势代城墙，形成独特防御。其北城墙设于藏山与卧龙山东北间，以水为堑，巧妙避开城北复杂河网，确保城池稳固。后期，通过因地制宜的水利工程设计，绍兴古城得到了有机持续的发展。城内的街道和巷弄沿着运河两岸延伸开来，形成了独特的"水城"风貌。同时，运河也为绍兴古城的经济发展提供了强大的支撑力量。

三、运河促进沿线城市商业的繁荣

运河作为重要的水路交通干线，不仅促进了沿线聚落的形成和城市空间格局的奠定，也推动了城市商业空间的发展。在古代社会，水路交通是最为便捷和高效的运输方式之一。运河的开凿和治理使得商品和人员能够快速地流动和交换，为商业的繁荣提供了基础条件。

运河的开辟极大地促进了水资源的有效利用与交通网络的拓展，不仅为越国带来了灌溉之利，显著提升了农业生产力，还大大增强了其内外航运的便捷性，加速了物资流通与文化交流。这一壮举在短短数年间，便助

---

① 佟思明. 区域和城市尺度下的古代绍兴景观体系演变研究［D］. 北京：北京林业大学，2020.

力越国从一个偏居山丘的小部落迅速崛起，发展成为一方强国。在此过程中，越国不仅实现了经济的飞跃，还成功掌握了沿海地区的三大重要港口——句章港、会稽港与琅邪港。①

在唐朝时期，萧山作为运河沿线的重要城市之一，已经开始出现商业活动的迹象。城市的发展逐渐突破了原有的格局限制，里坊制度开始松动。运河南北端出现了草市等对外贸易的码头和对内商品集散的场所。这些码头和集市不仅促进了商品的流通和交换，还吸引了大量人口聚集，使得消费需求进一步增加。②

到了宋朝，随着人口的快速增长和城市规模的不断扩大，商业活动逐渐成为城市经济的重要组成部分。运河两岸成为民众聚居和商业活动的主要区域之一。然而，由于城市内部土地资源的紧张以及运河航运功能的需要，民众大量聚居在河边，导致河道缩窄，影响了航运。为了解决这个问题，苏轼等人进行了多次的治理和维护，使得运河得到了保护和发展。同时，这些措施也促进了运河两岸商业活动的进一步繁荣，酒楼、茶馆等各种配套设施应运而生。③

然而，随着时代的变迁和交通运输方式的多样化发展，运河在城市空间发展中的地位逐渐下降并趋于隐退。近代以来，随着铁路、公路等陆路交通方式的兴起和发展以及现代化交通工具的出现和普及，水路交通逐渐失去了其主导地位和竞争优势。同时，由于城市化进程的加速推进以及城市规划和建设理念的变化等因素的影响，运河沿岸地区也面临着诸多问题和挑战。④

许多原本宽敞开阔的河岸空间被高楼占据或蚕食鲸吞，导致运河景观被破坏殆尽。在现代城市规划理念下，人们对城市功能布局和空间结构提出了更高的要求和标准。然而，如何在追求经济效益最大化目标下重视河

① 邱志荣，陈鹏儿. 浙东运河史［M］. 北京：中国文史出版社，2014.
② 徐岩. 历史时期运河对杭州城市发展的作用［D］. 杭州：浙江大学，2007.
③ 徐勤. 京杭大运河与古代杭州城市的发展关系研究［D］. 杭州：浙江大学，2018.
④ 侯青. 杭州运河两岸开放空间公共性研究［D］. 上海：同济大学，2006.

道保护？如何在追求交通便利性的同时重视历史文化保护？这些问题和矛盾冲突也使得运河在城市空间发展中的地位逐渐下降并趋于边缘化。①

　　尽管如此，我们仍然应该认识到运河在城市历史和文化传承方面所起到的重要作用以及其潜在价值。有效地提升运河在城市空间发展中的地位和价值，可以为城市的可持续发展注入新的活力和动力。

---

① 楼瑛浩，朱佳斌，葛艺，等. 基于"文化承载—空间再塑"的场所活化策略研究——以浙东运河绍兴上虞段为例 [J]. 华中建筑，2022，40（8）：146—151.

第一篇章

绍兴：城址千年不变的江南古城

吉天宇　达玉子 / 文 & 摄影

绍兴是一座独具特色、饶有风韵的江南古城。千年间，绍兴城历经风雨沧桑、世事变迁，始终屹立在这片土地上。千年不变的城址为绍兴奠定了丰厚的底蕴，数不清的传奇故事在这里发生，道不完的文人墨客在这里留下瑰宝，一幕又一幕的水乡故事、市井生活在这里上演。

千年古城　历史沧桑

绍兴的历史源远流长，上可追溯至新石器时代中期的小黄山文化。九千年前，先民们在曹娥江水的涵养下躬耕农作，留下了属于这片土地的人类文明最早的印记。人聚集在一起组成了社会，进一步发展便形成了国家；一方土地也随着人的经营，从宅院变成聚落，再进一步便出现了城池。公元前490年，越王勾践结束了在吴国的三年囚禁回到越国，"卧薪尝胆"的故事由此上演。勾践励精图治，带领越国走上了复兴之路。同年，大夫范蠡受越王之命，"筑城立郭，分设里间"，定都绍兴，即"勾践小城"，自此正式开启了绍兴建城的历史。不久，越王勾践灭吴国，与诸侯在徐州会盟，成为春秋五霸之一。绍兴作为都城，见证了越国的辉煌。如今在绍兴老城西部的越子城附近，仍可寻见当年的痕迹。

在漫漫历史长河中，绍兴的地名几经变化，见证了朝代更替、世事变迁。秦朝将吴越之地设为会稽郡，治所在今天的苏州，绍兴诸县均受其管辖。三国时期，会稽郡归属吴国，治所在山阴县。隋开皇九年（589），山阴、永兴、上虞、始宁被合为会稽县，由吴州所辖。隋大业元年（605），以越州代替吴州，治所设在会稽县，"越州"之称自此出现。南宋建炎四年（1130），宋高宗驻跸会稽，下召次年正月起改元"绍兴"，同时升越州为绍兴府。后世行政区划几经变更，"绍兴"之名沿用至今。

唐宋以来，随着经济重心逐渐从中原向南方转移，绍兴的经济和文化也在这一过程中变得活跃起来。南宋绍兴八年（1138），临安成为王朝的都城，与之相邻的绍兴便成为陪都，皇陵也被安置在绍兴。绍兴地区富商云集，从留存至今的沈园可见一斑。沈园的粉墙黛瓦、水院风荷，无不彰显了富商沈氏当年雄厚的财力。然而真正让沈园跨越八百余年至今仍闻名遐迩的，是陆游和唐琬的故事。世俗的压力破坏了两人美满的爱情，恰逢人生不得意时，于沈园重逢令二人感慨万千。如今沈园的墙上刻着《钗头凤》二首，一首来自陆游，另一首来自唐琬。绍兴的文化底蕴，为古时人们所称道。清代官场中有种说法，"无绍不成衙"。绍兴读书人多，其中富有文采以至闻名天下者甚多，如徐渭、王阳明等。时至现代，绍兴同样人才辈出，如鲁迅、周恩来等，在国家危难之时力挽狂澜，用他们的才气、胸怀和感召力，深深地影响了中华民族的品性。一座城市能将高品位的文脉延续千年，时至今日仍保持鲜活的生命力，实属难得。

山水相依　格局壮阔

绍兴的独特始于自然。这片涵养了近万年人类文明、承载了千年生生不息的文化的土地，拥有非同寻常的壮阔格局。踏入这片江南山水之境，人们仿佛置身于一幅永恒的画卷中。它不仅给人以视觉的享受，更能让人触碰到那跃动着的城市灵魂。

绍兴离不开山，不只目光所见，亦是生活所感。会稽山脉横亘在绍兴城的南方，东西方向延展开来，像大地母亲张开的臂膀，给绍兴城以坚实的依靠。晨醒时分，薄雾笼罩了山林；向南远望，青山若隐若现，为城外的自然之境笼上了一层神秘的面纱。每当夕阳西下，余晖洒落在山脊上，山峦仿佛披上了一层金纱，散发出令人陶醉的温柔与宁静。绍兴下辖的诸县（市、区）散布山中，为城市里的人们带来丰厚的物产。传说这里是大禹治水之后论功行赏的地方，也是大禹的长眠之地。自古以来这里便有登会稽、祭大禹的祭祀活动。会稽山麓的大禹陵保存至今，纪念着历史传说中的伟大先人。绍兴人远可眺望会稽山脉，近可登临城内的丘陵——塔山、府山、蕺山三座小山散落在绍兴古城的南、北、西三个方向，自然沾染了绍兴城的文化气韵。蕺山留下了书圣王羲之的足迹，府山见证了越王勾践的霸业，塔山则承托了东晋古塔的历史变迁和历代游人的闲情逸致。

绍兴更离不开水。大江运河撑起了商业的繁荣，小桥曲水承载了老城的烟火。绍兴北临钱塘江，几千年来，绍兴与这位邻居关系紧密。钱塘江岸线北移，南岸绍兴的水网自然受其影响，几经变迁。钱塘江不宜漕运，穿城而过的萧绍运河便成为绍兴的运输要道，自越王勾践起，至今已有两千余年。鉴湖、曹娥江，千年来这些名字伴随着绍兴的历史，融入了这座城市的血脉。城内大大小小的水道，有名的无名的，亦融入了一代又一代绍兴人最日常的记忆。若不是绍兴，又有哪座城市能配得上"东方水城"之名呢？

运河穿城　因水而兴

萧绍运河是绍兴市内一条重要的水运通道，起源于北宋时期，因为经过萧山和绍兴两地而得名。运河宛如一条清澈的玉带，自西向东穿城而过，从迎恩门进入，经过阳明故里、书圣故里与八字桥街区，而后由都泗门出城。其余街区内则是其他水系与支流。运河同时也绕城而行，形成护城河。当年它奔涌而来，意在通达水运之路，商货往来，贸易繁荣。

萧绍运河的诞生为绍兴的发展注入了源源不断的活力。它与京杭大运河相连，开启了绍兴与北方商埠的贸易之门，极大地推动了这座城市的经济繁荣。尤其是在宋代，绍兴凭借得天独厚的地理位置和便利的水上交通条件，成为南方地区最重要的商业都市之一。当时城内繁荣兴盛的景象可谓引人瞩目。

这条运河，不仅仅是物资的输送通道，更是文化的桥梁、连接绍兴与外界的心灵纽带。运河沿线的繁华城市和宜人乡村孕育了独特的运河文化，各地的商人、手工艺人和文化名人络绎不绝地往来于绍兴，带来了各种各样的商品、工艺和思想。这种文化的碰撞和融合，赋予了绍兴深厚的文化底蕴，使其成为一座拥有独特魅力的历史名城。

如今，随着现代交通工具的发展，水路运输式微，然而作为绍兴的一部分，萧绍运河仍然保留并得到修复，成为重要的旅游景点。游客乘船畅游于运河之上，欣赏着沿岸古老的建筑和美景，感受着古代运河文化的独特韵味，仿佛穿越时光，沉浸在历史的氛围中。萧绍运河以其独特之美，让人流连忘返，成为绍兴城市一道亮丽的风景线。

绍兴的水利设施建设历史悠久，早在汉代就有关于大型水利工程的文字记载。《越绝书·越绝外传记地传》载："山阴古故陆道，出东郭，随直渎阳春亭；山阴故水道，出东郭，从郡阳春亭。去县五十里。""故"字说明水道和陆道的修建时间在《越绝书》成书之前。水道和陆道相互并行，以绍兴城为起点，平行于会稽山脉绵延伸展。可以想见，山阴故水道和陆道的修建是同时进行的，开挖水道产生的沙土堆于岸边，为陆道的修建提供材料。故水道与鉴湖水系相连，除了航运之外也起到了防洪排涝、挡潮蓄淡的作用，为绍兴地区的农业生产创造了更好的条件。这条兼具航运、防洪、灌溉等多方面价值的运河并没有被淹没于历史长河中，而是被浙东运河继承，影响绍兴至今。

绍兴还有一处跨越千年的水利工程，那就是鉴湖。如今的鉴湖偏居绍兴城西南部，形态细长，水域面积很小。但在东汉时期，鉴湖面积在200平方千米以上。东汉永和五年（140），会稽太守马臻为治水患，以工代赈，汇山阴、会稽两县36条水系，在会稽山北侧修筑镜湖（北宋时改名鉴湖），湖堤以会稽郡城为中心向东西方向延伸。

此后历代，鉴湖面积逐渐缩减。到了宋朝，鉴湖因泥沙淤积，面积进一步缩减。为了提高灌溉和通航的效率，人们在鉴湖以北开凿了漕渠，连通了钱塘江与曹娥江。这条漕渠后来成为浙东运河的一部分并存续至今。

水网密布　街巷纵横

绍兴的城市布局宛如一篇婉转动人的乐章，以"三山两塔七弦水"勾勒出独特的轮廓，三山即塔山、府山、蕺山，两塔即文笔塔、应天塔，七弦水则是组织起城市脉络的灵魂。

河道组织起绍兴城的脉络，街巷便顺着河道生长起来。从城市尺度看，城内城外水网错织，六处水城门串联城内外水道；城内城外双护城河，内河助舟楫行航；陆路、水路交相辉映，形成了双重交通系统。在微观尺度上，传统街区的街巷与河道呈现出更为紧密的互生关系。正由于水网密布，绍兴建造了数量众多的桥，由此产生了独特的桥文化。

萧绍运河如丝带般穿越绍兴市区，将城市分割成东西两岸。运河两岸的建筑和街巷保留着古老的风韵，展现出江南水乡的典雅特色。沿河而建的古老房屋、石桥和檐廊沿袭传统建筑风格，散发出宜人而古朴的气息。河水静谧流淌，见证着岁月的流转。

绍兴的历史文化街区犹如一幅古老的画卷，将人们带入时光的长廊，展示着千年文化的辉煌。鲁迅故里承载着伟大文学家鲁迅先生的记忆，石板铺就的小巷弯弯曲曲，粉墙黛瓦的古老建筑静静诉说着他童年的故事。他的故居沉浸在岁月的河流中，保留着他曾经生活和创作的痕迹，让人们感受到他的思想与情感的温暖。阳明故里和书圣故里沿途古朴的建筑与青石板小巷，仿佛在诉说着王阳明与王羲之的智慧和人文精神。八字桥横跨运河，将两岸连接在一起，也将过去与现在连接在一起。

水岸商业，是绍兴的又一特色。各类商贩聚集在河岸边，他们在色彩斑斓的伞篷下，售卖着琳琅满目的商品。嘈杂的交谈声、此起彼伏的叫卖声和欢快的音乐声等交织在一起，构成了这片水岸的独特乐章。

人文渊薮　底蕴深厚

绍兴这片水汽氤氲、物产富饶的土地，滋养了一代又一代的人们。千百年来，这里人才辈出。

相传大禹治水，葬于会稽，也就是如今绍兴市东南会稽山。大禹陵又称"禹穴"，以山为陵，前临禹池。如今到大禹陵景区，可以看见始建于南朝梁初的禹庙、明嘉靖年间所立的"大禹陵"碑亭等一系列历史建筑，从而感受大禹文化的深厚底蕴。

而后有吴越争霸，两国先后经历了夫椒之战和笠泽之战。吴国先战胜越国，而后越王卧薪尝胆、韬光养晦，最终反起灭吴，成为春秋时期的最后一任霸主。当时，越王勾践命令范蠡"筑城立郭，分设里闾"，依靠卧龙山（今"府山"）建立一座小城，这也就是绍兴城的开端。如今，在越子城历史文化街区，仍有很多古迹留存。可以去探访静谧悠远、中轴庄严的越王台，也可以去参观府山顶古朴浑厚的飞翼楼，或者去游览以庞公池为中心、亭台楼阁分布四周的西园，抑或去游逛商业繁盛、充满市井气息的仓桥直街。

东晋时绍兴出现了一位书法大家王羲之，绍兴的八大街区之一书圣故里便是因此而得名的，他的传世之作《兰亭集序》也与绍兴相关。据记载，三月初三，王羲之广邀文人雅士在兰亭修禊。众人饮酒赋诗，汇总成集。《兰亭集序》便是王羲之即兴而书之序。如今，在绍兴市柯桥区兰亭镇，我们还可以参观当年文人会聚的兰亭，里面有鹅池、流觞亭、兰亭碑等等。

到了明清时期，在哲学思想和书画艺术上，绍兴一带蓬勃发展。心学集大成者阳明先生便出生于绍兴府余姚县，也成长且归葬于绍兴。这里是他思想的开端与成熟之地，见证了他融儒释道于一体，思想渐趋圆熟，进而影响后世的过程。如今，我们仍旧可以看到阳明洞天、南镇观花、稽山论道等景点。另外一位奇才大家是徐渭，号青藤老人。"吾年十岁栽青藤，乃今稀年花甲藤。写图写藤寿吾寿，他年吾古不朽藤。"他的自述诗句也是他号的来源。徐渭在诗文、戏曲、军事和方志等方面都有着卓越成就。梅国桢称他："病奇于人，人奇于诗，诗奇于字，字奇于文，文奇于画。"徐渭在书画方面有着开辟性的意义，开创了泼墨大写意画风，影响着后世的众多文人墨客。如今，在绍兴的前后观巷片区，徐渭故居、徐渭艺术馆、青藤广场等记录着这位大家的一生。

到了近代，绕不开的一位文学家、思想家、革命家、教育家便是鲁迅。鲁迅原名周树人，中国现代文学的奠基人之一。绍兴作为鲁迅的故乡，对他的道德观念、价值判断、笔底文风都有着深刻的影响。在鲁迅笔下，我们可以看到以绍兴城为背景的点滴故事与绍兴的风土人物，比如百草园里冲向云霄的叫天子，三味书屋里严厉但质朴方正的寿镜吾老先生，月光下抓猹的闰土，相约去看社戏的少年，等等。

当然，还有无尽的人与绍兴这座城相关，他们就像是群星一般，在历史的长河里发光发亮。

水乡风情　市井风貌

绍兴城说大也大，说小也小。大到千百年内，供养了世世代代的水乡人民，承载了万千悲欢与传奇；小到如今凭借现代交通，我们只需一日便可游历整座城市，达到水路所不及的速度。

但是，想要感受这座古城的真正韵味，我们就需要慢下来，体会古人在这里曾经过着的生活，探寻角落里埋藏的故事。

在鲁迅故里的街头走一走，看一看鲁迅笔下承载童年回忆的百草园、三味书屋里那张刻有"早"字的书桌和祖宅中祭祀的场景，听一听水畔戏台上演出的社戏，闻一闻黄酒的独特香气。在鲁迅纪念馆中，感受鲁迅先生的生平与他"横眉冷对千夫指，俯首甘为孺子牛"的民族情怀。乘一只乌篷船，随船夫一起，穿越窄窄的水道，便可从鲁迅故里到达沈园。在沈园，游赏一座座亭台轩榭，品陆游词，叹他与唐琬爱情的可歌可泣。

八字桥　　　　　　　　　　　　　　　书圣故里

西小河　　　　　　　　　　　　　　　仓桥直街

而后，北上可到达八字桥街。这是一个富有生活气息的街区，商业气息并不浓厚。目之所及是水两岸的人家晾晒出来的豆角，门槛旁闲下来晒太阳的人和屋檐下安然入睡的猫。这里的桥，是独具特色的，高高隆起的桥身与两侧的阶梯，活像一个"八"字。桥既连接了水两岸的生活，也像是一个取景框一般，将这一幅水岸长轴纳入其中。

与八字桥不同，书圣故里与阳明故里颇有人气，它们分别承载着王羲之与王阳明两位大家的传奇往事。在书圣故里，王羲之墨池苦练、一字千金、捐宅为庙；在阳明故里，王阳明创立心学、修道讲学，将自己的学说发扬光大。

新河弄和西小河紧邻阳明故里，却是完全不同的景象，呈现出遗世独立的生活场景。这里似乎没有受到游人的干扰，安静而温和。

向南走便可以到越子城片区，这里因越王勾践而得名。如今，人们可以在此参观越王台遗址——沿着漫长轴线，登上依山而建的越王台。越王台地势险要、雄浑壮观，是俯瞰绍兴城的绝佳去处。

仓桥直街在越子城附近，毗邻石门槛历史文化街区。走在承载着许多记忆的青石板路上，便可以看两侧热闹的街市，看屋檐上冒出来的黄绿色小草。在绍兴，有一个颇有意趣的事情：想要知道这间房子久不久远，就去看它的屋顶，长出青草了便算是老屋。老屋们像是约好了似的，都长着同一种草，这大抵是鸟儿的功劳。

再往南可以到前后观巷，看一看徐渭的故居和纪念馆，感受一下青藤老人的泼墨大写意画风和多方面的文学造诣。从这里再走两步便又回到了鲁迅故里，如此，便算是浅浅领略了绍兴城的风貌。

绍兴的命运与运河紧密相连，萧绍运河成为绍兴的运输要道，已有两千余年历史。鉴湖、曹娥江等水域融入了绍兴的血脉，滋养了这座别具一格的东方水城。现代交通发展后，运河得以保留和修复，成为重要的旅游景点，吸引着无数游客前来欣赏。历史与现代的碰撞和融合赋予了绍兴深厚的底蕴与轻快的气质，使其成为一座拥有独特魅力的历史名城。

宁波：港通天下　书藏古今

时雨　阿苏 / 文　潘旭光 / 摄影

　　宁波为典型的江南水乡和海港城市，是中国大运河南端出海口、"海上丝绸之路"东方始发港。其地处浙江省东北部、大陆海岸线中段，北濒杭州湾，东有舟山群岛为屏障，西接绍兴，南邻台州。境域总面积 9816 平方千米。1984 年被列为 14 个沿海开放城市之一；1986 年被列为第二批国家历史文化名城；1987 年经国务院批准，成为计划单列市；1994 年被确立为副省级城市。宁波系国内 I 型大城市、上海大都市圈重要城市、"中国制造 2025"试点示范城市和长江三角洲南翼经济中心。

　　早在 8000 多年前，原始先民就在此繁衍生息。相传夏禹时有堇子国，被认为是城邑的起源。越勾践二十四年（前 473），越辟句余地（即句章）。秦王政二十五年（前 222），置句章县，治城山渡（今慈城镇）。新朝王莽天凤元年（14），设谨（鄞）、海治（鄮）、句章三县。隋开皇九年（589），鄞、鄮、余姚、句章合为句章县（史称大句章），治小溪（今鄞江镇）。唐武德四年（621），析句章，设鄞、姚两州。武德七年（624），废姚州为余姚县，八年（625），废鄞州为鄮县，同隶越州。唐开元二十六年（738），分鄮县为鄮、奉化、慈溪、翁山四县，设明州统之。唐天宝元年（742），明州改称余姚郡，下辖鄮、奉化、慈溪、翁山四县。唐乾元元年（758），设浙江东道，余姚郡复改明州；唐长庆元年（821），刺史韩察议移州治三江口。后梁开平三年（909），武肃王钱镠置节度使，设明州望海军，隶吴越国，辖鄞、慈溪、奉化、翁山、望海五县。宋建隆元年（960），置两浙路，改明州望海军为明州奉国军。宋庆元元年（1195），设庆元府，隶两浙东路。元大德七年（1303），设浙东道都元帅府，属江浙行省。明洪武十四年（1381），避国号讳，将明州府改称宁波府。清顺治十五年（1658），设宁绍台道（治宁波府）。民国十六年（1927），划鄞县城区设宁波市，隶属浙江省。民国二十年（1931），撤宁波市，复鄞县。中华人民共和国成立后，置宁波市，城区为宁波专署驻地。1983 年，撤专署，实行市管县体制至今。

城港合一　历史悠远

宁波"城港合一"兴建史，可追溯至 2000 多年前的越国句章港。发源于四明山的奉化江和余姚江，至此与甬江汇聚，经浃口（今镇海）出海。干流余姚江不仅是天然江河，也是重要的运河河道；其经历朝历代修建堰坝"渠化"，终成大运河最为稳定的出海河流。2014 年大运河被列入《世界遗产名录》，宁波作为大运河出海口与"海上丝绸之路"枢纽城市为世界所瞩目。《唐会要》卷七十一"州县改置下"载：明州，开元二十六年（738）七月十三日，析越州鄮县置。长庆元年（821），府治因"地势卑隘"，迁至三江汇聚入海口。今公园路发掘出的明州子城遗址以及几毁几建、清咸丰年间重修的子城南门鼓楼（海曙楼），见证了宁波"建城"和"开港"的历史。

浙东运河前身为始建于春秋越国的山阴故水道，初始作用为连接都城会稽与周边粮食、冶金基地。在中国漫长的农耕社会里，绍兴是越国上都，还是"会稽熟，三吴足"的粮仓，重要性在宁波之上。后来居上的明州城，如何在三江口完成"蝶变"，成为内河与海洋航运的连接点？现明州子城

三江口俯瞰

鼓楼

三江口来远亭

遗址地层中，存有一座庞大的引桥式码头的遗迹，在此出土了荷叶盏托、瓜棱执壶等越窑精品，罕见的波斯国蓝釉陶片；而近半个世纪，在朝鲜、日本及印度、伊朗、埃及等国古港口、古城堡遗址屡有出土上林湖等地的越窑青瓷；特别是在 2005 年，印度尼西亚海域沉船中打捞出 49 万件 10 世纪的器物，其中 30 多万件是上林湖及周边地区越窑生产的青瓷。而它们，都是经明州港"海运"至世界各地的。

今三江口一带，尚有大量与河海贸易相关的遗址遗物。位于月湖景区的"高丽使馆"，为朝廷接见使者的驿馆；距鼓楼东约 20 米的永丰库遗址，史书载为大型衙署仓库。唐宋时期"大航海时代"到来，使古明州港优势渐显，逐渐演变成世界顶级商埠。宋元时期多次疏浚浙东运河使其与海港贯通，在镇海修筑外海航运码头"利涉道口"，并在沿线驻扎军队专门管理，使宁波成为两宋朝廷经济重地。宁波就此一步步从汉晋边陲军事基地，成为通江达海的世界顶级航运中心。

枕江依山　海退涂浮

宁波是一座枕江依山、海退涂浮的城市，其发展与兴起的基础之一便是水利建设。历朝历代都注重阻咸、蓄淡、泄洪、排涝、兴拓湖、筑堤、围塘、建堰坝碶闸，以减轻旱涝之患。汉晋开梯田，创蓄水灌溉；唐始大规模兴修水利，拓东钱湖，建它山堰；宋元人口骤增，兴筑海塘；明清侧重围垦造田；民国续建水闸、堰坝，维护旧水利设施；中华人民共和国成立后更是开展以修复海塘为核心的工程建设。

史书记载，市域大规模扼海蓄淡工程，始自太和七年（833），鄞县（今鄞州区）令王元暐，为改善城内水质，历经 10 年建它山堰阻咸潮、引奉化江水通渠，修府城水利系统。宋魏岘《四明它山水利备览》载，"溪通大江（注：奉化江），潮汐上下，清甘之流醝泄出海，潟卤之水冲接入溪。来则沟浍皆盈，去则河港俱涸，田不可稼，人渴于饮"，堰成则"民食之所资，官赋之所出，家饮清泉，舟通货物，公私所赖，受益无穷"。

境内绵延余姚、慈溪的杭州湾南岸西段海塘（俗称大古塘），源起宋庆历七年（1047）冬，由余姚县令谢景初率众督修自云柯（历山）达上林（桥头）土塘28000尺（莲花塘）。鄞县令王安石撰《余姚县海塘记》志其事，历340年持续兴筑和完善，至明洪武二十年（1387），遂成西部塘。南宋绍熙五年（1194），部分毁于秋涛。庆元二年（1196），余姚县令施宿再筑自上林至兰凤（今临山）塘，建堤42000尺（石塘5700尺）。宝庆年间（1225—1227）又遭溃决，元至元四年（1338）筑成长24315尺的东西海塘。元陈旅《余姚州海堤记》云："其法布杙（小木桩）为址，前后参错，杙长八尺，尽入土中，当其前行。陷寝木（即眠牛）以承侧石，石与杙平，乃以大石衡纵积叠而厚密其表，堤上侧置衡石若比栉然。"不久复坏，州判叶恒续治全线，修复石堤；元至正元年（1341）堤成，西接上虞、东达洋浦，包山限海。另有大古塘观城段（捍海塘）、龙山段（官塘），连同各地所建零散海塘，始成西起余姚临山、东至镇海澥浦全长65千米的塘基。

杭州湾南岸东塘，指西起澥浦、东至屿头角，绵延甬江口北的镇海塘，以南谓之北仑塘，始以唐乾宁四年（897）负县城而筑。宋淳熙十四年至十六年（1187—1189）由县令唐叔翰等率军民筑长6025尺的石堤；嘉定十五年（1222）县令施廷臣等延续5200尺，石塘尽处增土塘3600尺。惜经怒潮冲击崩圮，清乾隆十三年至十五年（1748—1750），县令王梦弼主事改造旧塘1100余尺。后屡圮屡续，至1975年按标准海塘建设始以巩固。

造船之业　独步天下

宁波之迅速崛起得益于造船业和外洋贸易。该市造船历史可追溯至史前。1977年在河姆渡早期遗址中出土的船桨，距今约7000年，为世界上迄今发现的最早船桨。其桨身和桨叶用一块木料制成，残长63厘米，宽12.2厘米，厚2.1厘米；桨柄与桨叶连接处刻有花纹。此桨造型匀称以利拨水，据专家鉴定应为原始先民在河滨近海作业的驾驭工具。春秋时期，越人已普遍使用舟楫。《越绝书》载："夫越性脆而愚，水行而山处，以船为车，以楫为马，往若飘风。"至秦汉，境内句章港成为重要的水军基地。《汉书》载，元鼎六年（前111），闽越王余善反，武帝遣军出句章，"浮海从东方往"。

史载宋代镇海利涉道口拥有一个规模巨大的造船厂。徐兢（1091—1153）所撰《宣和奉使高丽图经》载，元丰元年（1078），宋神宗遣大学士安焘和陈睦使访高丽，命召宝山船场建造两艘名为"凌虚致远安济"和"灵飞顺济"、排水量当时达500吨的"万斛神舟"。宣和五年（1123），宋徽宗再遣使访高丽，造了两艘名为"循流安逸通济神舟"和"鼎新利涉怀远康济神舟"的大船，"巍如山岳，浮动波上"。至高丽则"倾国耸观，而欢呼嘉叹也"。其时明州港造船，无论吨位还是技术均领先诸埠。1979年在城东码头出土的一艘宋船，采用了当时最先进的减摇舭龙骨技术，为"浙船"的杰出代表，领先西方足有七个世纪。史料显示，宋元祐五年（1090），明州港年造船量达600艘，朝廷特置造船监官厅事和船场指挥营，由四百兵丁守护。位于现今三江口的庆安会馆，就是历元、明、清至民国的"南号""北号"船帮驻地。

值得提及的是宁波近代"沙船"业。现上海市市标的醒目要素，为一艘扬帆出海的沙船与一枚螺旋桨，说明这个世界级都市，是宁波人驾驶着沙船带来的。沙船为船体扁浅宽大、方头、方梢的平底船，"恃沙行以寄泊，船因底平少搁无碍"。《上海方志·交通运输卷》载："南北物资交流，悉借沙船……每日满载东北、闽广各地土货而来，易上海所有百货而去。"

宁波帮最早经营沙船业的家族，当推姚北潮塘张氏家族、乌山胡氏家族及镇北龙山王氏家族。后来居上的北仑小港李氏家族、龙山郑氏（郑良裕）家族和众所周知的近代买办虞洽卿，也均涉足沙船业而享誉上海滩。史载郑良裕17岁时（1883）在沪创办轧花厂，不久又创通裕铁厂，制造内河小火轮。1900年，将通裕铁厂改为公茂船厂，1901年独资建立通裕航业公司；如算上他于1897年在杭州设通裕轮船局的经历，比乡人虞洽卿创办宁绍商轮公司（1908）还早10年；在《中国通史》及《上海长江航运志》中，均有郑良裕及其所创通裕航业集团的记载，其是国内第一家以宁波沙船运输为主体的民营航运集团，与张謇的大达航业集团、朱葆三的航运集团齐名；其公茂机器造船厂于1912年迁址浦东，1918年后曾建造2000吨级远洋轮多艘。与此同时，民族航运业迅速发展，《上海长江航运志序》载："20世纪初叶各地航业大盛，不惟内港洞辟，即边陲腹地亦渐次扩充，商轮公司几于各省林立。"1903年始，上海、杭州、湖州、苏州、常州及南通等地区，一大批民营航运企业争相创设，规模最大、实力最为雄厚的当推三北航业集团，所辖宁绍商轮公司（设分公司于宁波），额定资本为通用银元100万元。1921年拥有大小轮船12艘，加上租赁船只共21艘、约2万余总吨，"为外人所注目"。

继三北航业集团后，镇北庄市人包玉刚所创办的香港环球航运集团，跃居为世界上最大的海洋航运企业。1949年初，包玉刚随父至香港，始涉航运业，购买的第一条船是以烧煤为动力的英国旧货船，排水量8200吨，价值70余万美元。1955年后陆续增加货船，采取长期出租（3～10年）、稳健的经营方式，按月收取（比短期租赁低）的租金。1980年，环球航运集团船数逾200艘，总吨位达2000万吨。

现代金融　肇始之地

旧时宁波谚语"走遍天下，不如宁波江厦"，其意不是指三江交汇处帆樯林立的自然景致，而是指宁波江厦街上星罗棋布的钱庄。宁波钱庄业起源于明末清初，当时江南地区商品经济发达，成为全国经济与海外贸易的集散地。15世纪葡萄牙人在双屿岛（今舟山六横）建立贸易基地。16世纪西班牙殖民者在墨西哥瓜纳华托古城发现巨大的银矿，将其运至菲律宾马尼拉铸造银币（即后来流行的墨西哥鹰洋），部分取代与大清国进行贸易的流行币，使得宁波于1573年至1619年，成为东南沿海大都市。虽遭海禁，但宁波走私不断，贸易繁荣，各业鼎盛，迫切需要金融机构为之服务。清乾隆十五年（1750）后100年间，为宁波钱庄业发展的鼎盛时期。陈夔龙在《梦蕉亭杂记》中记述，光绪二十六年（1900）八国联军犯京，

"东四牌楼著名钱铺'四恒'首先歇业。'四恒'者，恒兴、恒利、恒和、恒源，均系甬商经纪，开设京都已二百余年，信用最著，流通亦最广，一旦停业，关系京师数十万人财产生计，举国惶惶"。

宁波钱庄业对世界金融业的贡献，以其创设的"过账制度"为先，比英国老牌银行汇丰还早了近一个世纪。各行各业与钱庄交往以"过账"形式进行，不用现金。"北有票号，南有钱庄"，作为与钱庄规模实力不相上下的明清时期的金融机构，山西票号主要靠朝廷扶持，清王朝一结束便迅速没落，而宁波商帮经营的钱庄业，率先向银行、信托投资、保险、证券等近代金融业转化。清光绪三十四年（1908），四明银行在上海成立，由宁波商人虞洽卿、孙衡甫与秦润卿、朱葆三、宋汉章等创办，开启了民营金融业的一个新时代。

文化鼎兴　人才辈出

宁波文化名人众多，集中在宋、元、明、清四朝。两宋前能在全国排上位的，仅严光（字子陵）及虞翻、虞世南等虞氏家族数人而已。《全唐诗》中收录了近5万首诗，2200余名作者中无甬籍诗人。宋朝及以后名人辈出，呈"井喷"状态，得益于境内"私学"盛行。北宋庆历七年（1047），王安石知鄞县，聘名儒杨适、杜醇、楼郁、王致、王说聚妙音书院，立孔子像，开讲学之先。其后这五位名儒各创书院，收聚生徒30余年，"田家有子皆习书"，以笃实的学术品格推崇儒学，史称"庆历五先生"。南宋时期，宰相史浩腾出皇帝恩赐的月湖竹洲开办书院，力促陆九渊的学生"淳熙四先生"杨简、袁燮、舒璘、沈焕驻院授学，史称"四明学派"，由此开启了明州科举文化的新阶段。北宋共有登榜进士161名，南宋升至983名；仅"中国进士第一村"（鄞县走马塘），自宋至明就有76名及第。清雍正《浙江通志》、民国《重修浙江通志稿》统计：历宋至清进士总数2478名，鄞县1030名，余姚564名，慈溪418名。

宋以后学术之风兴盛，人才辈出，代表人物有王阳明、王应麟、黄宗

宁波城市展览馆

羲、朱舜水、万斯同、全祖望等享誉中外的思想家、教育家，方孝孺、钱肃乐、张苍水和台湾文化始祖沈光文等爱国志士，屠隆、姜宸英、高明等诗词、戏剧名人，祖阐、契比（布袋和尚）、知礼、普济、许子元、梵琦、敬安等著名高僧，以及楼郁、陈谧、史宋之、楼钥、袁忠彻、丰坊、范钦、范大澈、陈自舜、陆宝、卢沚等藏书大家。

宁波商帮　影响深远

源于王守仁"知行合一"与黄宗羲"经世致用"思想的近代宁波帮"行大慈善以济天下"的商务精神，成为宁波的核心精神。

宁波帮，泛指旧属宁波的鄞县、慈溪、镇海、奉化、象山、定海六县旅居外地的商人与企业家，是中国近代最大的商业群体。初始为明万历至天启年由鄞县药商在京创设的鄞县会馆与清初创立的浙慈会馆（慈溪成衣业会馆），主营药材与成衣，活动地主要在北京；明清时期中国"十大商帮"中，宁波帮排名靠后；发展重要阶段在清乾嘉时期，活动区域扩大至长江流域和南北洋并延伸至海外，跃升为国内著名商帮；1840 年鸦片战争前后，"十大商帮"演变为晋、粤、闽与甬四强争雄的格局。此后数十载，宁波帮凭借地理条件和地域文化条件优势，迅速介入新兴的对外贸易领域，形成以买办商人和进出口业务为主的商务团体。《南京条约》及其关联条约签订后，五口通商确立，宁波商人迅速在金融、贸易、航运等行业崭露头角，创造了第一家机器轧花厂（通久源）、第一家商业银行（中国通商）、第一家保险公司（华兴）、第一家华人证交所（上海证券）、第一家信托公司（中易）等百余个"中国第一"的佳话，由此确立了在近代中国产业中的主导地位。

此后百年间，涌现出吴锦堂、穆炳元、严信厚、叶澄衷、秦润卿、朱葆三、宋汉章、王铭槐、李也亭、郑良裕、方液仙、张尊三、项松茂、陈顺通、鲍咸昌等商贾巨子，以及由工商巨子转任地方行政官员的盛丕华（上海市副市长）、包达三（浙江省副省长）、乐松生（北京市副市长）和黄延芳（华东军管会委员兼上海交通局局长）；中华人民共和国成立后辗转香港和海外发展的董浩云、胡嘉烈、包玉刚、曹光彪、邵逸夫、张忠谋、王宽诚、赵安中等。他们在中国近代商史上写下了辉煌篇章，以至 1916年 8 月孙中山说："宁波人对于工商业经营，经验丰富，凡吾国各埠，莫不有甬人事业，即欧洲各国，亦多甬人足迹，其能力与影响之大，固可首屈一指者也。"

人文景观　名闻遐迩

宁波人杰地灵，集中反映在境内数以百计的人文景观，以及带有海洋文化特质的传统美食与民俗风情之上。月湖风景旅游区保存了堪称世界民间藏书之最的天一阁藏书楼。此楼于明嘉靖四十年至四十五年（1561—1566）由退隐的兵部右侍郎范钦主持建造，占地面积 2.6 万平方米，为坐北朝南、两层砖木结构的硬山顶重楼式建筑，通高 8.5 米，斜坡屋顶、青

庆安会馆

瓦覆上。阁前凿"天一池"通月湖。园林以"福、禄、寿"作总体造型，用山石堆成"北狮一象"等景点，具有典型的江南庭院式园林特色。阁内藏书和建筑为研究书法、地方史、石刻、石构建筑和浙东民居建筑提供了实物资料。1982 年 2 月，天一阁被国务院公布为全国重点文物保护单位；2018 年，天一阁·月湖景区被国家文化和旅游部确定为 5A 级旅游景区。

地处三江口东岸的庆安会馆（即甬东天后宫），建成于清咸丰三年（1853），既是祭祀天后妈祖的殿堂，又是行业聚会的场所，是中国八大天后宫和七大会馆之一，中国首家海事民俗博物馆。其匠心独具的砖雕、石雕和朱金木雕令人赞叹，堪称地方工艺中的杰作。2001 年 6 月，庆安会馆被国务院公布为全国重点文物保护单位；2014 年，被联合国教科文组织纳入世界文化遗产"中国大运河"的保护范围。

始筑于唐大和七年（833）、位于鄞江镇西甬江支流御咸蓄淡的引水灌溉枢纽、中国古代水利工程它山堰，因其选址合理、设计科学，并且是水利史上首次出现的块石砌筑的重力型拦河滚水坝，于 1988 年 1 月被国务

它山堰

中山路

院公布为全国重点文物保护单位，并入选 2015 年 10 月在法国蒙彼利埃召开的国际灌排委员会第 66 届国际执行理事会公布的首批世界灌溉工程遗产名录。

被郭沫若誉为"西子风韵，太湖气魄"的著名湖泊风景名胜区东钱湖，东南背依青山，西北紧靠平原，系远古地质运动形成的天然潟湖。环湖岸线长 45 千米，面积 20 平方千米，为浙江省内最大的天然淡水湖。该湖经王安石、李夷庚、吕献之等历代地方官除葑清界、增筑设施，成为水利综合利用的水域。目前，东钱湖被开拓为集"商文化"（越国大夫范蠡偕西施避居处）、"佛文化"（域内有天童寺等禅宗名寺）与"官文化"（众多水利遗迹与南宋史浩家族遗迹）为一体的名闻遐迩的风景旅游区。

宁波境内还有阿育王寺、雪窦寺、保国寺等名刹，梁祝古迹遗址、镇海靖远炮台、范宅、白云庄等古迹，南塘河、阳明、慈城、鸣鹤、前童、郑氏十七房等呈现江南水乡风光的古镇（村），以及享誉海内外的宁波汤团、酒酿圆子、红膏炝蟹、慈溪杨梅、奉化芋艿、溪口千层饼、宁海白枇杷与龙山黄泥螺等佳馔美食。另有宁波泥金彩漆、骨木镶嵌、四明南词、宁海平调等，被列入国家级非物质文化遗产代表性项目名录。

第二篇章

萧山：千年古城　两江之地

陈文杰　达玉子 / 文＆摄影

萧山历史悠久，早在 8000 多年前的新石器时代早期，就有江南先民在此繁衍生息。这里出土的石器和陶器遗存都证明了独具特色的文化曾在此熠熠生辉。

千年积淀　文化绵长

"萧山"二字，最早可以追溯到《汉书·地理志》余暨县名之下："萧山，潘水所出，东入海。莽曰余衍。"相传当年吴越之战中，越王勾践战败后停留于此，四顾萧然，故称"萧然山"，也就是"萧山"。公元前 486年，吴越两国分治时，萧山隶属吴国。在此后的历史上，萧山时常成为抗击入侵的军事要塞，或者是国都的附属城市。

秦统一六国后，萧山属会稽郡。到了三国时期，萧山成为吴国的城市之一。从魏晋南北朝到隋唐，萧山都是重要的商业城市，凭借兴起的茶叶和丝绸贸易成为对外贸易的口岸。唐朝时期，萧山作为"东临淮海，南对钱塘"的"两江之地"，是富饶的农业生产基地。

南宋嘉泰《会稽志》卷十二中记载："本吴王阖闾弟夫概之邑，以县西萧山为名……县城周一里二百步，高一丈八尺，厚一丈一尺。"萧山于北宋设县，北宋时经济便已经得到了发展。到南宋时期，萧山的经济更是达到了巅峰，成为这一带极为富庶的城市。明成祖朱棣所修的《永乐大典》中最早记录了萧山的古舆图。

创新兴业　活力萧山

如今，萧山已经成为浙江省的经济重地。早在 2002 年时任浙江省委书记习近平来到萧山实地调研时，萧山便已是浙江省的第一个全国百强县市。

从交通来看，萧山的地理位置十分优越，区内有杭州萧山国际机场，这是浙江省唯一的一个国际机场。此外，萧山区还是杭州未来城市综合发展示范区之一，交通十分便利，有高速公路、铁路、轨道交通等通向四面八方，极大地促进了区内经济和旅游的发展。

从经济发展来看，萧山区地处长三角经济圈的核心区域，有着独特的区位优势。区内不仅有萧山经济技术开发区、萧山临江高新技术产业开发区等多个产业园区，还有诸多世界 500 强和中国 500 强企业的投资和落户，形成了区域性的产业聚集效应。

从可持续性来看，萧山注重生态环保，秉持可持续发展理念，大力发展新能源、新材料等产业，推动绿色、低碳、环保型经济的发展，走出了一条绿色发展之路。

总之，萧山区区位优越、资源丰富、经济发展活力十足，是一个充满机遇的地方。

千年运河　自然旖旎

萧山城西有萧然山（现名西山），城北则有北干山，两山茂林修竹，为城镇提供自然的屏障，形成了一道天然的城门。南临南门江，西靠湘湖，周围八十余里，多河流湖泊，地理环境十分优越。南宋时期，萧山作为都城杭州的邻县，与杭州之间相隔一江之水，通过运河相连，往来交通十分便利。

位于萧山境内的萧绍运河正是因为连接萧山与绍兴而得名。其开凿历史可追溯到春秋时期范蠡主持疏浚的山阴故水道。南宋嘉泰《会稽志》卷十记载："运河在府西一里，属山阴县，自会稽东流县界五十余里入萧山县。"至宋初年，萧绍运河已基本形成，此后被用作长达数百年的运输和灌溉系统。运河在宋代以及元代始终保持着其重要地位，使得萧山维持着数百年的繁荣兴盛。

如今的萧绍运河仍旧保留着古代运河的影子。其河道宽度为 20～25 米，水深为 2.5～3 米，河床宽度为 10～14 米。此外，萧绍运河上还有两座主要的站门坝：一座为位于杭州城附近的南星门坝，另一座为位于衙前镇的北门坝。运河上还有大大小小 19 座桥梁，它们保留了宋代的桥梁特色，成为如今运河所在地的一道独特的风景。

浙东运河的修建最初是为了解决浙江地区的农业灌溉问题。运河途经沃土，为当地农业生产提供了极大的便利。随着运河的不断发展，规模不

现代萧绍运河

断扩大，浙东运河对于全国范围的航运、漕运等产生了越来越重要的影响。回望历史，运河沿线漕运、商贸络绎不绝，给萧山带来了千年的繁荣。南宋王十朋《会稽风俗赋》中曾有形象的描写："船龙天矫，桥兽睢盱。堰限江河，津通漕输。航瓯舶闽，浮鄞达吴。浪桨风帆，千艘万舻。大武挽绋，五丁噪呼。榜人奏功，千里须臾。"

在几千年的历史中，沿河聚落留下了大量与运河相关的水利设施。在运河修建的初期，萧绍运河沿岸就涌现出牛埔、闸坝、渡口、纤道、驿站等各种设施。到了唐宋时期，浙东运河的设施已经相当完备。其中，渡、河、塘、驿四个系列工程均由官方负责，渡为官渡（浙江渡）、河为官河（运河）、塘为官塘（纤道）、驿为官驿（驿站）。

历来此地往返诗人之多，可谓恒河沙数，其相关诗作之多，可谓车载斗量。让我们跟着诗人的视角，徘徊于如今的运河两岸，感受这条古老而又神奇的水道所带来的历史气息和人文魅力。想象数千年来大运河上慢慢漂过的船只，载着不同的货物——油品、食品、建筑材料，这些货物将要从这里出发，穿过中国的大城小县，到达不同终点，为各地带去各式各样的物资。一条水道连着千里万里，让物资和信息的流动变得前所未有的迅速，为古代中国的经济发展带来了极大的便利。

河岸一端是古运河街区。古街的老宅、玲珑小巷的古铜雕刻、碧砖路面上漫步的人等，都能让人感受到古运河带给这座县城的独特魅力。一块琥珀，能够封存千年，一条古运河，更能够让我们看到千年的历史。一条浅浅的运河及其沿线的聚落保存了萧山借水运而发达繁荣的物证，让我们感受到千年编织的历史文化。

城因河兴　聚落兴旺

萧山城池始建于宋朝，直到明以后县域范围及城市结构才基本确定。萧绍运河东西向横贯城池，从西侧水门出城入湘湖。护城河环抱城池，城内溇沼、潭池密布，较大的有学池、陆家池、百尺溇等。城内还有一条西河贯通南北，河道上石桥众多。

萧山城墙东西端横跨运河，整体呈"口"形，周长约 5 千米。共设陆城门 4 座，水城门 7 座。1925 年，由于修建萧绍公路、杭江铁路，兴建北干山苗圃和东门市场，北城墙和东西部分城墙被相继拆除。后来，日军侵略萧山时大规模破坏城池，城墙基本被拆除。这座始建于明代，存在了近 400 年的萧山城墙，渐渐地淡出了历史的舞台。萧山古城几经变迁，原貌如今依稀可辨。保留下来的大多是残存的历史节点，比如江寺、梦笔桥等。

城内西河与运河十字交叉，河两侧形成了主要的街道——东直街与西河路。其中东直街沿运河延伸，呈现出与西兴相似的"房—街—水—房"格局。其余街巷向两侧垂直分布，呈现出鱼骨状布局。城西为县治所在，衙署北临北干山，西南距西山约 500 米，始建于宋绍圣四年（1097）。城内寺庙、家祠、石桥众多。从城内公共空间来看，主要空间节点大致沿河分布，但并不明显。推测是因为萧山最早并不是依托运河而形成的，只是在发展过程中逐渐外扩并包含了运河，因此部分节点依然围绕县治分布。

萧山段运河上，现存 14 座古桥。在衙前镇段，有隆兴桥、巽龙桥和古毕公桥三座。其中，古毕公桥建于明代，与衙前老街的古桥相融合，形成一体，豪迈别致。在新塘街道段，有印月桥、万缘桥、莫家桥和万济桥四座。其中万缘桥建于清道光十七年（1837），桥头原筑有文昌阁，因此又称文昌桥。桥上有桥联云："地灵推萧邑，成梁开地利，地利聿兴；人杰忆陈公，筑坝启人文，人文乃盛。"其余七座桥均位于城厢街道，自东向西依次为回澜桥、东旸桥、惠济桥、梦笔桥、仓桥、市心桥和永兴桥。其中，梦笔桥是萧山境内历史记载最为悠久的桥梁之一，始建于南朝齐建元二年（480）。

古代的驿站也被称为邮驿或邮传，是历代朝廷的重要信息传递机构。唐代时萧山共有三个驿站，它们分别是西陵驿、渔浦驿、梦笔驿。在宋代，除了西兴驿（即西陵驿，五代时钱镠改西陵为西兴）、渔浦驿、梦笔驿、钱清驿四个驿站外，还增加了候春亭、临川亭、萧山馆、驻亭四个亭馆。到了明朝万历年间，渔浦、梦笔、钱清三站被废除，只留下西兴驿。

萧山段的浙东运河沿线现存各种寺庙十座，其中祇园寺、江寺、竹林寺规模最大，建于东晋至南朝齐，这也体现出当时萧山佛教文化的兴盛。其他庙宇则是些规模较小的民间庙宇，主要祭奉土地神、水神等。其中江寺，也叫觉苑寺，始建于南朝，保存状态良好，在2009年被定为杭州市市级文物保护单位，目前作为浙东运河萧山段展示馆和公园对外开放。祇园寺始建于东晋，明嘉靖《萧山县志》中记载："曰祇园寺。去县西一百步。东晋咸和六年，许询舍宅建寺，号曰崇化。唐会昌废，宋建隆元年重建。寺有阁，藏仁宗御书，后归宝文阁。治平三年，改赐祇园寺。"还有一座东岳庙，萧山当地人都呼作"老岳庙"，也是重要的宗教场所。这些寺庙都沿着运河修建，以便进香的香客沿水路而来。

逐水而居　文化荟萃

人逐水而居，城傍水而兴。从古至今，不论是中国的长江、黄河，还是外国的尼罗河、恒河，都孕育了一方文化。萧山的繁荣与运河息息相关。萧山原有一条从南到北的河流，被人们称为西湖河，也叫作西河。它北起凌家桥，南至三碰桥。清乾隆《萧山县志》记载，"两岸相去约三丈"，其长约500米。河边的街道称作西河下直街，两侧店铺林立。这条石板路是当时萧山最为繁华的街道，沿线的旅馆、酒家、当铺、五金店、百货店、茶楼等各种店铺多达上百家。正是在这条石板路北侧的运河上，众多的唐代诗人、宋朝大家留下了千百首佳作。

如今的运河已经被改造为沿河的条状运河公园。阳光透过树叶斑斑点点地洒在水面上，闪着耀眼的光泽。在江南水乡的运河岸边，孩子们欢快地奔跑着，追逐戏水。他们放着五颜六色的风筝，跌跌撞撞地追赶着风，在江南水乡的秀美风景中留下了自己的欢声笑语。在运河岸边还有小木船、小渔网、芦苇编的竹鱼笼等玩具，孩子们常常在岸边捉小鱼小虾，快乐玩耍。

夜幕降临的时候，低垂的星空也使这片江南水乡格外耀眼。人们围着

江寺桥

一片小小的水塘聚在一起，分享着他们的故事和心情。来自天南海北的游人也聚集在运河边，感受着无处不在的水乡美景和舒心生活。这些人文景象也融入运河的血脉，成为萧山水乡文化的一部分。

历史保护　未来可期

杭州是首批国家历史文化名城，萧山更是拥有8000多年文明史的宝地。杭州市委、市政府和萧山区委、区政府十分重视萧山的历史文化保护。2014年，中国大运河被列入《世界遗产名录》，萧山作为运河沿线的城镇，自然具有非常重要的历史意义与文化价值。

萧山拥有丰富的历史遗产和文化资源，其中可以挖掘的有许多。针对残存的历史文物，保护和传承自然是非常重要的一项工作。根据其他城市的经验，萧山可以通过制定游览路线、举办历史文化主题活动等方式，为民众提供了解历史、感受历史的机会。例如结合唐诗之路进行文化活动的策划，以此提升萧山文化品位。

千年来，萧山的发展始终与运河息息相关。随着近代以来水运交通的式微、萧山老城的拆除等，古代诗人眼中萧山的繁华场景已不复存在。但作为一座拥有千年历史的文化古城，它背后的文化含义早已超越物质本体或遗存旧物。在高楼林立、车水马龙的现代萧山，行人匆匆走过的某个不知名街道，或许也都包含着一段不一般的历史故事。

江畔何人初见月？江月何年初照人？人生代代无穷已，江月年年只相似。流淌了千年的大运河还在静静地观望着，观望着萧山这片土地上勤劳而又快乐的人们。萧山将借助运河的历史和文化底蕴，继续吸引人们前来体验水乡之美。

上虞：舜会百官　百年商埠

罗远烽　达玉子　徐瑾 / 文

公元前 222 年，秦嬴政置上虞县，县治设在百官镇。一千余年的时间里，百官一直作为上虞县治驻地，见证了上虞千年不变的繁荣辉煌。唐长庆二年（822），上虞县治迁至丰惠镇，直到 1954 年 9 月，县治才重新迁回百官镇。

作为上虞的政治和经济中心，百官不仅是一个地域上的重要标志，也承载了丰富的历史文化底蕴。它见证了上虞的经济发展、社会形态的变迁，也见证了迁客骚人的吟唱，更见证了一座百年商埠的崛起。

自然庇佑的胜地

"凤翥龙蟠耸碧峰，剡溪缭绕旧虞封。低徊野渡秦时日，出没斜阳舜庙钟。"这是古代诗人对百官镇的悠久历史和秀丽景色的描绘。位于虞南丘陵与宁绍平原的交会处，百官镇拥有极佳的地理位置。东侧的活迹山似天然屏障锁住驿亭古道，北侧依托着后海扼制杭州湾，西托舜江天险护卫着上虞，南面的沙湖荡更是如镇守格局不可或缺的守卫，由此形成了一道天然防线，使得历史上的上虞古县治并未建造坚固的城墙，却仍能维持上虞境内的平静与安定。

百官镇不仅有着令人称羡的地理优势，还有着引人入胜的自然风光。清晨的薄雾升起时，凤山与龙山头宛如披上了一层轻纱，踏着山间的小径蜿蜒而上，仿佛走进了一个梦幻世界。晨曦透过树林，洒下斑驳的光影，映照在小溪上，波光粼粼，令人心旷神怡。诸葛山是登山爱好者的圣地，登顶后极目远眺，天地相接，仿佛置身于一幅壮丽的山水画卷。山下的曹娥江蜿蜒曲折，江水清澈见底，河畔垂柳依依，仿佛诉说着千年的故事。泛舟江上，水波荡漾，两岸青山如黛，水鸟嬉戏，构成一幅和谐的自然画面。东面的活迹山，则以其奇特的地貌和丰富的植被成为自然爱好者的天堂。山上植被茂密，春日里繁花似锦，夏日里绿树成荫，秋日里红叶满山，冬日里银装素裹，每一季都展现出不同的美丽。站在山顶，可以眺望远处的古道，仿佛还能听见古驿的马蹄声声，感受到历史的厚重。南面的沙湖荡则是一片开阔的湿地，水草丰美，鸟类众多。春天，成群的候鸟在此停留。夏天，荷花盛开，满湖翠绿中点缀着枝枝粉荷，令人流连忘返。秋天，大片芦苇随风摇曳，芦花似轻盈的羽毛，在空中飘飘荡荡。冬天，湖面结冰，宛如一面明亮的镜子，映照着蓝天白云，美不胜收。

百官镇的自然风光，如诗如画，吸引着无数的游客前来观赏。这里不仅有雄伟壮丽的山川，还有秀美宁静的河流湖泊，既能让人感受到大自然的磅礴气势，又能体味到岁月静好的温柔。无论是登山远足，还是泛舟江上，抑或是在湖边漫步，都能让人忘却尘世的烦恼，陶醉在自然山水之中。

以桥为魂的城镇

作为江南水乡，百官镇的发展与水离不开关系。水为根源，水为精魂，灵动而生，浩瀚而盛。沿曹娥江而来，百官街穿行于镇中，百官河则环绕在镇的周围，龙山涧水清澈，百官诸桥交会错综，两岸青砖黛瓦在绿叶红花中映照成画。老百官人常言："水无桥不通，桥无水不存。"水下流响，桥上静卧，于是，百官的古河上便纵横着精美的石桥，联结着往事与梦想。"百官桥"扬名远古，久负"天下第一桥"的美誉，但百官远不止百官桥。从上堰头百官渡排起，舜桥、百官桥、寺桥、太平桥、桃园桥、心桥、施家桥、蒋家桥、横街桥、槐花桥、镇安桥、交界桥，到下市头的糜家桥、板桥、万安桥、水港桥、三棚桥、独木桥、教场桥、东边桥、袁山桥、新建桥、车台桥……百官的桥是镇中生活的浓缩，是其灵气与奇韵之所在。在桥上，有前来晒笋的寻常人家，有为美景驻足停留的游客，也有随意打闹的孩童。桥是百官多彩生活的一个缩影。

这些历史悠久的石桥，经受了千百年的风雨侵蚀，仍然矗立在宁静的河水之上。它们一座座木石相济，梁拱相伍，姿态万千，独具匠心。走近这些石桥，仿佛穿越了时空隧道，烟尘被拂去，历史音韵低回深沉，透过时间的门窗，呈现在我们面前。

百官古桥，以它们那优美的风景和丰富的历史背景，成为江南水乡独一无二的代表。南宋以来，从文人雅士到平民百姓都倾倒于这些古桥的神韵。他们发出"垂虹玉带门前事，万古名桥出越州"或是"三山万户巷盘曲，百桥千街水纵横"的感慨之声。漫步在桥上，仿佛置身于百官镇一千余年的历史。在层层石阶之上，一座座错落有致的古桥，用它们独特的风貌低语着历史的轨迹。从百官桥到万安桥，每一座古桥都有自己的特色。而百官桥最为引人注目，它是百官镇历史上最早的古桥之一。千百年来百官桥默默不语，见证了百官镇的沧海桑田。随着时间流逝，百官桥积淀了一个地区的文化和历史记忆，成为不可替代的历史宝藏。每到这里，似乎都能听到它的低语。古代遗迹与人们心灵间的交流融汇，似一抹浓墨重彩，令人心潮澎湃。

诸多古代著作中都有提及百官桥。《水经注》引《晋太康地记》曰："舜避丹朱于此，故以名县。百官从之，故县北有百官桥。亦云：禹与诸侯会事讫，因相虞乐，故曰上虞。"《太平寰宇记》卷九六曰："舜桥，舜避丹朱于此。百官候之，故亦名百官桥。"在宋嘉泰《会稽志》卷十一中，百官桥被记录在上虞县西北三十五里处。"舜避丹朱于此"之事相传发生在距今 4200 年前，当时统治中国的唐尧，是一位杰出的部落联盟首领。在位 70 年之后，唐尧开始考虑由谁来继承他的位置。丹朱是他九个儿子之一，但唐尧认为他野心勃勃，不是理想的继承人。其他几个儿子也不够资格。因此，唐尧四处寻找贤人，部族酋长们一致推荐虞舜，称赞他既贤孝又有才干。于是，唐尧将两个女儿娥皇和女英嫁给虞舜，让他和九个儿子一起生活，以察其是否真有本事。此外，唐尧还通过其他方式对虞舜进行了全方位的考察。直到他九十一岁高龄时，才将天子的位置禅让给虞舜。自从虞舜接位之后，丹朱心怀不满，但不便发作。唐尧去世后，丹朱渐起杀心。为了躲避他的追杀，虞舜悄悄回到了故乡上虞，隐居岭下。今天龙山脚下的隐岭就是当年虞舜隐居的地方。丹朱以为大权已经稳固掌握在自己手中了，却发现百官都不支持自己。百官不约而同地前往上虞投靠舜，希望由他接替丹朱的位置。自那时起，"上虞""百官""百官桥"便成为流传千古的历史佳话。

百官商埠

百官商埠位于曹娥江边，这里河道纵横交错，水路便利，其中更有一条古运河横贯全域，使百官商埠成为浙东水路交通的中心。从古至今，人们在此进行客货转运，造就了商业的繁荣。百官渡口和街河成为百官热闹的市集中心，吸引着前来购物的市民和游客。据说在明清时期，百官街道中最热闹的要数在上堰头的扁担街。扁担街上的店铺沿河岸两侧开满，商品种类齐全。居民们经常通过石桥来往于河的两岸，形成了一道别样的风景。民居大多为两层楼，楼上为居住区，底层前半部分为商店，后半部分为各种加工作坊。百官商埠与远处古运河的景象，点缀在这座充满活力的城市之中，为这个有着深厚文化底蕴的地方增添了几分和谐与古朴。

百官商埠的商贸甚盛，逐渐形成了一种朴素、独特的商贸文化。每当清晨的第一缕阳光透过密密的枝叶，照在店铺前面临时摆满的摊位上时，本地居民已手挎竹篮，挑选着价廉物美的菜蔬果品。各家店铺生意兴隆，井然有序地忙碌着，彼此也都有一份互相帮助的默契。同时，商埠也吸引了周边村民前来赶市，他们有的摇着小船，有的担挑肩扛着要出售的东西，挑选一个好的摊位后，便开始向顾客叫卖。因此，这里既有本地居民的热闹与安详，也有附近村民的熙攘与从容。如此多姿多彩、互帮互助的生活，形成了百官商埠独特的文化魅力。

在熙熙攘攘的人流之中，有一种叫作"流动行贩"的小商贩。他们手推着小车穿行于市区街巷之中，将一路上订购的货物装到自己的小车上，再穿越拥挤的人流走向消费者的位置，还赶庙会、到渡口或跟随戏班做生意。在二十世纪七十年代的百官，还可以看到一种手摇皮鼓的"兑糖担"。

担主用麦芽糖换取废铜烂铁、破鞋、头发、鸡肫皮等物。虽然流动行贩的生活非常艰难，但是他们不断地通过贸易来提升自己在商业贸易中的地位，创造了属于自己的商业领域和美好生活，成为城市内部特别的推动商业发展的元素。

此外，在百官城乡之间还有一种传统的长途贩运商，他们被称为"客商"。他们背着大包小包从城镇到乡村，从乡村到城镇，进行商品的贸易，以捆绑生产和流通，巩固城乡之间的商业联结。他们贩运来自农村的农产品和手工业品，在城镇售卖；或者收购城镇上的产品，送往农村进行分销。客商带动了整个地区的商业往来和繁荣，也是百官发展的重要推动力量之一。

在百官商业中，通过各种手段向公众宣传商号和介绍商品，吸引顾客和兜揽生意，是商家们每天都必须面对的挑战。百官的商家主要采取了声响、招牌和广告等形式进行宣传。

声响方面，最为常见的是小商小贩的叫卖声和唱卖声。叫卖者用欢快、生动的口头呼喊声来吸引顾客，引起人们购物的兴致。唱卖者则通常身着鲜艳的服装，手拿招牌，用悠扬的歌声配以舞蹈等形式来招揽顾客。这种形式充满活力，能够吸引大量的消费者，增加商家们的营业额。每当人们行走于百官商业区时，都可以感受到浓浓的商业气息，体验到百官商业文化中必不可少的一部分。

招牌和广告方面，各个商家会在店铺门口悬挂富有特色的招牌，在市场中张贴广告，将自己的商业信息传递给顾客。在过去的时代，由于商业交流不够发达，商家们并没有太多的手段来进行市场推广，因此，他们用招牌将商号和产品信息呈现给顾客和行人，吸引他们进店消费。这种商业文化传统至今已经延续了数百年。广告也是百官商业文化传统中的一个重要组成部分。百官商业圈内的购物广告铺天盖地，只要是涉及生活必需品的商家就会在此大展拳脚。商家会推出各种优惠活动、折扣和赠品等，进行商业竞争，这种商业宣传的形式推动百官商业的持续发展。

商品陈列也是百官商业中不可忽视的一部分。商家会把商品摆放得整齐而美观。在百官商业中，商家们所采用的一种叫作橱窗布置的方式是十分有特色的。例如，铁匠铺悬挂着形态各异的铁器；专售殡葬用品的"寿庄"里摆放着死者专用的衣裳；烛坊门口摆放着五颜六色的香烛……有些商家用模型的形式来做陈列，比如鞋子模型，有的大如皮箱，有的小如烟盒。它们配合着店铺的招牌和广告，淋漓尽致地展现了商品的特色。

以上宣传手段营造了百官独特的商业文化氛围，成为百官商业的魅力所在。登桥远望，似能听闻运河两岸穿越千年的叫卖声……

余姚：文献名邦　乡贤故里

时雨　阿苏/文　潘旭光/摄影

余姚，浙江省辖县级市，位于浙江省东部宁绍平原，境内因浙东运河（余姚段）穿过，西接杭州、绍兴，东出宁波连接"海上丝绸之路"，向为浙东名邑、人文荟萃之地。境东与宁波江北区、海曙区相邻；南枕四明山，与奉化区、绍兴嵊州市接壤；西连上虞区，北毗慈溪市，西北于钱塘江杭州湾中心线与嘉兴市海盐县交界。境域面积 1500.8 平方千米。辖有阳明、凤山、梨洲、兰江、低塘、朗霞 6 个街道，黄家埠、临山、泗门、小曹娥、牟山、马渚、丈亭、三七市、河姆渡、陆埠、大隐、梁弄、大岚、四明山 14 个镇和鹿亭乡。

余姚素有"浙东文献之邦"的美誉，是东汉名士严光，明清硕儒王守仁、黄宗羲、朱舜水和民国教育家蒋梦麟的故乡。境内河姆渡文化遗址，为与中原黄土文明相区别的东方原始海洋文化孕育地。

余姚建置沿革，可追溯至秦王政二十五年（前 222）一统江南，以吴越地置会稽郡，同时置余姚县（由会稽辖之）。另说东汉建安五年（200），始筑县城，邑名余姚。隋开皇九年（589），并鄞、鄮、余姚入句章县，区域相当于今宁波市。唐武德四年（621），析句章，置鄞州、姚州，原余姚县地为姚州。武德七年（624），罢姚州为余姚县。元元贞元年（1295），再次由县改为州。明洪武二年（1369），废州复县。清顺治十五年（1658），设宁绍台道，治宁波，辖宁波、绍兴、台州三府，余姚属之。清宣统三年（1911）农历九月，余姚"光复"置县。1914 年 5 月，北洋政府废宁绍台道，置会稽道，治所位于鄞县城（今海曙区），辖旧宁、绍、台三府 20 县，余姚属之。

1954 年 10 月，宁波专区调整境域，大古塘北棉区长河、浒山、逍林、周巷、泗门、临山（部分）划归慈溪；慈南稻区河姆渡、三七市、丈亭、陆埠、大隐、慈城、庄桥划入余姚县。1985 年 7 月，余姚县撤县设市，辖

8 镇 63 乡。

灿烂的远古文化

余姚历史悠久，7000 年前就有原始人类在此居住。境内河姆渡文化遗址，坐落在市区东河姆渡村。1973—1974 年，考古人员对遗址南部进行开掘，发现了 4 个叠压地层，揭露了干栏式建筑和水井等遗迹；出土了具有地域特色的夹炭黑陶器、骨耜等一批重要遗物以及动植物遗存；特别是栽培稻谷的大批量发现，为同时期其他遗址所不见。这些重大发现轰动国内外，得到全国考古界、学术界的普遍认同。1977 年 10 月至 1978 年 1 月，考古人员再次对遗址进行发掘，验证了首次发掘划分地层的正确性，发现了干栏式建筑基址等遗迹，出土了丰富的陶器、石、骨、角、牙器和木器等遗物，为认识该遗址各时期文化面貌及内在联系，提供了新的资料与实物佐证。河姆渡遗址的发现对研究我国新石器时代考古，特别是长江流域考古起到了推动作用，也证明了是黄河、长江流域原始先民共同创造了中华民族光辉灿烂的远古文化。1982 年，河姆渡遗址被国务院公布为全国重点文物保护单位。

与境内河姆渡遗址有渊源的，还有鲻山、鲞架山、田螺山等文化遗址。鲻山遗址位于西岙村鲻山东麓（丈亭镇内），1981 年由浙江省文物考古研究所进行挖掘。从出土陶片分析，文化内涵有夹炭量较高的黑陶，以及烧制温度较高的夹砂灰红陶和泥质灰红陶三个陶系。1996 年 9 至 12 月，由浙江省文物考古研究所联合厦门大学历史系组成考古队再次开掘，面积为350 平方米，文化堆积层厚达 3 米，分 10 个层次；出土有石斧、纺轮、骨镞、象牙雕刻件，以及大量陶器等遗存千余件，相当于河姆渡遗址第二、三文化层（距今 5500～6400 年），分布面积达数万平方米。鲞架山遗址坐落在河姆渡东北方向 1.5 千米的葛山东段，属低丘坡地型遗存。此遗址的发现与发掘，和河姆渡文化研究有直接联系：包含河姆渡文化遗存和春秋战国时期遗存（灰坑、红烧土台、瓮棺葬、道路、河埠、成排木桩等）遗

河姆渡遗址

迹，以及大量的印纹陶时期的遗物，为重新审视"夹炭黑陶"真实情形提供了机会。盘口壶作为河姆渡文化的主要器类之一，在杭嘉湖平原东南部的海盐王汶遗址和嘉兴南河浜遗址中均有出土，初步确定在史前时期，已有一条传播交流的跨海通道。同时首次发现河姆渡人的瓮棺葬，得以了解古越文化中一种特殊的葬俗。田螺山遗址位于三七市镇相岙村盆地的一个小山头周围，经钻探，发现在遗址总面积近 30000 平方米的地下 3 米处，保存着一个六七千年前的完整古村落，时间跨度当在 1500 年以上。为推动河姆渡文化得到深入研究并为遗址保护找到可靠的依据，该遗址于 2004 年 2 月开始发掘。发掘和全面的钻探表明，田螺山遗址是发现的河姆渡文化中地面环境条件好、地下遗存比较完整的一处村落遗址，在空间位置上与河姆渡遗址遥相呼应，并具有与河姆渡遗址相近的聚落规模和至少相似的年代跨度。因此，该遗址的发掘完成了河姆渡文化早期遗址在姚江流域空间分布"由点到面"的历史跨越，对研究河姆渡文化的时空分布格局和社会规模具有突破性的价值。

江南山水名邑

余姚傍四明、面姚江，是典型的江南山水名邑。姚江发源于境内夏家岭米岗山，经梁弄转上虞，过通明坝横贯市域，于大隐城山渡出，由宁波市区汇入甬江；全长 106 千米，域内流长 54 千米，自古为余姚的母亲河，滋养着这片土地的生灵。自秦汉开吴越地，置会稽郡设治，姚江两岸分别建北城、南城，开水门若干，引江水为护城河，满足居民用水与抵御寇贼需要。北宋后，姚江成为浙东运河主通道，延伸至海上丝绸之路，开辟出江南"以舟为马"的历史篇章。

余姚治水，历有记录。民间流传着诸多大禹治水的传说：其时该地为滩涂，南据句余，山水成灾；东阻句章，以挡水道；一旦暴雨连日，境域沦为泽国。大禹带人掘沟渠、疏河道，形成现今河道南北交叉、东西分段的水利格局。城区有一土山，名秘图，传为大禹疏浚姚江的淤土堆积而成，禹把所绘疏浚图纸秘藏于此。东汉建安五年（200），东吴孙权委朱然为余姚长，于此建衙，山前立"神禹秘图"碑刻。史载马渚全佳桥西曾立禹王庙祭祀（后毁）。宋代利用当地湖泊沼泽，经人工修筑后形成虞余运河（余姚段），是为姚江最大的支流。该运河段西起上虞曹娥江边的赵家村，由五夫长坝入境，经湖塘江、马渚中河，过曹墅桥注入姚江，全长 11.4 千米，宽 40～60 米，水深 2～3 米；沿途青山江、嘉隆江、贺墅江等汇入；北侧紧傍牟山湖，中以湖塘隔，塘上开有数水闸调控水源。明清间，姚江流域堰坝不下百处，形成高低不一的河网梯级水位，既利于灌溉，缓解了上下河区的旱涝矛盾，又开发了交通运输，是古人因地制宜治水的典范。现存斗门老闸、新闸和西横河闸等设施，统称马渚横河水利航运设施，反映了宋元以来运河水利航运设施及技术的演进过程，为运河发展变迁提供了历史佐证。2011 年 1 月，马渚横河水利航运设施被公布为浙江省级文保单位。

作为天然河道的姚江，是浙东运河余姚段的主干道。有史记载，唐以前未架设坚固桥梁，两岸往来全凭沿江渡口。北宋庆历八年（1048），县令谢景初在北城南门口建造木桥，初名"德惠桥"。南宋建炎三年（1129），

斗门老闸

斗门新闸

通济桥

康王赵构被金兵追杀，经桥驾舟遁海，金兵怒而烧之。后桥屡建屡毁。元至顺三年（1332），改筑大跨度的三孔石拱桥，名"通济"，"海舶过而风帆不解"，时称"浙东第一桥"。现存城内的通济桥，为清雍正年间重建。2019年10月，通济桥被列入第八批全国重点文物保护单位。

姚江出城区后，江面加宽，至丈亭达200余米。古来宁、绍两地内河舟舶承受风浪有限，至此必候潮而行。为避免潮汐对航运影响，南宋时挖掘慈江至刹子港之间的河段，使源于桃花岭、向南至化子闸、西出丈亭的慈江（又名小江、后江与丈亭江）与姚江汇接。宋宝庆《四明志》载："乘潮多风险，故舟行每由小江，小江即后江也。"

文化名人辈出

余姚文化名人辈出，历宋以降，登榜进士多达612人（其中状元及第5人）。其中，南宋125人，元5人，明387人，清95人。被世人尊为"四大乡贤"的严光、王守仁、朱舜水、黄宗羲，是邑中"地域精神"的代表。

严光（前39—41年），又名遵，字子陵。东汉隐士。少有高名，与东汉光武帝刘秀同学，亦为好友。刘秀即位后，多次延聘严光，但他隐姓埋名，退居富春山。卒于家，葬于余姚客星山（现慈溪境内）。严子陵这种不慕富贵、不图名利的思想品格，备受后世的称誉。宋范仲淹《严先生祠堂记》云"云山苍苍，江水泱泱。先生之风，山高水长"，使其以高风亮节闻名天下。现余姚龙泉山留有碑文记曰："汉高士严子陵。"

王守仁（1472—1529），本名王云，字伯安，号阳明，又号乐山居士，明代杰出思想家、文学家、军事家、教育家。明弘治十二年（1499）进士，仕于孝宗、武宗、世宗三朝，自刑部主事历任贵州龙场驿丞、庐陵知县、右佥都御史、南赣巡抚、两广总督等职，接连平南赣、两广盗乱及"宸濠之乱"，获封新建伯，成为明代因军功封爵的三位文臣之一（另两位是靖远伯黄骥和威宁伯王越）。晚年官拜南京兵部尚书、左都御史。嘉靖八年（1529）逝世，享年五十七岁，谥号"文成"。万历十二年（1584）从祀于

阳明故居中的王守仁像

孔庙。王守仁以"心"为宗（宇宙本体），提出"心即理"的命题，断言"心外无理，心外无物"。倡言"知行合一"说，后专主"致良知"说，认为"良知"即"天理"，强调从内心去体察天理。其学说被后世尊为"阳明心学"，传入了日本、朝鲜等国。学子极众，世称"姚江学派"。有《王文成公全书》传世。

朱舜水（1600—1682），原名之瑜，字鲁屿，舜水乃其号。初从李契玄学，后寄籍松江，受业于朱永祐、张肯堂、吴钟峦等名儒，精研六经，特通毛诗。弱冠后见国是日非，绝意仕进。明亡，定居日本授学，收九州柳川藩儒生安东省庵为徒。日本宽文五年（1665），被水户藩主德川光国聘为宾师，入招江户（今东京），指导编纂《大日本史》。其对后世"水户学派"影响颇深。享年八十二岁，葬常陆久慈郡大田乡瑞龙山麓，沿汉习谥号"文恭"。先生熟稔古文，精程朱理学；倡导知识应从实践中求得，强调教育的"经世致用"功能，认为国运兴衰与教育兴废相关。其学术思想对当时的日本和后来的"明治维新"产生很大影响。有《朱舜水文集》28卷和《朱氏舜水谈绮》存世；遗物存日本水户彰考馆。

黄宗羲（1610—1695），字太冲，一字德冰，号南雷，世称梨洲先生，明末清初思想家、史学家与教育家。少行侠义，师学绍兴名儒刘念台（刘宗周）。因其父黄尊素（"东林七君子"之一）被阉党迫害致死，赴京复父仇，"庭锥奸党"。明亡后组织"世忠营"抗清，兵败，回故地化安山潜心著书讲学，终其余生。先生学问渊博，著述甚丰，有《明儒学案》《明夷待访录》等50多种300余卷存世。其文针砭时弊，批判君主专制制度；排斥空谈阔论，主张研读经史，强调学术须笃真诚信。与顾炎武、王夫之、唐甄并称"明末清初四大启蒙思想家"。

慈溪：沧海桑田　秘色瓷都

时雨　阿苏／文　潘旭光／摄影

　　慈溪市，地处东海之滨、杭州湾南岸，深具浙东运河与"海上陶瓷之路"①文化底蕴。其域东离宁波市区 60 千米，北距上海市 148 千米，西至杭州市 138 千米，是长三角地区大上海经济圈南翼重要的工商名城，也是国务院批准的沿海经济开放区之一。截至 2023 年，市行政区划区域 1361 平方千米，辖龙山、掌起、观海卫、附海、桥头、匡堰、逍林、新浦、胜山、横河、崇寿、庵东、长河、周巷等 14 个镇和宗汉、浒山、古塘、白沙路、坎墩 5 个街道。

　　慈溪向为越东"开化之地、慈孝之乡"。首任县令房琯（697—763），字次律，在浮碧山下（今慈城）修筑县治，感汉儒董黯"汲水奉母"事迹，改县名为慈溪。该名至今未变。

　　慈溪处北亚热带南缘，属季风气候；地势南高北低，呈丘陵、平原、滩涂三级台阶状朝杭州湾展开；是典型的围垦城市，素有"唐涂宋地"之称。境内蕴藏着丰富的海涂资源，为浙江省内土地后备资源最为富足的地区之一，也是越窑青瓷的主要发源地、"海上陶瓷之路"的重要起点。

　　慈溪历史悠久。周元王三年（前 473），越并吴以筑句余城（后改称句章，今慈城城山渡），置县治。战国时属楚江东郡。秦王政二十五年（前 222），设会稽郡，句章属之。历两汉、三国、两晋、南朝，隶属不变。隋开皇九年（589），余姚、鄞、鄮并入句章。唐武德四年（621），析句章为鄞州、姚州。原句章、鄮、鄞归鄞州。唐武德八年（625），废鄞州为鄮县，属越州。唐开元二十六年（738），分鄮县为鄮、慈溪、奉化、翁山（今舟山市）四县，增设明州府统之。后梁开平三年（909），吴越国设明州望海军，慈溪属之。宋太平兴国三年（978），吴越归宋，设县如旧。南宋绍兴

---

① 即海上丝绸之路。

二年（1132），隶两浙东路明州府。宋庆元元年（1195），改明州为庆元府，慈溪继属之。明永乐十六年（1418），县印失，改"溪"从"谷"，遂改县名为"慈谿"，属宁波府，隶浙江承宣布政使司。清初，改布政使司为行省，设四道。慈谿为宁波府辖，隶宁绍台道。民国三年（1914），置会稽道（宁绍台道），治所为鄞县（今海曙区），辖浙东、浙中二十县。民国十六年（1927），废道制，慈谿县直属省辖。

1949年6月，慈谿解放，属浙江省第二区专员公署（10月改宁波专员公署）。1954年10月，为建商品棉基地调整县域，将以植棉为主的镇海、慈谿、余姚三县北部划为慈谿县，移县治于浒山镇。1956年恢复"慈谿"为"慈溪"。1970年，改专员公署区为地区，慈溪县归宁波地区。1983年，撤销地区并入宁波市，慈溪县属宁波市。1979年，为完善水利条件，县境再度调整，将泗门区划归余姚县，余姚县所属龙南区（横河区）划入慈溪县。1988年10月，经国务院批准，撤销慈溪县，改设慈溪市（县级）。

围海成陆见沧桑

慈溪是一片"围海成陆"的土地。1992年版《慈溪县志》载，在10世纪以前，民间随海涂地形不同，各自垒土筑塘，以捍潮汐，谓之"散塘"。有文字记载的大规模筑塘，始于宋庆历年间的大古塘。以后海涂逐渐淤涨，海塘不断增筑，至今已筑至九塘。全县共筑东西向主要海塘9～13道，全长520余千米，计围海涂775平方千米。

据本土学者方东考证：慈溪已知古塘（散塘），当以约建于秦始皇时期方家河头的高塘遗址（龙山镇）为最早。其塘呈东西走向，全长约一千米。境内现存古塘尚有窖湖塘、杜湖塘、白洋湖塘、上林湖塘、古银锭湖塘、烛溪湖塘，以及衔接陈山的古捍海塘等。

随着越窑青瓷在上林湖一带发展，唐景龙年间有过一次由余姚令张辟疆主持的大规模围塘活动。唐景龙元年（707），余姚县创二闸于漾塘，南曰双河，北曰洋浦，泄上林暴水。据实地考察，今双河闸遗址东侧，存有

上林湖

白洋湖

杜湖

与闸并行的古塘遗迹，西起双河闸，东经鸣鹤场北侧的中横塘，至东埠头北侧凉亭止，全长约 25 千米。宋时所建官塘，分东西两段：东段起于龙山大岙衔接镇海段，向西经龙头场、松浦闸桥、师桥等处至洋浦。西段东起洋浦烟墩，沿塘河向西经枫林、封山南麓延至芦城庙处，即为余姚县令谢景初率众所修"谢令塘"。官塘之后，南宋始筑今人所称"大古塘"：西段初名莲花塘，俗呼后海塘；东起洋浦，循大塘河向西经浒山所城北，至周巷埋沟桥出至南门山。此塘初建于南宋庆元二年（1196），建成于元至正元年（1341），历时 145 年而成。南宋楼钥作《余姚县海堤记》云："其东自云柯而北至于上林，为二万八千尺，庆历七年，县令谢景初为之，王文公记之。今自上林以及兰风四万二千余尺，庆元二年冬知县施君宿所筑。其中有石堤四所，计五千七百尺者，又其所创建也。"

东段大古塘，俗称老塘，筑于明洪武年间。其西起观海卫城，东至龙山所城。后于明永乐年间建新塘。万历《余姚县志》载："及海塘（大古塘）渐固，潮浸却沙壖日坟起，可艺。永乐初，始于旧海塘之北筑塘，以遮斥地，曰新塘，以别于旧塘云。"

海上陶瓷之路

"九秋风露越窑开，夺得千峰翠色来。"可与"围海成陆"媲美的是上林湖越窑青瓷，其在世界陶瓷史上只惊鸿一瞥，便留下"海上陶瓷之路"的千古佳话。

1992年版《慈溪县志》载，上林湖越窑始烧于东汉，延至宋代，烧造历史已有1000余年，是中国青瓷的重要发源地和重要产地。东汉至三国时期，上林湖越窑产品比较简单，主要有罐、罍、壶、坛、碗、钵、盘、洗等。此时期的瓷器胎质坚硬，较粗糙，施青釉或酱色釉，釉层不匀，有羽毛纹、网格纹、麻布纹、席纹、窗棂纹、方格纹、水波纹等多种纹饰。两晋至南朝时期，产品种类增多，常见有罐、盘口壶、碗、盘、钵、洗、尊、盏、唾盂、砚台以及冥器等，制作工艺改进，造型趋向秀丽，施青灰釉或酱色釉，釉色均匀。晋代有铺首，常见纹饰有弦纹、斜方格纹、联珠纹和褐色点彩等；南朝盛行佛教，以莲花瓣为主要纹饰。

上林湖越窑青瓷窑址

越窑青瓷器皿

唐、五代时，上林湖瓷窑数量剧增，窑炉结构有所完善，装烧技术和施釉方法均有改进。尤其在晚唐，产品丰富多彩，有玉璧底碗、圈足碗、荷花碗、莲口碗、荷叶纹盘、葵口盘、喇叭口壶、瓜棱执壶等。此时期的瓷器胎质灰白细腻且坚实，釉色多为青和青中泛黄。因推广匣钵罩烧新技术，使坯件避免叠压和烟灰熏染，故产品色泽一致，釉色晶莹，"如冰如玉"。器表更以刻、划、镂、雕、堆塑、釉下彩绘等方法，饰以荷花、龙凤等，剔透玲珑。至此，上林湖瓷窑质量已跃居全国各大名窑之首。朝廷遂在此设置贡窑，烧制宫廷用瓷（即秘色瓷），延至宋代。

上林湖除生产秘色瓷和大众生活用瓷外，因其水路直通明州港（今宁波港），于唐中晚期开始大量生产外销瓷器，远销亚洲、非洲等的 20 多个国家与地区。日本、朝鲜、印度、巴基斯坦、马来西亚、伊朗、伊拉克、埃及等国都发现有当时上林湖生产的青瓷。

至宋后，上林湖青瓷逐渐被龙泉窑与其他窑群的瓷器取代，但其烧制技术与精神却得以沿袭，因此被称为中华民族的"母亲瓷"。

文化交融千年不绝

慈溪是一块渗透着移民精神的土地，境内居民大多从外域移居至此，繁衍生息。在漫长的历史进程中，古河姆渡人、良渚人，至春秋时期的越人，都在此留下了足迹。据考证：自秦汉始，就有大批移民迁入三北平原。魏晋（特别是南朝）时期，慈溪邻山区域已出现人烟稠密的景象。唐、五代至明、清，持续呈现一个个移民高潮。道光《浒山志》卷一记："浒山自周秦以上，悉系海堧，旷无人居。自汉，虞氏始居……浒山之南，昔为虞、沈、杨、叶、朱、马、翁、陆八姓所居。明洪武丁卯建所城，设驻防官军，抽台、温四丁之一以充军伍。陈、高、潘、胡、冀、柳、江、应、姚、戴、解、林诸姓，多抽自温之乐清，居民因是散处，渐以衰微，而其间历久且盛，则推虞、沈两家为最。"

元末明初，曾流寓三北的戴良于其文集中云："龙山之凤浦湖畔有钱氏，已居之三世矣。"据此可推知凤浦钱氏之始迁时间。《余姚孙境宗谱》载："始祖讳岳，行广十八，先世冀州人。六世祖为睦州刺史，因由睦州徙居于姚之梅川。"孙氏自后唐至今，族属随地而蕃，明清以来更从孙境分脉向北、向东衍发，今坎墩、新浦、三北等地都有此族支系。而《余姚乌山胡氏宗谱》，以名儒胡瑗六世孙胡文焕为乌山胡氏始祖，三传至钧、秤、引，兄弟三分为河东、赏浜、河西支派。乌山胡氏繁衍特盛，至清初，族人因乘鱼盐之便，而利更饶于种棉，纷沓北迁滨海之地，徙离故土者近半，今坎墩等地多有此族后裔。

移民不断迁入，与原居民共同开发这块"围海成陆"的土地，由此形成了新老慈溪人包容、开放、团结、进取的精神。

物产丰饶风味佳

慈溪境内土地肥沃，物产丰饶。享誉已久的慈溪杨梅，是驰名省内外的优质佳果，中国国家地理标志产品。而境内横河镇更是著名的杨梅之乡。

慈溪杨梅

2019 年 11 月，慈溪杨梅入选中国农业品牌目录。

慈溪蜜梨，也是境内传统水果之一。蜜梨外观端正，单果重 250 克以上，成熟时具有该品种固有色泽和特性，肉质细腻，汁多，脆甜可口，风味佳。2018 年 2 月，农业部正式批准对慈溪蜜梨实施国家农产品地理标志登记保护。

慈溪葡萄，据《慈溪县志》，早在明嘉靖年间就有栽培，具有 400 多年历史。其果肉软硬适中，汁多味甜，有香气，风味浓郁。2010 年 12 月，农业部批准对慈溪葡萄实施国家农产品地理标志登记保护。

此外，慈溪还有两种"绝物"，是江浙沪地区（特别是上海）馈赠亲友的佳品和大众餐桌上的至爱。一是名点三北藕丝糖。相传清雍正年间，境内沈师桥有位叫沈永年的糕点师傅，做得一手好糕点，并不断创新，制作出一种外形为柱状、粗细如同人的中指、长不过三寸的糕点又似糖点的食品，折断一看，断面竟整整齐齐排列着数十个细状小孔，神似莲藕，因此被后人称为藕丝糖。二是龙山黄泥螺。这是宁波乃至浙江传统名菜。泥螺，俗称"吐铁""涂贴"，生活于浅海泥滩上，全身沾满泥土，其头长、体黄、脂厚、味美，含有丰富的蛋白质、钙、磷、铁及多种维生素，是一种营养价值很高的海产品。

现在近 200 万新老慈溪人，将秉承发扬"慈孝文化""围垦文化""青瓷文化""移民文化"传统，持续地发展经济，推动各项基础设施建设，以更具活力、更加创新、更有智慧、更富格局的姿态，走出中国、走向世界。

镇海：海防要塞　古老港口

时雨　阿苏 / 文　潘旭光 / 摄影

　　镇海区，隶属宁波市，位于市境东北部大陆海岸线中段，长江三角洲南翼，东海沿岸。东临舟山群岛，西连宁绍平原，南接北仑港，北濒杭州湾，与上海一衣带水。陆地面积 246 平方千米，下辖澥浦、九龙湖 2 个镇和招宝山、蛟川、骆驼、贵驷、庄市 5 个街道。

　　镇海是著名的海防要塞、镇海雄关，拥有中国最为古老的港口，是近代举世闻名的"宁波帮"的孕育地和"院士之乡"。镇海古称浃口，别名蛟川。在今小港横山下、沙溪蛇山山麓，均有新石器时代人类居住的遗迹。

　　春秋末於越建国，镇海乃句余之地。秦王政二十五年（前 222）置会稽郡，立句章县，为句章东境。唐武德四年（621）析古句章，分置姚、

望海楼

鄞两州。此地南为鄞县东境，北属慈溪县（今慈城）东境。唐元和四年（809），在慈东及鄞东甬江口建望海镇。后梁开平三年（909），吴越王钱镠巡视明州，筑城于望海镇；因望海镇濒临海口，有渔盐之利，奏置望海县。次年，改名为定海县；县境仅辖清泉、灵绪、崇邱和金塘四乡。宋熙宁十年（1077），划鄞县灵岩、泰邱、海晏三乡归定海县。宋元丰元年（1078），划金塘隶昌国（今舟山），清泉析为东西两乡。自此县辖七乡，元袭宋制。明洪武二十年（1387），昌国废县改乡，原昌国县境统隶于定海县。至清康熙二十六年（1687），改定海县名为镇海县。次年，析出原昌国境建定海县。建制相沿，民国未变。

中华人民共和国成立后，受政治和经济建设等因素影响，建制更迭与县境变化甚频。1954年，龙山北部10个乡镇划归慈溪县；慈溪县东部的骆驼、河头（今九龙湖）、长石等乡镇划属镇海县；杭州湾口滩浒岛划归嵊泗县。1958年，余姚县划入慈溪东部汶溪乡；同年底撤县并入宁波市。1963年1月，恢复镇海县建制，归辖宁波地区。1985年7月，再次并入宁波市。同年10月，撤县设区至今。

浙东运河出海口

镇海系浙东运河出海口，历为海防重镇与出洋码头。史载唐元和年间（806—820），置望海镇，从明州港启航商船在此放洋，海船北上至楚州、登州接渤海航路，南下至福州、广州、高州接南海航路，向东横渡，直达日本肥前国值嘉岛。唐宋时期，镇海成为海上丝绸之路起碇港。《宋史·高丽传》载："自明州定海遇便风，三日入洋，又五日抵墨山（一作黑山），入其境（指高丽）。自墨山过岛屿……七日至礼成江……又三日抵岸，有馆曰碧澜亭，使人由此登陆。"

现今沿江西路甬江口，竖有汉白玉牌坊，上书"利涉道头"。据考证，古宁波人把渡船靠泊的码头叫"道头"，又称为石磡；把石块、石板、条石从江岸铺向海涂，延伸到江水落潮时最低潮位处。南宋乾道《四明图经》

海上丝绸之路起碇港

利涉道头

浙东运河出海口

以"南则闽广，东则倭人，北则高句丽"①"商舶往来，物货丰衍"等词句，记录下当时宁波商贾云集、船只如梭的场面。在今城河东路与中山路交叉口，有一个旧式三角形蓄水池，相传为日本、高丽、南洋商舶顺内河至此补充淡水之用。北宋时期，县东南有航济亭，此亭存世 50 余年间，接待高丽使团 14 批次。

宋代镇海不仅拥有港口，还是造船中心。无论是造船吨位还是技术，均为全国之首。史载宋元祐五年（1090），年造船量达到 600 艘；官府特置造船监官厅事和船场指挥营，由四百兵丁守护。所造舟楫史称"唐船"（浙船），采用先进的 V 形船体。南宋孝宗隆兴元年（1163），下令明州和温州各造平底海船 10 艘，立遭明州造船匠师反对，理由是"平底船不得入海"。

元统一中国后，创海运漕粮，开辟新的北洋航线。明清长期实施"海禁"，至清康熙二十三年（1684）开禁，海运始复苏。18 世纪初，航路远达日本和吕宋（今菲律宾马尼拉一带）等；国内通河北、山东及省内杭、绍、嘉、台、温诸地。"五口通商"后，镇海港与国外航线逐步恢复。

① 疑将"高丽"误作"高句丽"。

1973 年 7 月，国务院港口建设领导小组组长粟裕实地考察，确定建设镇海港区。1977 年 12 月，3000 吨级煤码头简易投产，万吨级煤码头主体工程基本完成，进港铁路工程通车。1999 年 12 月，镇海港区货物吞吐量突破 1000 万吨，步入千万吨级大港区行列；2013 年 12 月，货物吞吐量迈上 5000 万吨台阶。近几年，货物吞吐量连创历史新高。

"宁波帮"孕育地

镇海是东南沿海最早对外开放的区域之一，涌现出了以世界船王包玉刚、影业巨擘邵逸夫为代表的一帮近代宁波商人。

叶澄衷（1840—1899），原籍慈溪，生于镇海，11 岁进油坊为徒。同治元年（1862）于上海虹口开设顺记五金洋杂货店，经销美孚洋油，开设新顺记、南顺记、义昌成记等分号 18 所，成为宁波商帮早期发迹上海的实业巨子。投资钱庄业、房地产与沙船业，经营长江及沿海航运。清光绪二十五年（1899），在上海虹口捐地 28 亩、出银 10 万两创办澄衷学堂，其子贻鉴、贻钊继之。该学堂乃上海创办最早的民办学校之一。

虞洽卿（1867—1945），出生在镇海龙山（今属慈溪）。15 岁时到上海做学徒，曾在鲁麟洋行和道胜、荷兰银行当买办，进而筹资创办航运企业。历任上海总商会会长、全国工商协会会长、全国商会联合会副会长、上海航业同业公会理事长等职。

黄延芳（1883—1957），镇海石门前黄村（今属北仑）人。民国十八年（1929）任浙江兴业银行董事，经营房地产业。曾任新裕纺织厂经理、英商汇德丰洋行联营的扬子江拖驳公司总经理。中华人民共和国成立后历任政协第一届全国委员会委员、华东军政委员会委员兼生产救灾委员会主任、上海市内河航运局局长、上海市交通运输局局长、上海市工商业联合会副主任等，是第一届全国人大代表。

邵逸夫（1907—2014），原名邵仁楞，宁波镇海人，香港影业之王、中国娱乐业大亨、慈善家。曾任香港邵氏兄弟影业公司总裁、香港电视广播公司荣誉主席等职；拍摄过逾千部华语电影。其"邵氏影业"，曾被列为香港十大财团之一。自 1985 年至 2012 年，通过邵逸夫基金会，向内地捐助达 47.5 亿港元，支持内地教育事业发展。为全球最长寿、任职时间最长的上市公司 CEO。

包玉刚（1918—1991），名起然，镇海庄市人，毕业于上海吴淞商船专科学校。1937 年供职于中央信托局衡阳办事处，1946 年改任上海银行业务部经理，后升任副总经理。1949 年初至香港，与人合资经营进出口贸易，涉及船业运输。1955 年创设环球轮船有限公司，1970 年建环球航运集团股份有限公司。至 1981 年底，拥有船只 210 艘，总载重 2100 万吨，被誉为"世界船王"。

名士之乡称风流

近代镇海籍科学家、文学艺术家层出不穷：近代生物学奠基人贝时璋、英国诺丁汉大学原校长杨福家，是 31 位镇海籍中国"两院"院士中的杰出代表，另有唐弢、林汉达、陈逸飞等 20 余位驰名中外的文学艺术家。

林汉达（1900—1972），曾用名林涛，镇海龙山（今属慈溪）人，著名教育家、文学家、历史学家。代表作有《教育心理学二十讲》《春秋故事》等。毕业于杭州之江大学。1937 年赴美，获科罗拉多州立大学民众教育系硕士、博士学位。1945 年与马叙伦等发起成立中国民主促进会，任常务理事，后转任辽宁省教育厅厅长等职；1949 年参加中国人民政治协商会议筹备工作，历任燕京大学教务长，教育部社会教育司司长、副部长等职；1956 年 8 月当选中国民主促进会中央副主席，为第一、二、三届全国人大代表。

贝时璋（1903—2009），镇海贵驷人。1921 年毕业于上海同济医工专门学校医预科，1928 年获德国图宾根大学自然科学博士学位。1948 年当选为中央研究院院士。1955 年被选聘为中国科学院学部委员。曾任中国科学院生物物理研究所研究员、名誉所长，浙江大学教授、生物系主任，中国科技大学生物物理系主任，中国生物物理学会理事长、名誉理事长。系中国生物物理学奠基人，主要从事生物细胞重建研究。由他主持的"核试验放射性本底自然监测"与"生物探空火箭"等研究工作，为推动中国生命科学和载人航天事业发展作出了杰出贡献。

唐弢（1913—1992），原名唐端毅，镇海庄市人，著名作家、文学理论家、鲁迅研究专家和文学史家。1959年任中国社会科学院文学研究所研究员，系政协第二、三、四届全国委员会委员，第四、五届全国人大代表。代表作有《推背集》《海天集》《投影集》《鲁迅的美学思想》等。

杨福家（1936—2022），宁波镇海人，中国核物理学家、教育家。1958年毕业于复旦大学物理系；1963—1965年担任丹麦哥本哈根尼尔斯·玻尔研究所博士后研究员；1987—2001年担任中国科学院上海原子核研究所所长；1991年当选为中国科学院学部委员；1993—1999年担任复旦大学校长；2001年起出任英国诺丁汉大学校长（校监），2004年创办宁波诺丁汉大学并兼任校长。

陈逸飞（1946—2005），出生于宁波镇海，当代画家、导演、视觉艺术家。1960年考入上海美术专科学校预科，毕业后任职于上海画院油画雕塑创作室；1980—1984年就读于纽约市立大学亨特学院，获艺术硕士学位；1993年执导完成了艺术影片《海上旧梦——陈逸飞个人随想录》；1996—1997年"陈逸飞回顾展"在上海博物馆和中国美术馆举行。主要作品有油画《黄河颂》《浔阳遗韵》，雕塑《东方少女》，影片《人约黄昏》《理发师》等。

海洋文化的印记

长年的海洋文化浸染，使镇海形成了特有的民俗风情。镇海民间艺术家汲取本地传统龙舞和锣鼓精华，创编出镇海龙鼓这一种大场面、大气势又富海洋风格的民间表演艺术。表演形式为龙形鼓2条，每条113节，分则为鼓，合则成龙，另有14只大、中、小型京鼓、红堂鼓和定音鼓（其中最大的红堂鼓直径1.6米），又有大、中、小锣与钹54（面）副。表演时以鼓为引，锣钹齐鸣，作长龙状翻动、奔走，随锣鼓节奏变换队形；出场人数，多达百人，少则四五十人。曾获2000年浙江省广场舞蹈大赛金

镇海口海防遗址——威远城

后海塘

奖、2001 年中国民间文艺"山花奖"等奖项。

蛟川走书，是浙东地方曲艺的一个独具风格的曲种，兴于清光绪年间，由县城小南门名叫谢阿树的艺人所创，因居所拱形墙上刻有"蛟川"二字命名。早期仅一人演唱，用两只酒盅、一根竹筷，有节奏地敲打，自唱自和。抗战前夕演变成一唱一和、在庙宇祠堂或晒场搭台演出，始用纸扇、手帕等小道具，伴奏改用竹板、竹鼓打出节奏，在落调时用清口唱"哎哎哩啊"基本和调。中华人民共和国成立后发展为使用二胡、扬琴伴奏，后增加琵琶、三弦、萧、笛等多种乐器。

镇海口海防遗址，留下了东方海洋文化特有的印记。景区包括宁波镇海甬江入海口南、北两处，以金鸡山、招宝山麓为主要地段的 30 多处海防遗迹。面积约 4 平方千米，包括安远炮台、威远城、月城等。宋设沿海制置司，由统制、统领率水军驻此以扼守海道。明初置定海卫，抗倭时卢镗、俞大猷、戚继光先后驻守，建威远城。鸦片战争时，钦差大臣裕谦监防督战，林则徐协助海防。中法战争时，浙江提督欧阳利见、宁绍道台薛福成等在此筑防御敌。1940 年 7 月，国民政府第 16 师、194 师与登陆日军激战退敌。1996 年被国务院列为全国重点文物保护单位。

位于老城区的镇海楼，系镇海古城象征。始建于南宋，重建于明洪武年间。楼台用条石砌成，长 32.8 米，高 5.9 米，为海防历史遗迹。值得提及的是镇海后海塘，始筑于唐乾宁四年（897），清代乾隆年间续建，中华人民共和国成立后曾有加固；东起巾子山麓，西北至俞范后塘嘉燮亭，全长 4800 米，宽 3 米，高 9.9 米至 10.6 米。其为夹层石塘设计，东段 1300 米"城塘合一"，此形制为东南沿海所罕见。1989 年被公布为浙江省级重点文物保护单位。

境内诸多旅游景区，如民俗与传统节庆结合的郑氏十七房，水域面积达 3 平方千米的九龙湖山水旅游区，素有"南海观音普陀山，东方财神招宝山"之称的佛教文化胜地招宝山风景区，都带有明显的东方海洋文化印记。

第三篇章

丰惠：一衣带水 历久弥新

董雨霏 达玉子 / 文＆摄影

丰惠镇位于今浙江绍兴上虞区东部，它紧邻古运河，曾是浙东唐诗之路和浙东古运河上的重要城镇。其西可通达绍兴，直至浙江省府——杭州，东可通余姚、宁波，直到东海。它是古运河上最中心的城镇，且处于运河的大动脉上。在曾经以水系为主要交通要道的浙东地区，丰惠的交通条件可以称得上十分优越。

丰惠古镇原名上虞城，自五代至 1954 年的千余年间，为上虞县治所在地。其以城中的"丰惠桥"得名，县令楼杓一句"天以丰岁加惠我民"，给予了这座宋嘉定年间修建的古桥一个响亮的名字，古镇也因桥而名。

丰惠自古以来就是人文璀璨的地方，墨客如鲫，文化艺术蓬勃发展。在这座古镇上，发生了许多美丽的故事，如"梁祝化蝶""伯阳炼丹""范蠡入湖"等。这些故事充满了诗意和情感，让人流连。当你漫步在丰惠古镇的街河古桥、老街深巷和名人旧宅之间时，会感受到古镇的深厚文化底蕴和古老韵味。其中的九狮桥、通济桥和诸多明清时期的大宅，都保持着原汁原味，散发着浓浓的古意。

丰惠古镇东面是广袤的良田，南面是万亩梅林，西面有广阔的湖泊，北面则是绵延十里的山峦，自然风光美不胜收。在这里，你不仅可以感受大自然的鬼斧神工，还可以感受到历史的沉淀。丰惠古镇以其丰富的文化遗产，为人们提供了一个追寻历史、品味艺术的绝佳场所。无论是探寻古老故事的痕迹，还是领略人文景观的魅力，丰惠古镇都会带给你无尽的惊喜和美好体验。

如果时光退回到千年之前，你可以看到一条古老的运河——四十里河穿镇而过，从古县城的西门进、东门出，成为全镇的主轴线。东西大街与东西小街都临河而设，官方民宅沿河而建，百姓枕河而眠。如果乘船随流而下，在长达十多里的水路上，穿过座座石桥，就像走进了流动的"清明上河图"：河北侧有县衙、城隍庙、关帝庙、文庙、承泽书院、经正书院，南侧则以民居为主。繁华热闹，喧嚣欢腾，都在这条丰惠镇的母亲河两侧上演，人们临河而居、枕河而眠，形成独特的江南水乡风光和如诗如画的运河人家景象。

河畔古镇因商贾而兴

上虞依地势圈城，选于金罍、玉岗两峰之间，正北和西南以山为隍，而东南平衍，全城边缘平缓，似一鹅蛋而朝西南倾倒。丰惠位于四十里河中段，其空间布局与运河有着紧密的联系。丰惠城以运河为骨架延伸，城外濠河首尾皆通运河，城内水系以街河（四十里河）、巽水河、玉带河三条河道为主干，通过水门和城外水网相通，干河、支河船只相通，埠头林立。

"堰限江河，津通漕输。航瓯舶闽，浮鄞达吴。浪桨风帆，千艘万舻。"正如南宋状元王十朋在《会稽风俗赋》中所道，丰惠城的兴盛，离不开运河以及漕运贸易。运河贯穿丰惠平坦的地势，水流缓和，支流交错，使之成为上虞地区理想的航道与通商口岸。运河的便利吸引着四方的商贾，使得丰惠崛起并成为上虞的经济中心。

丰惠古镇依河而生、因河而兴，丰惠居民倚河而居，运河既是经济交通的输送带，也是古镇空间结构形成的主要轴线。运河自西南穿城而过，滋养市街商埠，并将古城一分为二，因而运河两岸也相应产生了商业性街市和生活性街道。县署依靠后山居高临下，文庙、城隍庙面南枕河，而居民商户多集中于运河之南，正合北城南市。丰惠大街作为丰惠城中最重要的街道沿着运河两侧分布，呈两街夹河之态，其中街河两岸的东大街和西大街贯通全城，其他街巷基本以两大街为主干向其他方向延伸。

古街水巷展独特画卷

"八街四十弄"是丰惠镇街巷系统的缩影，它由三个层级构成：街道、巷弄和弄中弄。三者交织成一幅水乡画卷，展现了古镇的风貌和文化。其中，八条主要的街道是古镇的经济和交通动脉。它们以东、西大街为首，以南街、西南门街、东小街、西小街、县前街和十字街为辅。东、西大街是古县城商业贸易的主轴线，沿着四十里河而建，由原本运河旁三三两两的人家，逐渐演化发展成繁荣古镇经济的商业性沿河街市。其他的小街则纵横交错于其左右，形成了一个复杂而有序的网状结构，更多呈现出生活性街道的特征。"四十弄"古镇中的巷弄和弄中弄是古镇居民生活和社交的空间。一般巷弄宽度大约三米，有些以历史名人故居或大家族姓氏命名。弄中弄则尺度更小，约一米半宽，通常连接着院落或天井。这些巷弄和弄中弄的小路曲折迂回，充满了江南水乡的韵味和情趣。

丰惠桥位于古县城的中心，以及最繁华的东、西大街的交接处，是古镇的标志性节点。古时从丰惠桥至县前街的南北侧紧密衔接着近百家商铺，熙熙攘攘，繁华非凡。这些商铺不仅为古镇带来了繁荣，更带来了独属于丰惠古镇的活力。

东、西大街昔日不仅是商贾云集、贸易往来、船只停靠的河埠头，还是歇脚休闲之所，这为此处茶馆和酒楼的兴盛创造了独特的条件。在这两条街道上，分布着许多茶馆和酒楼，其不仅是为往来商人提供休憩娱乐的场所，同时又是附近山民们歇脚聊天之地。山民会挑一些山货进城售卖，经过一天劳累的交易后，就会在茶馆喝茶或在酒楼吃饭。

在旧时的丰惠老街，集市贸易甚为繁荣，早在明万历年间即有米市、

东大街

西大街

盐市、布市、木行和季节性的笋市、水果市等。而如今，虽然古镇中已罕见集市，但这个空间却以另外的形态呈现在人们面前：沿着街河的集市空间变成了生活型临河广场，它面向运河，与周围的交通、娱乐、劳作等空间相连，是古镇街道上一道亮丽的风景线。每年农历二月和三月，居民都会在街道两侧的公共空间举办庙会并设戏台。平日里可以看到老人们在河边打麻将，孩子们在广场上玩耍，妇女们在水边洗衣服。这里是古镇人生活的缩影，也是他们互相之间增进感情的绝妙场所。

桥头民居为水乡添色

有河必有桥，丰惠的街河古桥比比皆是，如今保存完好、使用正常的还有14座，其中就有丰惠桥、九狮桥和通济桥等"名桥"。河道、小船、石桥、埠头、人家……无不展示着江南水乡的风采。

丰惠古镇最为出名的古桥便是丰惠桥。它位于丰惠古镇街河上，是东、西大街的交会点。嘉泰《会稽志》卷一有载，丰惠桥原名酒务桥，又名济富桥。始建于五代十国时期后周显德年间，宋嘉定十七年（1224）重修时因嫌其旧名"酒务"不雅，故改名为德政桥。知县楼杓以为不妥，曰："天以丰岁加惠我民，事幸而集，予何德焉？以丰惠揭之其可。"遂改名为丰惠桥。此桥上部结构已改为现代桥，古桥拱为纵联并列砌置。丰惠桥横跨在丰惠古镇的运河上，是连接两岸居民和商贾往来的重要交通枢纽。桥面平整，站在桥上，可以看到碧波荡漾的运河水面和两岸古老的建筑。

丰惠桥不仅是一座具有历史意义的建筑，更是连接人们心灵的纽带。它见证了丰惠古镇的繁荣与衰落，承载了人们的思念和回忆。走在丰惠桥上，仿佛穿越了时空，感受到了丰惠古老文明的气息，不经意间就沉浸在它带来的诗意和宁静中。

丰惠桥所在的东、西大街是丰惠城的商业中心，店铺沿街而建，汇聚了来自四面八方的商贾和游客。街道两旁的店铺中陈列着各种商品，从日用品到奢侈品，从美食到工艺品，应有尽有。人群熙熙攘攘，欢声笑语不绝于耳，处处展示着古镇的繁荣和活力。

　　同样横跨丰惠古镇街河的九狮桥，也是丰惠古镇中不可忽视的历史遗迹。它位于丰惠镇西南 500 米处，与东大街、东小街相交，承载着丰富的历史与文化内涵。九狮桥原名为等慈寺桥，因桥旁有等慈寺而得名，后来因桥栏上雕刻着九尊石狮而改名为九狮桥。清代光绪《上虞县志校续》记载，九狮桥位于县东等慈寺前，经历岁月的冲刷，元至正年间，寺僧永贻、良玉、普益、似兰、大逵等募缘重建了这座洞桥。现存的九狮桥就是元代等慈寺僧人重建的那座桥梁，历经风霜，幸运地留存至今。

　　九狮桥是一座单孔石拱桥，拱矢高大，跨度超过三丈，拱券结构独具特色。它采用横放并列的石条错缝叠砌的方式，这在拱桥中极为罕见，在绍兴地区，唯九狮桥。作为上虞最古老的石拱桥之一，九狮桥对于研究绍兴地区宋元时期的石拱桥具有重要的历史意义。桥的南侧和西面金刚墙上皆刻有题记，其中一块题记写着"嘉定七年岁次甲戌二月初六辛丑重修"，另一块题记写着"皇明万历拾壹年春正月吉旦重修"。尽管如今已显露岁月的痕迹，但这些题记却见证了九狮桥历经数百年的重修与维护仍旧屹立

九狮桥

不倒的光辉历史。

元代诗人黄和中曾在《九狮桥》一诗中赞美道："几年危蹬倦攀跻，叠石成功信可稽。楹列九狮留旧事，车乘驷马待新题。长河俯瞰多飞鹜，高岸横陈有断霓……"这赞美了九狮桥的雄浑和古老。九狮桥作为丰惠古镇的一颗明珠，不仅展现了优雅的建筑艺术，还承载着丰富的历史人文意涵。站在九狮桥上，仿佛穿越了时光，漫步在了历史长河中，感受到了古镇的静谧与韵味。

通济桥为南北跨，单孔石拱桥。拱券为条石并列砌筑，结构紧凑，风格雄浑。贯通桥面的长系石两头雕有龙头，具有固定桥体的功能。桥面正中两侧设有护栏，外侧题"通济桥"桥额。此地河面开阔，石桥气势雄伟。光绪《上虞县志校续》记载："在县东南一百步，旧名通利桥。宋绍兴间王吏部义朝重建，元至元庚辰邑簿海鲁丁重修。俗呼八字桥。岁久将颓，明万历甲辰知县徐待聘命寿来泰等重修，光绪间里人葛学元重修。"该书刊于光绪二十五年（1899），故现桥应为光绪二十五年之前重修，桥旁当地政府所立碑记误为万历年间桥梁。

丰惠城内仍旧保存着颇多具有历史价值的民居建筑，随着浙东运河运输航线作为经济命脉地位的不断提升，以水运为主的丰惠古镇很快发展成为商业市镇，孕育出了独特的"前店后宅"空间模式的排门建筑——临街的排门为商品售卖区域，以墙为隔断，墙后为生活区，同时设下踏步的私人河埠，方便生活用水，也便于船只直接通行。丰惠镇结合商用的排门民居主要分布于西大街，为二层穿斗式木结构建筑，两侧封白墙，是"下店上宅"的商住模式。

台门也为上虞一带颇有特色的建筑。丰惠镇台门林立。上虞本地人所说的台门，也称墙门，既广义地指整座宅院，如"胡家台门""旗杆墙门"等，也狭义地指宅院的入口，即台门斗或门屋，是宅第的门面。丰惠有建于明代的一座状元台门，建于明、清两朝的三座进士第，建于清代的观察第、都宪第、登科台门、敕五堂（胡愈之故居）和著名的大夫第、观察第等。这些台门建筑主要分布于西大街和东大街两处。

文化古迹积千年底蕴

"一部上虞史，半部在丰惠。"县署、文庙、书院、庙宇……小小的一座城镇，却像一个被历史按下暂停键的博物馆。漫步于街河古桥，仿佛时光倒流，回到了古老的岁月，这里有古城墙的千年沧桑，也有古县署的稀疏印记。现如今，虽然古迹大多在时间长河中逐渐消失，但作为曾经的县治所在，仍留下让人缅怀的遗迹：文庙幸而存下大成殿和泮池，城墙留存部分土垣（已重建一座城门），而县署、城隍庙只剩旧址了。

古城丰惠最初没有城墙，只有衙城，周一里九十步，高一丈七尺。到了元代至正年间方国珍率众始筑城，周十有三里，高二丈，厚一丈五尺。明洪武二十年（1387），信国公汤和拆丰惠城墙之石筑临山卫城，县城唯存土基。至明嘉靖十八年（1539），知县郑芸在原址上重建城墙，内外用石砌筑。当时的城墙依山傍水，东南平衍，西北因山为隍，西南则跨长者山，雉堞敌楼，颇为壮观，作有旱门五、水门三，城墙之外还有护城河，堪称固若金汤。据传，明嘉靖三十四年（1555），倭寇进犯，曾在丰惠东门外烧杀抢掠，但始终无法进入丰惠城。上虞历史上曾先后有两处城墙，一处是丰惠的古城墙，一处是沥海抗倭所城。随着岁月的流逝，沥海抗倭所城早已消失殆尽，丰惠古城墙也在清光绪末年至民国初年渐渐被毁，中华人民共和国成立时古城墙已残缺不全，现仅有一部分遗迹残存于长者山下，诉说着丰惠古城的悠悠往事。

丰惠作为曾经上虞县治所在地，自然少不了县署古迹。上虞的县署，秦汉至六朝均在百官，唐朝长庆年间迁至丰惠，宋朝进行了重建。县署的南面有花园，北面有莲花池。在嘉定年间，还在县治南通衢的位置修建了谯楼。县署后来经历了多次兴废和改建。县丞署，最开始在县署的西南侧，厅内有见山堂，堂后是自公轩，轩后有池，后来又在县署东边进行重建。典史署，在县署西边，其址初为主簿署。

宋庆历四年（1044），丰惠建学宫，祀孔子，又称文庙、县学。丰惠学宫始建于宋代，于明代重修，并在其中建了文庙。文庙的大成殿中放置着至圣先师及四配、十哲像。沿着甬路向南行进，便可到达大成门。大成门的南侧是泮池，而泮池的南侧则是棂星门。大成殿之后是明伦堂，这里每月都会举行月课或季考。大成门上写有《大学》经文。学宫的东侧设鼓一面，西侧则悬钟一口。如今大成殿依旧矗立在原地，默默讲述着千年的县学往事，静待新生，为丰惠续写千年水墨情怀。

丰惠作为上虞的老县城，一直以来是上虞书香的根。古时丰惠著名的书院有经正书院、泳泽书院、古灵书院、承泽书院等。古镇的书香气在一座座书院中酝酿，也为一代代名人志士的成长提供了丰富的营养。

经正书院兼为试院，位于县城东隅，创建于清道光十二年（1832）。大门上刻有"经正书院"的额，仪门上刻有"丽泽试院"的额。左右两侧建有三十八间考棚，供岁科童子考试之用，后来逐渐发展为讲堂，并建有正楼，楼上供奉文昌神。泳泽书院最初建于元朝初年，位于西溪湖东，至正年间迁至金罍山东，并设立了祭祀朱文公的祠庙。书院前有一座桥，名为"来学桥"。万历十二年（1584），书院复建于湖滨。承泽书院位于学宫的东侧，由清乾隆年间知县邱兆熊创办，只有三间讲堂和六间偏厢。古灵书院位于县北的屯山阳坡，已废弃多年。

丰惠古镇内的庙宇众多。其中，社稷坛位于县西门外一里，先农坛位于县东郊，神祇坛位于西南门外二里，厉坛位于北门外一里。城隍庙位于县治的东部，据传起源于东汉时期，清末毁损，只剩下两座门，同治二年（1863）重建了五间头门，同治四年（1865）又建造了五间大殿，光绪二年（1876）进行了维修。此外，还有沥海所城隍庙，位于七都沥海所的东城，建于明万历四十年（1612），所城北还有一座天后宫。关帝庙位于县治的西部，建于元至元年间。文昌庙原先位于治东，嘉庆二十二年（1817）迁至关帝庙的西边。火神庙位于城隍庙的东边。仓帝庙位于文昌庙的东边。昭烈王庙位于县治的西部，靠近关帝庙一侧，三皇庙位于县治的东厅南侧，五显灵官庙位于县治的东部，但都已废弃。包公祠位于县治城隍庙大殿的西边，祭祀宋代包孝肃公拯。

在现今的丰惠，虽然很多古迹已难寻觅，但这座千年古镇迎来了吐故

文庙遗迹

进士牌坊

纳新的时刻。随着老街的改造，整个古镇焕发出新的魅力和活力。古镇的千年底蕴沿着街河缓缓展现在人们的眼前。河畔风起，古桥倒映碧波澜。街巷深邃，岁月藏珍宝。茶香袅袅，酒意浓浓，欢笑声中，温情荡漾。古老的运河见证了古镇岁月的变迁，漫步其间，仿佛能感受到历史的厚重和文化的韵味。

在这里，你可以欣赏传统艺术的精髓，品味地道的民俗风情。丰惠的文化传承从不停歇，它在新时代中焕发出勃勃生机，不断融入现代元素，与时俱进。在老街的改造中，古镇保留了历史的痕迹，同时引入了现代化的设施。旧与新的交融，使丰惠更加独特而富有活力。

作为浙东地区重要的城镇，丰惠城紧邻古运河，拥有优越的交通条件。古运河作为水系交通要道，将丰惠与周边城市紧密连接，使丰惠成为运河上最中心的城镇之一。丰惠城的街道和建筑沿着运河布局，形成了独特的空间结构和景观。运河两岸繁华热闹，商业活动和居民生活在这条水道的引领下开展，构成了如诗如画的江南水乡风光。在未来，运河将继续在丰惠的发展中发挥重要作用，为丰惠的繁荣和进步注入活力。

慈城：明州门户　江南古镇

时雨　阿苏 / 文　潘旭光 / 摄影

慈城史称句余、句章，是浙东名邑慈溪古县城。位于宁波市江北区西北部，距市中心约 15 千米，与余姚东（原县域西三七市、河姆渡镇）、慈溪东（原县域北）、江北区前江街道及洪塘街道、镇海区九龙湖镇接壤。古镇三面环山，一面临江，地形北高南低，山水相依，环境优美秀丽，交通发达便利。

慈城设治，始于越勾践时期，古属会稽郡，县治在余姚江畔城山渡。唐开元二十六年（738），江南东道采访使齐澣奏分越州之县置明州（因境内四明山得名），辖鄞、慈溪、奉化和翁山四县。慈溪县治设于今慈城。1954 年 10 月行政区划更改，划镇海龙山、慈溪观城以及余姚浒道、周泗、庵长（旧称"三北"）地归慈溪县，县治由此迁至余姚县浒山镇（今慈溪市浒山街道）；旧县治置慈城镇，与丈亭、陆埠、大隐、三七市等区域划归余姚县。1958 年转设人民公社，慈城为东风人民公社 20 大队。1959 年改慈城人民公社。1960 年 10 月恢复建制镇，为宁波市直辖。1984 年 10 月原慈东乡并入，划归江北区管辖，为区内最大的建制镇。1992 年 5 月，江北区云湖乡和妙山乡划归慈城镇。2001 年 10 月 27 日，再划乍浦乡归慈城镇。

浙东运河至明州府的门户

慈城古镇因浙东运河水道与唐宋间"海上丝绸之路"的勾连，向为明州咽喉、繁荣富庶之地。至今有 4500 多年历史的古句章港，延续着河姆渡遗址古越人"水行山处，以舟为车，以楫为马，往若飘风，去则难从"的舟楫文化传统。唐颜师古注《汉书·地理志》云："句章，渠水东入海。"古时句章港水系相当发达，古镇城山周围环绕着后河、横河、赶水河、村

慈江

城山渡

前河等，水网密布、河道交横；官府设立大大小小的码头供人员和物资往来。唐宋时期，浙东运河自余姚江入，至丈亭与慈江相连。明州港城崛起，港口的发展由单水道位进入交叉水道位的新阶段。曾经喧闹一时的句章港完成历史使命，逐渐消失在人们的视野中。

与余姚江在丈亭汇合的慈江，又名后江、丈亭江、管山江，是余姚江（史称慈溪前江）的支流，位于现江北区慈城至余姚丈亭境内，全长约28千米，平均河宽60米。此江发源于桃花岭，与汶溪汇合后，经化子闸始称慈江，行经慈城，于丈亭郑家渡汇入姚江。慈江曾是浙东运河的辅助航道，自宋代起经人工挖掘整修，有利于东西商船避开姚江航道潮汐影响，经由中大河（又称慈东后江）抵达镇海出海。

古慈城为浙东运河至明州府的门户。现西塘河西畔有座名叫高桥的石拱桥，西塘河经此右拐弯流进姚江。连接西塘河和姚江的不是自然水道，而是运河。运河北端有一座名为大西坝的水坝，由南宋名臣吴潜主持修筑。姚江北岸和大西坝相对处也有一条水道，名叫官山河，自南向北通慈江。此河南端有闸，为同建于宋代的小西坝，为往来商船通慈江的必经之

小西坝旧址

路。由于时代久远，原小西坝早已不存，现存的两座闸体分别为1964年和1993年重建。官山河和大西坝，均被认定为世界文化遗产；大西坝和小西坝旧址，也于2013年被公布为全国重点文保单位。

保存完整的古县城

历史名镇慈城，拥有1200余年的建城史，境内人文旅游资源十分丰富。素享"江南第一古县城"美誉的旧城区，占地约2.17平方千米，建筑面积达60万平方米，为江南地区保存较为完整的古县城。城内保留有唐代街巷格局，书院、藏书楼、药铺、庙宇、官宦宅邸、巷陌民居和考棚、孔庙、县衙等传统建筑触目皆是。古城县衙于唐开元二十六年（738）由知县房琯初建在浮碧山上，因遭遇火灾而废；现存县衙按照光绪《慈溪县志》详图重建。其坐北朝南，占地4万多平方米，中路主体建筑含大门、仪门、六部房、大堂、川堂、二堂、清清堂等；东路为县丞署建筑群，在

慈城

仪门和大堂间甬道耸立一石碑，前为"公生明"，后为"廉生威"；两旁院落分别为东西科房。东科房为户房、钱科、粮科；西科房则是吏、礼、兵、刑、工五房。衙内1米宽的一段甬道最为珍贵，以呈深灰色、方形、一指宽、排列整齐的唐砖（原县衙大堂遗存）砌成。

城隍庙位于县衙西侧，始建于唐立县之初，宋咸淳四年（1268）重建，历朝累有修葺；清同治元年（1862），太平军攻陷慈城，毁明伦堂及教谕住宅；同治九年（1870），邑人冯本怀募捐修建。今之城隍庙属清代规制，坐北朝南，庙院宏大，布局完整，为既有寺庙殿堂特色，又具官署建筑风格，还具"前朝后寝"功能的典型清代庙宇殿堂建筑，也是目前国内恢复最为完整的城隍庙之一。

此去不远，有坐落在竺巷东路55号的孔庙，南至竺巷东路、北至太阳殿路、东至绿化带及电影院、西至民居，四周红色高墙外留滴水两尺余。此庙建于北宋雍熙元年（984），原址离县治约40步，为县令李昭文为培育人才而设。庆历八年（1048），县令林肇徙建于现址，鄞县令王安石撰慈溪县建学记碑文，贻书招邑人宿学杜醇为诸生师。建炎四年（1130），金兵南侵，遭焚毁。淳熙四年（1177）募巨资重建，修复大成殿、斋居、门庑、庖湢，扩建东西两庑。元至正年间，增设仪门、文庙坊与学前埠头。清同治十一年（1872），太平军陷慈城，焚明伦堂，翌年重建。至清代，此庙已成为占地18亩5分9厘（约12400平方米）的宏大建筑群了。历宋以降，儒学兴起，慈溪共出进士519人，为人才荟萃之地。

位于东门外塔山上，有建于唐天宝八年（749）的清道观，是道教敬神祀仙、修炼养性，以及进行各种活动的场所。元以后，此观历经毁损、重修和扩建。民国时期，此观槐荫夹道，松篁满亭，依山建筑共七层，阁、厅、殿分布其中，各式塑像不可胜计，尤以巨钟而远近闻名。该建筑于"文革"期间拆毁，后重建。

古镇老街历经千年，保留了诸多明清风格的宅院。坐落于金家井巷内的甲第世家（钱宅），东与福字门关接邻，西100米出巷口为民权路，北达尚志路。此宅始建于明嘉靖年间，为进士钱照住宅。钱照于嘉靖十一年

慈城县衙

慈城孔庙

清道观

（1532）中进士，官至翰林院佥事，后代又数人登第，为之称"甲第世家"。该宅坐北朝南，由台门、二门、前厅、后厅及左右厢房组成。前厅单檐硬山式，五开间，通间阔 17.35 米，深 11.83 米，明间为抬梁式。后厅是五开间高平屋，面阔同前厅，除明间外，皆施隔栅，上有阁楼，屋顶硬山式。左右厢房，楼屋重檐，南端上檐仿歇山式，北端为硬山式。该宅具有浙东明代民居特点，是市内保存较完整的建筑群落。

福字门头，为明嘉靖间布政使冯叔吉故居的一部分，后冯氏衰落，把此宅卖给应氏，由应氏改建而成。大门东侧设有衣架锦式屏门二扇，牌科式。前厅为五开间，明间为抬梁式，平梁上支蜀柱。硬山屋顶，明间后方两檐柱旁砌八字形墙，上端斗砖雕做出斗拱。宅院二门南端的照壁上有一砖刻"福"字，故称"福字门头"。此宅前厅具明代建筑之特点，后楼建筑为清初风貌，迄今保存完整。

冯岳彩绘台门，大门正南为三开间照壁，石砌须弥座。墙体由砖砌成，上部有砖雕，砌出中间高、两侧低形状。全壁分三开间，明间宽 3.4 米，北距台门 4.9 米；次间略斜，平面呈八字形。全壁长 7 米，瓦当有龙葵花等纹饰。以两柱将明、次间分隔。实勘照壁正北有城山渡台门，残存数间。

西中厅与前厅阻隔为天井，有左右隔墙。右边天井有一堵墙，两端有拱门，内有一古井。东厅为高平屋，硬山式的两开间，前有廊。西边门开六扇柱子门，可入中房。东门前有栏墙，地面为石板。厅有地板铺地。西间天花板上油漆花卉，至今尚未褪色。

名人辈出之地

慈城具有丰富的历史文化底蕴，名人辈出。

秦润卿（1877—1966），名祖泽，号抹云老人，慈城人。出身贫寒，15岁由表叔介绍至上海协源钱庄学做生意，很快升职至经理、督理。清宣统元年（1909）出任经理，改用新式簿籍资产负债表，开设信托金融业务。民国六年（1917）任上海钱业公会副会长，民国九年（1920）任会长。民国十年（1921）创办《钱业月报》。民国四年（1915）出资在西营办"普迪小学"，教学质量在浙江省私立小学中名列前茅。

钱罕（1882—1950），字太希，又名吟棠，近代书法家。慈城聪马桥人，毕业于上海复旦大学；先后受聘于嵊县中学、上海修能学社（秦润卿创办）和宁波效实中学。擅长文字学，被章太炎誉为"活字典"。师从梅调鼎学书法，博采众长，落笔跌宕自如。晚年隐居慈城，有《钱太希书品》行世。

周信芳（1895—1975），字士楚，艺名麒麟童，我国杰出的京剧表演艺术家，京剧"麒派"艺术的创始人。籍贯浙江慈城，生于江苏清江浦，六岁随父旅居杭州，从陈长兴练功学戏，七岁登台演《铁莲花》。曾与梅兰芳、谭鑫培、林树森、李吉瑞等名家配戏演出，代表作有《汉刘邦》《天雨花》《萧何月下追韩信》《鸿门宴》等。

应昌期（1917—1997），出生于慈城，先世系汉代河南汝南郡名门，西晋末年为躲避"八王之乱"迁徙浙东。抗战结束后应命至台湾银行任职；历任总行营业、业务及国外部经理，后升至副总经理代行总经理职达18年之久。其因采取了切合国家经济发展及工商业实际需要的诸措施而享誉后世。

冯骥才（1942— ），祖籍浙江慈城，当代作家、画家和文化学者。代表作有《雕花烟斗》《神鞭》《三寸金莲》《俗世奇人》等。2002 年在全国政协九届五次会议 2543 号提案《关于紧急抢救民间文化遗产的提案》中倡议发起"中国民间文化遗产抢救工程"。

　　古镇在改革开放后，得到了长足的发展，先后被列为浙江省历史文化名镇、全国综合改革试点镇和宁波市中心镇。慈城年糕、慈湖牌杨梅、雪舟牌白茶、云湖竹笋不仅在国内行业协会评选中多次获奖，还远销新加坡、加拿大、澳大利亚等国家。

第四篇章

西兴：运河之头　诗路起点

丁兴根 / 文　寮仕奇　达玉子　徐瑾 / 摄影

　　长逾 250 千米的浙东古运河，起于杭州市滨江区西兴街道。西兴街道位于钱塘江南岸，历史上曾是两浙门户，交通发达，商业繁华，自古为"浙东首地，宁、绍、台之襟喉"。今天的西兴，随着老街文化的保护利用和文旅融合发展的推进，已成为浙东运河上一颗璀璨的明珠。

　　西兴的历史，可以追溯到春秋末吴越争霸时期，越国大夫范蠡在今西兴西端修筑城堡以抵御吴国，时称固陵。六朝时，称固陵为西陵，设"西陵专知官""西陵镇遏使"，驿站改名为西陵驿（也称樟亭驿）。五代时期，吴越王钱镠认为"陵"字不吉利，遂改西陵为西兴，西兴之名沿袭至今。宋代时设西兴镇，作为军事建置。元代置西兴场，"通南北之商""候往来之使"，成为浙东咽喉。明清时期，西兴属绍兴府萧山县管辖，民国沿袭。中华人民共和国成立后，萧山县划归

浙东运河碑

杭州市，西兴属杭州。1985 年，西兴乡改为建制镇。现为杭州市滨江区西兴街道。

浙东运河起于西兴永兴闸（龙口闸），在西兴，又名西兴运河、官河，现与北塘河相连。其始凿于西晋，当时会稽内史贺循发动民众，开挖西起西陵（西兴），经萧山、钱清、柯桥到郡城的人工运河。千百年来，浙东运河造就了西兴的重要历史地位，留下了丰富多彩的运河文化。

过塘行，运河交通贸易的独特风景

19 世纪初，钱塘江尚有 5 千米江面，江水到达西兴铁陵关外北海塘边。作为浙东运河之头且西濒钱塘江，西兴乃通向浙东、浙南的要津之地，是名副其实的水上交通枢纽。过塘行，便是西兴在运河交通史上的重要见证，如今其已成为大运河世界文化遗产的重要组成部分。

西兴过塘行集聚于西兴码头一带。作为一个水上运输行业，据学者考证，"过塘行"之称应在晚清以后。晚清文人来又山《西兴夜航船》诗"上船下船西陵渡，前纤后纤官道路。子夜人家寂静时，大叫一声靠塘去"，描绘的就是西陵渡转运业的景象。

过塘行形成于西晋时期。浙东运河开通后，过塘行，即转运栈，其主要的功能是在浙东运河与钱塘江之间无法直接行船通航时，专门负责其间的人员、货物的转运，是官办西兴驿的有效补充。西晋后，西兴逐渐成为一个中转码头，繁荣的商业市镇随之迅速崛起，驿站也以水上交通功能为主。至元代，西兴成为漕粮北运的重要转运点。明代，由于在西兴中转的船运货物大多需要过塘翻坝，过塘行逐渐形成。过塘行在清代进入鼎盛期，其时，西兴拥有七十二爿半过塘行，按经营的范围分类，有：过客人、禽蛋的赵永利、俞小八房等八家；过茶叶、烟叶、药材的来锦标、孙太和等四家；过牛、羊、猪、鱼苗的钟大椿、富三房等十二家；过酒、酱的傅汝贤、陈光记等六家；过棉花、蚕丝、绸缎的曹大本、沈惠全等七家；过百杂、灯笼、木器、锡箔、扇骨的协亨祥、徐炳记、沈八房等二十九家；过

河畔民居

建筑的源盛和、王诚孚等三家；过银圆的徐国佩一家；过其他的李庆记等两家。孙家汇的"黄鳝行"只能算半家，这是因为其他过塘行均为一年四季营业，鳝鱼是季节性水产，所以被戏称为半爿过塘行。

中华人民共和国成立后，随着公路、铁路交通的发展，过塘行逐渐衰落。但过塘行的历史文化遗迹在西兴镇得到了较为妥善的保护，当年过塘行集聚的西兴老街已成为杭州市十大历史文化街区之一，过塘行建筑群，以及永兴闸、西兴驿、城隍庙、屋子桥、官河两岸遗迹得到了有效的规划与保护。而西兴过塘行码头专题陈列馆，再现了当年船来船往、万商云集的盛况。

临海扼江，丰厚的水利文化遗存

浙东运河穿境而过，使西兴形成了以运河为横轴的完整水利体系，展现着丰富的水利文化。

在秦代以前，西兴的海塘多为泥土垒成，因非官筑，史籍无记载。秦以后西兴境内的水利工程，其主要功能集中在以下几个方面：拒潮汐、畅交通、强灌溉、垦良田。

拒潮汐，这是由西兴独特的地理位置所决定的。西兴位于钱塘江南岸，历史上经历了从临海到临江的演变，不断遭受咸潮倒灌和洪灾的侵袭。在乾隆三十五年（1770）七月二十三日，大风大雨导致自西兴至宋家娄一带北海塘决口，海水溢入，1万多人受淹身亡。同日，西兴三都二图西江塘决口，庐舍及殡厝棺木在内河漂浮，两天不能通舟。

西江塘，由西兴往南，经长河、浦沿、闻堰、义桥至临浦麻溪，全长31.25千米。明代洪武年间，为防海潮侵袭，砌口加固，至今尚有遗迹。北海塘，由西兴往东，经长山至瓜沥，再由瓜沥经党山至童家塔，全长41.44千米。南宋咸淳年间，北海塘遭风潮侵袭溃塌，越帅刘良贵主持重修。明清两朝，曾多次修补。

在西兴，至今还留存着永兴闸（龙口闸）的遗址。永兴闸，见证着古代运河发展的历史。南北朝运河通航初期，西陵设埭，以人工牵引船只。唐代兴建海塘时，废埭改堰，提高了防洪潮的能力。至五代时，钱镠筑西兴城，设置水门（内连运河外近钱塘江的门户），但水门导致钱塘江潮水涌入运河，河道淤涨，影响农作物灌溉，退潮后运河水位降低，影响航运。宋代，为阻断钱塘江潮，将水门改为水闸，自此，西兴和城厢镇之间建立起清水闸和浑水闸两座水闸，后闸又因江沙淤积湮废。宋嘉定年间，汪纲主持重建。西兴闸，在元明时期毁坏，又改为堰。万历十五年（1587），县令刘会修西兴石塘，改建大堰为永兴闸，因闸位于西兴运河之首，又名龙口闸。永兴闸作为西兴运河的内外节制闸，成为萧绍平原排涝灌溉的枢纽工程。至明末清初，永兴闸外滩涂面积扩大，西兴运河与钱塘江不再直接通航，永兴闸结束了其历史使命。

诗路起点，千年流韵滋味长

浙东运河的魅力，既在于其两岸积淀的江南特有的地域文化，也在于水文化与"海丝文化""诗路文化"的交相辉映，形成了大气磅礴、多姿多彩的文化交融和叠加的现象。

"浙东唐诗之路"起于西兴，使西兴拥有了"运河之头、诗路起点"的美誉。历代诗人，渡钱江至西兴，沿浙东运河至绍兴，或缘若耶溪或溯曹娥江至嵊州，入新昌，至天台，沿途留下了一首首脍炙人口的诗词，蔚为大观。这种独特的文化现象，为历史、文学研究者所瞩目。

西兴作为"浙东唐诗之路"的起点，也同样沉淀了许多诗词。追溯西兴诗词之源，当数《越群臣祝》。越王勾践五年（前 492），与大夫文种、范蠡入臣于吴。群臣送至浙江之上，临水祖道，军阵固陵。大夫文种前为祝，其词曰：

> 皇天祐助，前沉后扬。祸为德根，忧为福堂。威人者灭，服从者昌。王虽牵致，其后无殃。君臣生离，感动上皇。众夫哀悲，莫不感伤。臣请荐脯，行酒二觞。

> 大王德受，无疆无极。乾坤受灵，神祇辅翼。我王厚之，祉祐在侧。德销百殃，利受其福。去彼吴庭，来归越国。

这首收录于沈德潜《古诗源》中的诗，讲述了吴越争霸这一历史大事件中的一个场景，也为西兴增添了历史的厚重感，成为后世诗人怀古的一个题材。纵观历代诗人吟咏西兴的诗篇：有送别，如李白《送友人寻越中山水》，李绅《却渡西陵别越中父老》，王安石《送张宣义之官越幕》等；有咏景，如白居易《宿樟亭驿》，元稹《别后西陵晚眺》，吕祖谦《西兴道中》，来集之《坐西陵茶亭》等；而最有影响力的当属咏潮诗词，如罗隐《钱塘江潮》"怒声汹汹势悠悠，罗刹江边地欲浮"，范仲淹《和运使舍人观潮》"高岸惊先裂，群源怯倒流"，苏轼《瑞鹧鸪·观潮》"碧山影里小红旗，侬是江南踏浪儿"，从各个侧面描述了天下无俦的钱江大潮的壮美。虽然西兴如今已不再是观潮胜地，但历史的记忆还是为西兴的厚重增添了一个砝码。

钱清：江水悠悠　清名永留

丁兴根　童波/文　梁永锋/摄影

　　水乡泽国，越地要津。钱清街道位于绍兴市柯桥区西北部，与杭州市萧山区相邻，是历代杭州至绍兴、宁波的必经通道，也是官马大道之要口。浙东古运河绍兴段西自钱清入境，古时，官员商人南下绍兴，钱清是首站。唐代李白、元稹、贺知章等大诗人，均循浙东古运河抵达绍兴，徜徉于稽山镜水。

　　钱清古称"浦阳"，名自东汉，建镇于北宋。宋元丰《九域志》卷五载："望，山阴。（一十四乡。钱清一镇。）"嘉泰《会稽志》称："钱清镇，在县西北五十里。"当时山阴县辖一镇十四乡，钱清则为该县唯一之古镇，成为南北往来的交通要地。

　　钱清之名，与钱有关，亦与钱清江有关。

　　东汉末年的会稽太守刘宠，是一位因熟读经书而被举孝廉，官至司空、司徒、太尉，却一生"清约省素，家无货积"的贤臣。上任以来，扶持农桑，兴修水利，革除苛政，轻徭薄赋，改善了百姓的生活；微服私访，体

西小江

察民瘼，公正廉洁，赢得了百姓的信任。《后汉书》将这位奉职守法的官吏载入"循吏列传"。

刘宠因政绩显著而受皇帝褒奖，在奉调离任时，当地父老持钱相赠至西小江边，他执意不收，只示意取一枚投入西小江，江水顿时清澈见底。百姓感念刘宠清廉，就把这段西小江称为"钱清江"，"钱清"始而得名。

后人临江构筑清水亭，建刘太守庙以资纪念。刘宠是古代官场中的一脉清流，其高德义行是传统文化中绵绵不绝的浩荡长波。"一钱"造就钱清江，江水悠悠，清名永留。

一钱太守纪念馆

钱清不但是廉吏之乡，更是人杰地灵、物阜民丰之古镇。帝王伟人，幸临钱清，增光添色。越王勾践，调兵勇、谋大略，卒士会夷；秦皇入越，巡视过境，铸成"秦望"之村名；高宗康王，迁都南渡，驻跸钱清，且经此往来，周遭不息；清帝乾隆，南巡路过钱清，有感刘宠之清廉，题诗"循吏当年齐国刘，大钱留一话千秋。而今若问亲民者，定道一钱不敢留"。

自宋以降，钱清耕读传家，人才辈出，更是盛极不衰。念昔日，诗人陆游回故里访祖，徜徉在钱清江头，静观浩浩江滩风云，细听袅袅里人民风，触景生情，吟诵出许多不朽诗篇；战功显赫的高氏家族，名成"五王祠"，为后人树立了匹夫之责、一心为国的精忠志向；"科甲天下"的周氏，不但给后世留下了"同胞四进士"的美称，而且还是乡邑中济贫救穷、修桥铺路的表率；慈善将军朱庆澜，戎马倥偬，一片丹心，为国为民，彪炳史册，让国人赞颂不已。

五王祠

古之钱清镇，虽素称集市，或置为重镇，而其地域仅囿于东小江（即街河）以北一隅，较之当今之钱清无疑别有天壤。现境域辽广，其沿革又复杂多变。早在清代时，其地分别辖于萧山、山阴两县。民国时期亦分受萧、绍两县管辖。至 1949 年 10 月，街河以北之钱清，由萧山划入绍兴，次年设钱清区，复置为钱清镇。此后，钱清区域又数度有变。直至 1992年 5 月，撤区扩镇并乡以后由钱清镇、新甸乡、南钱清乡合并成现域之规模。2019 年，撤销钱清镇，设置钱清街道。

因河而兴的运河古镇

钱清西后街环翠公园旁，一座廊桥似长虹卧波，气势恢宏，钱清人称它为"浮桥"。

钱清江原本是稽北丘陵发源的一条小河，接纳上游浦阳江来水后，经由钱清镇直通杭州湾，自古就是一条险河。从南宋初期至明代后期的几百年时间里，它桀骜不驯，恣意流淌，不仅江面宽阔，水深流急，还时常洪涝不断，灾害频频。江上无法建造固定的桥梁，南宋时只好建造随水升降的浮桥应急。嘉泰《会稽志》载，浮桥由 12 艘船连成，桥长 36 丈、宽 17 尺。元至正十八年（1358），张士诚大将吕珍镇守绍兴，在钱清江上筑城，以控扼水道，防御明兵。明成化中期，浦阳江改道，由闻堰入钱塘江，钱清江自此有江之名，无江之实，变成了一条温顺的河流。明嘉靖十六年（1537），绍兴知府汤绍恩主持建成三江闸，钱清江始成内河。

钱清江，见证着海晏河清；浙东古运河，沉淀着古今繁华；东小江，流传着旖旎风光……这是一方秀丽江南之地，有着万顷良田、千亩水荡，极具水乡神韵。

钱清之兴，与晋代贺循开凿西兴运河有关。古老的浙东运河，穿镇而过。运河两岸，白墙黑瓦的民居诉说着悠悠岁月中的钱清的模样。流淌的河水、静立的建筑，动静之间，掠过千年。这样的运河无疑是极易征服人心的。

钱清堰是北宋西兴到明州的七堰之一，位于古运河与西小江的交汇处。在运河航行要过江堰，北宋所建者称钱清旧堰。嘉泰元年（1201），浙东茶盐提举叶籈别建新堰，亦为南北两堰，堰旁建住房及牛棚，新旧两堰并用，水路畅通。行人至此多有待潮过堰之阻，在钱清赶集理所当然。

浮桥

如今，运河上的古堰已经湮灭。南北两堰变成了禹会桥和坝桥，与灵动清澈的大运河河水相依相融。

大运河在古代不仅是漕运之河，更是来往南北的"水上高速公路"。在这条河流上，有踌躇满志的赶考举子，有春风得意的上任官员，有行走四方的商贾巨富，也有落拓寂寥的失意文人，悲欢离合交织在一起，催生了一首首叹惋咏怀的诗篇。陆游一首《钱清夜渡》，描绘了钱清渡头夜色迷人的美丽景象："月出半天赤，转盼离巨海。清晖流玉宇，草木尽光彩。"

对于钱清而言，运河还是那条运河，在静静流淌中承载着千年来的情感与文化命脉。然而从环境、经济、文化等多方面审视，这里的运河又不断变化着不同的气质。千年绵延过后，这里的两岸也正在向世界讲述着全新的"钱清故事"。

传承文脉的千年风光

"两袖清风，一尘不染"的廉政文化是钱清的人文底色。

在钱清境内，尚保存着为数不少的纪念古代当地清廉官员的寺庙。古运河畔纪念刘宠的刘太守庙、江南村纪念马臻在钱清建广陵斗门的大王庙、江墅村纪念南朝会稽郡丞江革的江灵庙等，承载着淳朴的乡民祝愿。

明朝时，钱清北坝官岑子原、兵科给事中周祚、刑部郎中高闱、刑部郎中陈必成等，皆是清廉之官。

钱清还是陆游高祖陆轸之故里，王阳明设院讲学地，民主革命家朱执信、民国时清华大学校长罗家伦祖居地。

钱清不但文化底蕴深厚，而且山水秀美，令古今观者赞叹不绝。绵绵狮林山，淙淙梅溪河，蜿蜒九曲水，茫茫海滩头，古塔斜阳、浮桥渔火、纤道白帆、禅院钟声，皆是构成钱清自然实景的隽秀元素。上千年的文化积淀，赋予了钱清丰富的内涵。柳城归帆、崇福晚钟、狮山结翠、环翠夕照、南仓积雪、东堰观鱼、荷香望月、义坊踏雪、马埠荡千、浮桥夜说，曾是钱清的十大胜景。有的虽早已湮没在岁月的长河中，却永存于人们不涸的记忆里；有的依然守卫在时代的风景线上，述说着一个个不老的话题。

千百年来，钱清乡间坊里风俗淳朴，文化传承不息。民间庙会、社戏，热闹乡间，盛行不衰，融儒家文化、民俗文化、宗教文化为一体。

文化熠熠生辉，胜迹处处耀眼。狮林山巅狮林寺，俗称西天竺，视野开阔，殿宇巍峨，让人流连忘返。环翠寺、智度律寺历史悠久，规模宏大。古纤道、九岩的广溪桥和九溪古闸、江南村马臻建的广陵斗门和白马山的白马山闸，彰显了钱清人民的睿智和勤劳。

形神皆美的小城蓝图

浙东古运河成就了钱清的繁华。在以水运为主的年代里，钱清成为东达宁波、南去金衢、北往苏杭的航运枢纽，南来北往的客商在此停留，四邻八乡的物产在此集聚。

南宋建都杭州，过钱清、经绍兴抵宁波之驿道为官马大道。官府在钱清设驿站，置钱清盐廨、钱清堰廨。便利的水陆交通，公廨的设置，给钱清带来无限的商机。

宋元丰《九域志》载："望，山阴。（一十四乡。钱清一镇。）"可见钱清在当时已成商市。南宋时，"山、会城内有八处集市，唯乡村二处，梅市和钱清"。明朝时，有"大市"出钱清、"小市"出白洋之说。

石桥和着桨声、船夫号子声，将古镇的富庶、繁盛，写进了中国大运河上千年的兴旺漕运史中。

中华人民共和国成立前，商铺和摊贩大多集中在浮桥至坝桥沿河一带，即当时所称的前街。为便于交易，在浮桥脚下设有埠船码头，在坝桥脚下设有小船码头，入市者南来北往，货商忙碌。这些店铺分门别类，有南货、杂货、糕点、茶食、酱园等。

钱清素为业兴商盛之津、宜居乐业之镇。钱清的农副业加工历史悠久，如酱业、制盐业、越瓷烧制业、锡箔业、纺织业都在历史上闪烁着独有的光芒。

宋朝及以前，钱清平原曾为滩涂，先民利用海水制盐已盛，使得此处成为全国海盐重要产区之一。当时的统治者即在钱清设立盐场管理机构。宋代时，绍兴有钱清、三江、曹娥三场，到1952年钱清盐场裁废，历时800多年。制盐业无疑是钱清最古老的行业，列境内各业之首。

民国时期，钱清农家男人织丝绸，最初用木机生产，后改用木制铁龙头织绸机（即洋机）。渔后、江墅、蜀风、新甸等地出现了一大批洋机师傅。农家妇女则在家挑花边，一针一线，图画跃然，堪称一绝。

20世纪80年代中叶以后，钱清的乡村企业似雨后春笋，蓬勃发展。尤其是纺织企业，有上百家。钱清轻纺原料市场（今钱清中国轻纺原料城）成为全国首屈一指的轻纺原料集散基地。

浙东运河串起杭甬，104国道、高铁、货铁穿境而过，杭绍城际铁路也开启了钱清人的地铁生活。人文历史、地缘优势注定了钱清的与众不同。2010年，钱清从全省200个中心镇中脱颖而出，被列为全省首批27个小城市培育试点镇之一。

悠悠古运河，流动着梦想，流动着富庶，流淌着民俗……桨声、灯影、渔歌、风荷，构成了钱清一幅幅瑰丽的画面，描绘出钱清小城市发展的宏伟蓝图。

杭绍临空示范区绍兴片区

左手诗意，右手繁华。钱清的"大钱门"核心区，高楼鳞次栉比，马路川流不息，商铺琳琅满目，小区井然有序。

一路发展，钱清已跻身国家新型城镇化综合试点区、浙江省首批小城市培育试点镇，先后获得全国文明村镇、全国卫生镇、全国营商环境十强镇、中国轻纺原料市场名镇、浙江高质量发展小城镇等荣誉。目前，钱清街道抓住杭绍临空经济一体化发展示范区绍兴片区建设的机遇，朝着"开启临空时代，建设融杭新城"的目标大步前进。

古镇，正开启新的征程。

柯桥：江南明珠 秀丽水乡

丁兴根 童波／文 梁永锋／摄影

柯桥区柯桥古镇因桥得名。明代张元忭《三江考》上说："今山阴三十里有柯桥，其下为柯水。"柯桥南三里有柯山，山下有水，古称柯水。镇上有桥，因在柯水之上，故名柯桥。

南宋嘉泰《会稽志》载："柯桥，在县西北二十五里。"早在宋代，该桥就已存在。柯桥经多次重建改建，已不复古貌，但新柯桥依然横跨在柯水之上，守望着古镇的繁华。

越王勾践生前看中柯桥境内独山，欲在独山兴建王陵"独山大冢"，后因迁都琅邪而"冢不成"。东汉时，柯桥称"高迁亭"。后因有大文学家蔡邕在柯亭内创制柯亭笛的千秋佳话，改称"笛里"。东晋称柯亭。三国吴赤乌年间，始为草市，南宋设柯桥驿，明代称柯桥市，成浙东重镇之一。清宣统二年（1910）建镇，名柯镇，隶属绍兴府山阴县。民国元年（1912），山阴、会稽合为绍兴县，置柯桥镇，由绍兴县管辖。1949年10月，绍兴县政府驻柯桥，成为县域中心。1950年5月，县政府迁址绍兴城区。2001

柯桥古镇

年，绍兴县行政中心迁至柯桥，柯桥成为一座功能齐全的新县城。2013年，撤销绍兴县，设立绍兴市柯桥区。

柯桥古镇是浙江屈指可数的水乡集镇之一，因其经济发达、物产丰富、市场繁荣，素有"金柯桥"之美称；又以其历史悠长、人文荟萃而入选浙江省首批"历史文化名镇"和"浙江旅游乡镇"。

浙东运河流经柯桥，把古镇分成上下岸。跨岸有一座融光桥，挽起东西官塘。南北走向的柯水与东西走向的运河在柯桥古镇汇合，与柯桥、融光桥、永丰桥共同形成美观独特的"三桥四水"，从而有了人们口中的东官塘上下岸、西官塘上下岸。

古镇河网密布，二十余座古桥风姿各异，厚实质朴如纤道桥，古朴典雅如融光桥，小巧别致如永丰桥，情趣外溢如本源桥，连街串巷，可谓"无桥不成路、无桥不成镇"。

浙东古运河在柯桥境内伴着蜿蜒的古纤道，过融光桥，经古柯亭，一直向东奔流。古柯水穿越镇南北，从上市头到下市头，融进喧嚷的街市。"白玉长堤路，乌篷小画船。"旧时，乌篷船摇曳在水上，桨声欸乃。

运河纤道　水乡一绝

柯桥，一座文化底蕴深厚的古镇，一方风水宝地，散发着迷人的魅力。它的风情总离不开水，水是了解这里的一把钥匙。

它是江南明珠，秀丽水乡。

这里的水，出古入今，出今入古，充满了诗情画意。气势恢宏的浙东古运河，从西兴奔腾而来，风姿绰约的柯水，自柯山涓涓而至，这里双河相拥，千百年来激越交响。

浙东古运河最初开凿的部分为位于绍兴市境内的山阴故水道，其始建于春秋时期。山阴故水道起于范蠡修建山阴大城（大致相当于今绍兴老城）东郭门，终于上虞东关练塘，长20.7千米。晋惠帝时，为满足灌溉需要，由会稽内史贺循主持，修建从钱塘江东岸的西兴至会稽城的西兴运河。从

柯桥

融光桥

永丰桥

此，浙东古运河流经柯桥境内。南宋建都临安，浙东运河航运条件改善，成为途经柯桥的重要航运河道。清代，浙东运河日渐衰败，运河沿线的驿站多有撤并。清末，随着轮船和杭甬铁路的出现，浙东运河的作用逐渐被取代。

浙东运河在柯桥境内长 5875 米。境内段于 20 世纪 70 年代中期进行过一次修理。20 世纪 90 年代以后，又对依浙东运河而建的古纤道进行全面大修理，使残破中断的纤道连成一线，恢复了昔日水上长虹的壮观景象。

2008 年 11 月，作为京杭大运河的延伸段和大运河与海上丝绸之路连通的通道，浙东运河被列入中国大运河申遗项目。2013 年 5 月，浙东运河被纳入第七批全国重点文物保护单位。

2014 年 6 月 22 日，经第 38 届联合国教科文组织世界遗产委员会审议通过，中国大运河成功入选《世界遗产名录》，成为我国第 46 个世界遗产。柯桥区境内古纤道作为浙东运河的精华部分，与绍兴古运河主体、八字桥、八字桥街区，共同列入中国大运河世界文化遗产点 / 段。

纤道，初名运道塘，又称官塘，俗称纤塘路，是古人行舟背纤的通道，又是来往船只躲避风浪的屏障。唐元和十年（815），由观察使孟简所建。纤道在境内连绵数里，或傍野临水，沿岸铺筑；或建于桥下，紧依桥墩，穿越而过；或于河面宽广处飞架水上，迎流而建。远远望去，犹如一条青白练

古纤道

带，极富水乡特色。所用材料皆为青条石、青石板，有"白玉长堤"之称。

古纤道有着1000多年的历史，自西晋时期西兴运河凿成即初现雏形，唐元和十年曾大规模修浚，明弘治年间改用石砌，才形成现有规模。无数肩背纤绳的劳动人民，曾在这条纤道上步履艰难地拉着船只行进，为发展绍兴经济作出了贡献。

古纤道是浙东古运河上的一大奇观，堪称江南水乡一绝。它在河道中以多孔低梁桥连接而成，形若铁链。条石平砌作桥墩，每孔桥面直铺三块巨型石板，道宽1.5米，孔跨2米，两旁临河，贴近水面，景色奇丽。境内有一段长502米，有149孔，另一段长377.4米，有112孔，均保存完好。历史久远，形制独特，为国内所罕见。古纤道给人以美的享受，它的美表现在整体上，路、桥、水、船浑然一体，是一幅绝妙的风景画。

1988年，古纤道作为文物建筑中的孤例，被国务院公布为全国重点文物保护单位。其保护范围东起柯桥境内上谢桥，西至钱清板桥，全长7.5千米，柯桥境内长5768米。

水韵风情　融为一体

柯桥是一幅色彩斑斓的水乡画卷，城在水中，水在城中，城水相依。其融南方水韵和江南风情于一体，自然景观与人文景观交相辉映。

柯桥是江南水乡、桥乡的杰出代表。古镇河网密布，二十余座古桥风姿各异，连街串巷，把古镇连成一片。古运河与柯水相交的十字交叉口，以河流为分界线，把陆地划成四个板块，东、南、西、北以融光桥、永丰桥和柯桥相连。作为商业古镇，镇上主要街道皆依水而建，以青石铺筑，沿街各式商店，临河而设。埠头饭店、桥头酒店，以浓郁的水乡情调，引来顾客盈门。沿河商铺多盖有雨廊翻轩，可避风雨。传统民居傍水而建，既被河流分隔，又有古桥相连。建筑随岸取势，配以白墙青瓦、茶馆酒肆，与水、路、桥融为一体，成为江南水乡"小桥流水人家"的绝妙写照。

享有盛名的融光桥，柯桥人俗称"大桥"，南北向横跨浙东古运河，连接古镇上市头与下市头。桥长 17 米，宽 6 米，高 7 米，净跨 10 米。桥拱为纵联分节并列砌筑，明代重建，重建时仍按宋朝时原桥形制，可视其为宋桥。2013 年 5 月作为绍兴古桥群之一员，被国务院列为全国重点文物保护单位。驻足桥上眺望，古城隍庙及戏台、古柯亭、修塘寺与纪念东汉名士蔡邕的蔡中郎祠等尽收眼底。桥头高耸、石阶递进，乘船穿梭桥洞之间，仿佛穿越于古老时光之中。

文脉之地古柯亭，又名千秋亭、高迁亭，坐落于境内永丰坝，至今已有 1800 余年历史。此地面向浙东运河，水波云影，桨声欸乃，三面环水，形似半岛，环境幽雅，风光旖旎。张隐《文士传》载："蔡邕告吴人曰：'吾昔尝经会稽高迁亭，见屋椽竹东间第十六可以为笛。'取用，果有异声。"因为竹取自柯亭，后人便把这笛子称为"柯亭笛"，柯桥始有"笛里"之称。2003 年 12 月，由绍兴县政府出资重建古柯亭、石牌坊、诗碑及"旷世逸才"蔡邕塑像和连接运河两岸的渡月桥，形成一个集休闲、观赏、娱乐活动于一体的文化公园。公园内小桥流水，陈列着历代名人咏柯亭诗的石刻，文化气氛浓厚。

瓜渚湖是柯桥的母亲湖，古名桥塘湾，南阔北狭，南北长约 2 千米，东西长约 1 千米，因形若冬瓜而得此名，为绍兴平原第三大湖。从一汪碧水的瓜渚湖出发，沿着两条水上游线前行，可见繁华的中国轻纺城，悠闲的柯桥古镇。一个历史与现实交会的江南水乡，在眼前铺陈开来。

柯水长廊、柯水园、蠡园形成的柯桥水街，全长近千米。柯水长廊630 米，临柯水而建，气势恢宏。柯水园是一个自然与文化和谐共生的水乡古典园林，占地 1.5 万余平方米，碧波荡漾，书墨飘香。以春秋越国名相范蠡冠名的蠡园，地处柯水下游，占地 1.7 万平方米，与柯水长廊、柯水园水陆相连，由范蠡广场、五湖楼、陶遨馆、古村落等组成，以彰显越国先贤之文治武功，展现稽山鉴水之璀璨文化。古今相融的柯桥水街将古镇遗存、柯水长廊、柯水园、蠡园、管墅遗村和古桥、古河硼、古河埠等连为一体，聚集柯水文化精髓，展现了江南水城韵味。

与柯桥古镇相关的，既有蔡邕等历史名人，还有姚仲卿等清代师爷，更有台门内外许多明、清、民国等不同时期的老百姓的生活场景，包括年俗节日，老茶馆、酒肆、手工染坊、蓝印花布行等作坊及老字号，甚至改革开放后的小船户水上贸易等，都是柯桥古镇文化的组成部分。别具江南特色的明清建筑，以建筑为载体而源远流长的台门文化、师爷文化、纺织文化，都让柯桥老街在诸多的江南街区中卓尔不群。

商业重镇　纺织之都

运河、纤道、拱桥、青石板、沿河长廊、商业街，共同构筑成柯桥独特的江南水乡居住环境。它是商业重镇，纺织之都。

沿河而建的住宅区，与住宅群相伴而成的前店后坊，与水道相伴的船码头、河埠头，与市民物质和精神生活相伴而生的店铺、作坊、私塾、祠庙等，参差错落，繁而不乱，一起形成具有鲜明特征的江南水乡文化风貌。临河长长的雨廊翻轩，令人遥想当年的繁华熙攘。

晋惠帝时，钱塘江东岸的西兴至会稽的西兴运河建成，柯桥水运条件具备。此后，西兴运河与上虞以东运河形成浙东运河，柯桥成为运河上的主要商埠之一。

唐代中叶，随着江南运河沿线航运的日益繁忙，往来柯桥的客商逐渐增加。南宋建都临安，浙东运河成为当时重要的航运河道，可通行载重二百石的船只。时设柯桥驿，境内商业活动日趋兴旺。

柯桥古镇以河道为骨架作十字形布局，东西长约 1500 米，南北宽约1300 米，面积约 0.9 平方千米。浙东古运河自西向东流经古镇。街河柯水由南往北与管墅江在融光桥处交汇，把古镇划分为四条水街：东官塘上下岸、西官塘上下岸、上市头直街和下市头直街。自明弘治七年（1494）开新市，至清末民初，古镇商贸发展极为迅速，至 1981 年达到繁盛期，成为三县（萧山、上虞、诸暨）、八区（鉴湖、钱清、漓渚、齐贤、临浦、义盛、夏履、枫桥）的商贸物资集散中心。

民国二十二年（1933），一份柯桥商会的调查表上记载："萧绍段与绍曹嵊两公路汽车，只能载客不能运货，火车因沪杭甬未通，绍兴货物运输全赖水道。""自萧山至绍兴一带直抵曹娥，其余港汊分歧，舟运轻便。"在这背景下，柯桥水埠日益繁华，过往船只穿梭而过，停泊在柯桥的也不计其数，时有"柯桥千支撑杆"的说法。

民国二十五年（1936），柯桥老街登记店铺共 672 家。每年九月十二日柯桥城隍庙会，都会吸引四邻八乡的赶市人，整个柯桥人山人海、水泄不通。其间柯桥米市、钱庄兴旺。柯桥拥有规模较大的米行 4 家、钱庄 6 家，数量仅次于绍兴城。

柯桥手工业起步较早。三国时期，已有酿酒、纺织、造船等业。双渎人以造船为业，已有上千年历史。管墅、马江的传统木制家具起源于明，出名于清，主要生产方木家具和圆木家具。明清时期，柯桥周边有双梅萧忠义、潘大兴酒坊等。清光绪元年（1875），王星记扇庄创建。柯桥豆腐干起始于明代，至清末已名扬上海、杭州。

改革开放，时代巨变。20 世纪 80 年代，市场经济的发展促进了专业市场的崛起。经过数十年的建设，地处"金柯桥"的中国轻纺城已由一个自发的"集"到初具规模的"市"，再成为现代化的"国际纺都"。

柯桥历史文化街区位于柯桥区城市核心区域，是浙江省首批 18 个省级历史文化街区之一。2014 年底，柯桥古镇保护利用项目正式启动。其按五个功能区进行保护开发，即"笛里·休闲区"、"三桥四水·文化街区"、"台门·古韵风情街区"、柯桥创意产业街区和综合商业街区。通过系统有机地植入适宜的城市功能，有效激发历史遗存的城市活力，紧密融合文化载体、文化活动以及市井烟火、纺织产业等，更好地传承着历史文化、延续着城市文脉。遵循"修旧如旧"原则，柯桥古镇保护中心在运河沿线及街区核心保护区范围内，保留古桥、古建、古街历史原貌，柯桥、融光桥、永丰桥焕发昔日风采；以三桥四水街区格局为核心，翻新修复古建，改造老旧厂房，实现工业经济向服务型经济转型，释放发展空间，重新彰显古街风韵。如今，柯桥古镇已成著名旅游景点，迎接四方宾客。

安昌：水乡名集 沧海桑田

丁兴根 童波 / 文 梁永锋 / 摄影

安昌古镇，一个具有千年历史的典型江南水乡古镇，位于绍兴市柯桥区西北，接杭州市萧山区。境内支港四达、绿畴平野。

先人有言，此地古名长乐村。唐中和年间，钱镠奉唐王朝之命屯兵该地，因平董昌之乱有功，地方得以安宁，故改名为安昌。宋时，东谓安昌乡，西谓清风乡。明弘治二年（1489）开安昌市，万历《绍兴府志》载："安昌市，在府城西北七十里。"清乾隆十六年（1751），已称安昌镇。

安昌，西周时期已有先民聚落，历代人文荟萃，古迹众多；安昌也是水乡名集，历经沧海桑田，代事渔盐农商。安昌原是一片浅海滩涂。《越绝书》载："大越海滨之民，独以鸟田。"这是古越先民以杭州湾南岸的白洋山、涂山等孤丘为据点，在野鸟啄食的涂地种稻的记载。从白洋山南麓台地后白洋古文化遗址中发掘的石犁、石刀、石锛、石箭头是当时越人农耕和狩猎的工具。此后，越族先民利用白洋深水良港和滩涂，从事海上贸易活动和渔盐业生产。明王祎《绍兴谳狱记》载，元至正四年（1344），山阴白洋港仍有大船靠岸。元代诗人杨维桢《海乡竹枝歌》有"潮来潮退白洋沙，白洋女儿把锄耙。苦海熬干是何日？免得侬来爬雪沙"一首，记录了当时白洋人从事艰辛的盐业生产。清道光《安昌志序》曰："安昌市者，山阴西北之偏隅也。濒海而居，代奉鱼盐之赋。"嘉庆《山阴县志》载："明郑斗南由浦江迁安昌，谋诸众捐地为街，捐荡为河，于弘治二年开市。"明末清初，钱塘江海岸北移，"塘北涨沙数十百里"，沧海渐成栽桑种棉之地。

明弘治二年，温岭人郑斗南在安昌开市，为吸引百姓来市安昌，他以来市者赏烧饼四枚为报答，安昌商市因此日渐兴旺。同时，他兴修水利、开垦荒地、疏浚河道，广植棉花和水稻，引进纺织技术，逐渐使安昌成为以花（棉花）、布、米为主的商贸交易中心。发展到清末民初，安昌已成为绍兴四大名镇之一。当时的安昌不仅是浙东航运线上的主要商埠码头之一，还是连接绍兴西北部、萧山东部乃至毗邻的上虞、杭州等方圆百余里之地的产品集散地。尤其是棉纺织业，"挟水运之利，仗物产之丰"，成为当时整个浙东地区的重要棉花集散地。

水街相依的江南水乡

漫步在安昌古镇，只见河水潺潺，翻轩骑楼错落有致。还有极富传统特色的店铺作坊，姿态各异的拱桥石梁，古老凝重的台门和幽深僻静的弄堂。

在河边的一条廊坊，居民依河筑屋，屋有外檐。一路向西，踩着平整的石板路，过桥绕水，条条回廊，走街串巷，处处水阁。一串串红得发亮的腊肠、一条条风干的鳊鱼挂满了临河的廊檐，迎接着来自五湖四海的宾朋。这个千年古镇，远离了城市的喧嚣和烦恼，满目朴实的原生态民风民俗不禁勾起人们儿时的回忆，满满都是幸福的感觉。

乘舟自东向西前行，穿越时空的悠闲，尽在咿呜咿呜划行的乌篷船里。

濒河设街，街河相依，老街长达 1747 米。河上小桥最具特色，拱、梁、亭各式，古朴典雅，千姿百态，享有"碧水贯街千万居，彩虹跨河十七桥"的美誉。

河之南北东西由古桥相连，两侧带着顶棚的长廊下，传统特色的店铺作坊林立。河边青石板的小路，既为路，亦为铺，靠河的酒家，烹制出美食，洋溢着水乡的味道。逼仄幽深的小弄里，深藏着旧式的民宅。老街的一物一景、一人一事，都那么纯真。

作为西小江的支流，古镇的街河，孕育着水运的便利，给街市带来了物流、人流、信息流，使街河两岸成为繁华之地。也因为这条河，安昌成为极具水乡风情的典型集镇：桥多、溇多、台门多。

安昌古镇的一河两街，几乎浓缩了绍兴文化的绝大部分精华。民国十年（1921）《越铎日报》载："安昌商店 800 余家，钱庄 10 家，当铺 3 家，

安昌古镇

仁昌酱园

一河两街

木行 3 家，花行 7 家……有资金 40 余万元。"

每天清晨至中午，街河埠船集中、竹篙林立，街上行人熙攘、摩肩接踵，拥挤不堪，轧花铁棍声、小贩吆喝声、南货店货价对唱声……热闹非凡。到民国二十五年（1936），安昌有商业、金融业、工业、手工业等诸多行业共 933 家商户，属县内各集镇之首。

位于古镇上的仁昌酱园创建于清朝光绪十八年（1892），距今已有 100 多年的历史。它依河而建，主要生产酱油、米醋、腐乳，传统手工制作，配以江南的水，成为远近闻名的上等佐味调料。

中国银行旧址是安昌古镇的重要历史遗迹之一，建于民国时期，是典型的江南银行建筑。

1999 年以来，安昌古镇坚定不移地遵循"文化保护为主、商业开发为辅"这一原则进行开发。作为浙江省为数不多的原居民生活其中、原汁原味地保留着江南水乡传统风貌、市井烟火味道浓郁的江南古镇，安昌利用传统的腊月风情节、水乡婚礼、水上拔河、七夕相会等节会民俗活动，走出了一条古镇的"青春"之路。

大禹治水的美丽传说

安昌古镇名胜古迹颇多：后白洋村的西周时期古文化遗址，筑于唐大和年间的北海塘，建于宋嘉定年间的西小江牛口闸，明洪武年间汤和为御倭寇而筑的白洋巡检司城，明兵部尚书朱燮元等官宦府第——白洋十台门，建于明嘉靖年间的十一孔梁式石桥——朱公桥，始建于明成化年间的三里长街等。

大和山沿之白洋港在春秋战国时期，为我国五大港口之一。根据明王祎《王忠文公集》，元至正四年（1344），山阴白洋港仍有大船靠岸。明洪武二十年（1387），信国公汤和在大和山南麓缘山建城，设置白洋巡检司，驻弓兵三十二名御倭寇。乾隆《绍兴府志》卷七载："白洋巡检司城，在府城西北五十里，大海之上。山阴境有白洋之山，缘山而城之，汤和所筑，方一百一十丈，高一丈五尺，厚一丈。城门一、谯楼一、窝铺四、女墙一百七十六。"今大和山之东南麓西塘下村西隅的城基旧迹依旧可见。

西扆山位于镇之东南，属西干山脉，牛头山东分支，东西长710米，南北长755米，海拔116米，面积481亩，古称涂山、旗山。西扆山北临大海，处于滨海海涂。《越绝书》载："涂山者，禹所娶妻之山也，去县五十里。"宋人王十朋《会稽风俗赋》载"嵊山峛其东，涂山屹其西"，并注释"嵊山在剡县东三十四里"，"涂山在山阴西北四十五里"。扆，是天子负斧南面而立的故称，本意是斧形屏风，而斧则代表戉，即钺，为越之象征。如今的大禹庙内大禹身后九把斧钺，正是扆的印证。大禹以山为扆，接受诸侯朝见，西扆由此得名。

相传，大禹在涂山娶涂山氏为妻，婚后四日就离家治水。此后，治水十二年，三过家门而不入。这里，是夏朝帝王启的诞生地，也留下了我国最早的爱情诗歌《候人兮猗》。

西扆山山顶平坦，原有大禹庙，为明朝前祭禹之处，东南角有高丈余的蛙形巨石。山坡由西向东略成45°，远望似三角形旗，故名旗山。相传，明初诚意伯刘基为破旗山"王气"风水，拆除旗顶，禹庙曾两次迁移。今西庖涂山寺部分殿宇残存，历代帝王祭禹石碑，于农舍石墙中可觅。

"无绍不成衙"的师爷文化

稽山镜水盛产师爷。

自古有言："无绍不成衙。"古代官府中，绍兴师爷的地位和作用是相当重要的。安昌是绍兴师爷的荟萃之地，自明代至民国三百多年中，从安昌走出去的师爷不下万人，仅晚清时期就出了三十余位名师爷。

安昌古镇是历史上著名的师爷之乡。师爷，始于东汉末，原指将帅幕府中的参谋、书记等，后为地方军政官员沿用的办理文书、刑名、钱谷等辅佐人员的通称，亦称西宾、老夫子。《清稗类钞·幕僚类·绍兴师爷》记载："绍兴师爷……上自督抚，下至州县，凡官署皆有此席。"足见绍兴师爷名闻全国。

清代，安昌镇人在外地做师爷的不少，其中不乏幕界名流：有一代名幕许思湄，他写的《秋水轩尺牍》成为清代幕学的教科书。姚润是辑幕僚必修法典《大清律例》的师爷。幕宾群体多以亲情、地缘维系。许思湄于清乾隆、嘉庆、道光年间游幕五十四年，兄、子、侄、婿、外孙等亲属从幕者三代十人，许氏堪称师爷世家。在安昌的师爷群体中不乏师爷家族，如西市望族娄氏就有六个师爷。徐家溇徐氏有五个师爷。西市诸家溇有马星联、许观水、许梦华等七个师爷。这些师爷群体构成了安昌的人文特色，显示了安昌历史文化底蕴的深厚。

古镇建有师爷博物馆，其前身是清末师爷娄心田的故居。宅院临河而建，是座典型的绍式黑漆台门。门斗简朴，庭院幽深，前后四进，高院墙，镂花窗。前厅名"斯干堂"，堂前立着一尊2米高的绍兴师爷青铜像，头戴瓜皮帽，身穿长衫马褂，手握折扇，一副昂头赶路的样子，意为师爷为衣食而奔走。

娄心田（1875—1944），自幼聪颖好学，尤善书法。弱冠举秀才，随堂兄学幕成，荐至东北奉天府为幕宾。民国初年任马占山督军府秘书，九一八事变后竭力为马出谋划策，在嫩江铁桥抗击日军。后随军至西北，转入西安特货公栈任经理，曾为东北军和红军充任联络员，为陕北根据地军需提供方便。娄心田为人乐善好施，颇有令誉。

在绍兴师爷中，除了刑名师爷外，还有帮助官员处理财政赋税事务的钱谷师爷，有负责起草官府公文和官场应酬信函的书启师爷，还有负责稽查与考征赋税的征比师爷，有专司内衙银钱出入的账房师爷，以及处理分发各类公文、筹办各种应酬的挂号师爷等。

按清代规定，做师爷须回避本府，一般都到外省、外府入幕，许多师爷只能离妻别子，在外当差。师爷馆内陈设简朴的单人床、藤篮、棕箱等，足见师爷幕馆生活的清贫。

在师爷博物馆内，还展出了安昌十位著名绍兴师爷的画像、传记及有关实物，如《洗冤录》《大清律例》《六部轩尺牍》等明清断案的法律条文，还有师爷们遗留的蝇头小楷等手稿原件，分"执掌钱谷""司理刑名""案牍公务""官场交际""入仕之梦"等，足见绍兴师爷勤政佐治的真功夫。

东浦：水乡泽国　酒香弥漫

丁兴根　童波／文　梁永锋／摄影

东浦，位于绍兴市越城区西郊，早在东晋末年就已有聚落，并在两宋时形成集镇。东浦在鉴湖之北，为水乡泽国。乾隆《绍兴府志·水利志》载，积水之区，小者为浦。该地位于原山阴县东半部，故名东浦。

宋嘉泰间称北渎里，后易名为浦阳里、东浦里。清宣统二年（1910）设清水乡、东合乡，以后数易其名：清水乡易名为鉴清和鉴北乡、鉴湖镇；东合乡易名为东合南乡、东浦乡、锡麟乡。中华人民共和国成立后，称鉴湖乡、东浦镇。1992年扩镇并乡，遂合称东浦镇。如今为东浦街道。

东浦为浙江历史文化名镇，也是一个具有江南水乡特色的古镇。这里土地肥沃、物产丰富、江河纵横、风光秀丽，素有水乡、桥乡、酒乡之誉。

清人孙垓有《过东浦口占》两首："紫樱桃熟雨如丝，村店村桥入画时。忽忽梦回船过市，半江凉水打鸬鹚。""南湖白小论斗量，北湖鲫鱼尺半长。鱼船进港曲船出，水气着衣闻酒香。"说的就是东浦水色、桥景、鱼鲜、酒香之美。境内湖泊棋布、溇浜密集。东有烟波浩渺的独漱湖，南为碧水清流的古鉴湖，西临美如西子的瓜渚湖，中容绿水荡漾的青甸湖。浙东运河穿镇而过，浙东运河文化园和浙东运河博物馆坐落于此。鉴湖之水汇聚会稽群山36条溪流，水色澄碧、水质清冽、资源丰富。鉴湖周围山丘环抱，山虽不高，有仙则名，梅里尖山是汉代梅福隐居之处，"三山"（石堰山、韩家山、行宫山）为南宋大诗人陆游卜居之地。沿湖塘堤尚有画桥、道士庄、流觞亭、柳姑庵、清水闸等不少景观，连同境北的徐锡麟故居、热诚学校等文物保护单位，都留有历代文人名家大量诗文遗迹。

东浦有210多座形态各异的古今桥梁，有的古朴典雅，有的气势磅礴，蕴含着丰富的桥文化。越谚云："（绍兴）偏门城外三座桥，吊桥、跨湖、壶觞桥。"壶觞大桥横跨鉴湖南北，是绍兴东西水道交通枢纽之一。民间桥谣谓"磕头跪拜上大桥，乘船上城马院桥，东浦老酒越浦桥，吹打说唱薛家桥，说东道西大木桥，买鱼买肉过洞桥，哭哭啼啼走庙桥，欢天喜地跨新桥，求医看病西巷桥，革命传统下大桥"，汇集了每座桥梁的独特功能及文化典故。青甸湖上的泗龙桥，桥孔 20 眼，长百米，犹如巨龙卧波，蔚为壮观。始建于明朝天启年间的狭猻湖避塘中的天济、普济、德济、中济、平济 5 座拱桥，宛如长龙起伏跃水，堪称水上奇景。

但真正令东浦蜚声中外的，还是弥漫千里万里的酒香。"越酒闻天下，东浦酒最佳""绍兴老酒出东浦""东浦师傅绍兴酒"……绍兴人把东浦称作"酒窠"。

运河景观尽展水乡风情

东浦绍兴运河文化园畔，灵秀的古运河水微波泛动、蜿蜒东流。金色的阳光尽情地倾洒在古运河两岸，莽莽之景尽收眼底。这条古老的运河见证了东浦的繁荣与变迁。

2002—2003 年，绍兴市对浙东运河进行全面水环境整治。其中一期工程建成东起绍兴西郭立交桥，西至越城区、柯桥区交界段的"运河园"，长 4.5 千米，面积约 25 万平方米，是体验浙东运河鲜明地域特点的最佳区段。"运河园"建设主题为"传承古越文脉，展示水乡风情"。随着"运河园"的竣工，尘封的历史被开启，岁月的尘埃被拂去。

"运河园"由"运河纪事""沿河风情""古桥遗存""浪桨风帆""唐诗始路""缘木古渡" 6 个景区组成。

"运河纪事"聚集了当代多学科带头人对浙东运河的评述，突出了其历史地位；设立了纪事碑，如《运河治水图》《运河典故图》《运河诗赋图》《名人游踪图》《运河酒乡图》《治水名言》等；并为贺循塑像，显示西兴运河主持者的气质风范。

"沿河风情"是运河沿岸风俗民情的精华。其中，古牌坊书法精湛，古亭石雕生动，展示了越地风俗内容；老台门是明清绍兴台门的精品，主台门横额上有明代三江闸缔造者汤绍恩手书的"南渡世家"；古越照壁有

"双龙戏珠"巨大古石基座，上书源自越王勾践剑上的"越"字；古祠堂由祠堂碑、义田碑、进士旗杆石、祠联等组成；"贺知章醉酒"酒文化展台，将酒乡、名人和水乡做了有机结合、生动展示；"法云寺陆太傅丹井遗存"展示的是陆游的世祖陆轸所创炼丹古井、石狮子等原物，是千年运河沿岸古寺的见证；"玉山斗门遗存"系"汉唐越中水利遗迹，亦为越人治水之千古物证"。

"古桥遗存"将已被拆迁的古桥整体移建于沿河塘路之上，如登龙桥、承福桥、大顺桥等，又配以古朴的桥亭；用古桥石材组合成十余座新桥，其中纤道桥长108米；又用乌龙桥、凤林桥等作为展示古桥代表性石构件和研究古石桥技术的实物场景。

"浪桨风帆"主要展示的是古代绍兴水运繁盛的景象。风帆组船，显示的是古代浙东运河上千帆竞发的场景；蓬莱水驿，为绍兴城西古代最大的水驿重建；长风亭由主亭两座和长廊组成，全长46米，亭廊相连，形似楼船。

"唐诗始路"表现的是唐代有众多著名诗人游越，起始段即在浙东运河，并留下千古名篇。"挥手石"刻李白乘舟浙东运河上所作"挥手杭越间"诗句，旁边又刻李白《送王屋山人魏万还王屋》等多首诗歌；又以五块巨石，镌刻"浙东古运河"五个大字。

"缘木古渡"，反映历史上绍兴人民忠君报国、祈求国泰民安。

著名地理学家陈桥驿先生称"运河园"为"宏伟真实的纪念园林""国际水利园林中的一绝"。

浙东运河文化园毗邻"运河园"，是大运河国家文化公园的重要组成部分。总建筑面积12.4万平方米，包括浙东运河博物馆、淡水鱼水族馆、文商旅区等。

浙东运河博物馆建筑面积3.4万平方米，以"古韵今作"建筑手法呈现"浙东古运河长卷"，立体演绎浙东运河2500多年的发展演变史，系统展示运河沿线的人文历史价值内涵，全方位呈现千古名河的水运伟绩。淡水鱼水族馆主要用于展示淡水鱼类科普知识。文商旅区主要用于培育和发

浙东运河博物馆

展与浙东运河相关联的文创产业，打造绍兴文旅融合新地标。

黄酒小镇浓缩酒乡风情

"东浦十里闻酒香"，东浦素有"醉乡""酒国"之称，酿酒历史悠久，迄今已有两千余年。

自东晋至后梁开平年间，境内"王舍城寺"和"戒定寺"相继建成，四时八节祭祀日盛。祭祀用酒，户户自酿，蔚然成风。直到宋代，东浦已是绍邑酿酒业中心。元代，里人醉酒行礼已成乡俗。时任浙东道宣慰使都元帅的泰不华慕东浦之酿美名，游历到东浦境内，与村民饮酒同乐。

到明代，境内开始创建"酒作坊"，如余孝贞酒作坊始建于正德年间，继而"诚实""贤良"酒坊相继创建。之后，东浦酿酒坊逐年兴盛。清乾隆八年（1743），周佳木创建了"云集"酒坊，而后汤源元、沈鹤兴、刘宝裕、刘墨香、林万和、金功成、陈忠义、薛宗盛等酒坊雨后春笋般相继创立。东浦一时街街有酒坊，巷巷飘酒香。

明清时期，东浦余孝贞酒坊两度受到皇帝恩赐。明正德皇帝御笔"孝贞"匾额一块，清乾隆皇帝御赐金爵一只并将该作坊所产"竹叶青"定为贡酒。

民国四年（1915），东浦云集信记酒坊的周清酒在美国旧金山举办的巴拿马太平洋万国博览会上为绍兴黄酒获得了第一枚国际金奖。而今的会稽山绍兴酒股份有限公司的前身就是云集酒坊。

一条小河，两岸河沿，其中宽一点的河沿便是街。东浦老街是一条安宁祥和的老街，仿若大师手下的一幅水墨山水画，远眺青山叠翠，近看碧波映照，粉墙黛瓦的民居，清澈曲折的小河，温润清秀中却带着历史的沧桑。

清末至中华人民共和国成立前，东浦老街甚是繁华，沿街店铺林立，最多的要数酒楼，足有几十家之多。镇上自己不酿酒的人家，一般都是拿着酒瓶上酒楼或酒铺打老酒喝。也有出门饥肠辘辘者，叫上三五好友在酒楼点几个小菜，再打上一壶好酒，填饱肚子。

旧时，东浦老街附近河道里最多的是乌篷船，戴着乌毡帽的船老大们各自坐在船头，相互聊着天，倒上一碗黄酒，闻一闻馨香四溢，尝一尝甘醇可口、唇齿留香。

如此酒风，至今尚存。

镇上的浦阳路原是一条河，旧时每年农历七月初六至初八举办酒神会，龙舟比赛就在这河里举行。比赛时对着河边堆满的黄酒坛子大声呐喊，可谓撼天动地。

漫步古镇之中，大坛小罐、老院庭落，浸透着岁月的沧桑；曲径幽巷、门匾石雕，诉说着昔日的辉煌。这里封存着一代又一代的共同回忆，让来访者不由自主地放慢步履，侧耳倾听小镇绵长悠远的历史故事。

如今，东浦的黄酒小镇以黄酒为魂、文化为核、古镇为基，正在打造强烈彰显黄酒元素、浓缩绍兴风情的全国著名特色小镇。

黄酒小镇

河边的黄酒坛子

水乡民俗表演

鉴湖之水孕育一方人才

东浦以江南水乡名镇著称，地势低平，属鉴湖水系。境内河湖密布，水流纵横，水域广阔，水势平缓，水质优良。浙东运河自西向东穿境而过。境内主要河湖有鉴湖、青甸湖、鱼渎江、闸下江、龙横江、西江、大南江、大肚子江、张家潭、南横江等。

鉴湖，又名镜湖，在绍兴市郊偏门、东浦镇南部。古时，因为湖面很大，湖形狭长，所以有"大湖""长湖"之称。因其水清如镜，又称"照湖""鉴湖"。此外，还有"庆湖""贺家湖""贺监湖"之名。

东汉顺帝永和五年（140），会稽太守马臻发动民众从钱清到曹娥的官塘上修筑大堤，总纳山阴、会稽两县三十六源的水于堤南而成鉴湖。当时鉴湖的湖堤，东西长130里，周围358里，面积约206平方千米，分布在山阴、会稽境内。

古鉴湖湖面广阔，有巨大的蓄洪能力。湖堤有闸门，又筑有斗门、闸、堰、阴沟、涵洞等排灌配套工程。现今区域内尚有堰下、石堰、堰桥、壶觞堰、清水闸等遗址，并多沿用为地名。这些排灌设施，遇旱可引湖水灌田，涝则泄水入海，可以适时启闭，使山会平原基本上消除洪、旱、潮的危害，湖以下9000余顷土地成为一片沃壤。汉代以来，湖中还大面积种植莲藕、芡实和莼菜，均负盛名，自古有"芰、荷、菱、芡之实不可胜用，鱼、鳖、虾、蟹之类不可胜食"之誉。鉴湖的建成，保证了当时山会平原农业生产的发展，一跃而成鱼米之乡，使整个绍兴地区经济的繁盛超过了当时富庶的关中地区。鉴湖湖水清冽，以鉴湖水酿成的"绍兴老酒"更闻名中外，独步世界。

无数文人墨客为鉴湖留下了大量千古传唱的名句。李白有名句："我欲因之梦吴越，一夜飞度镜湖月。"杜甫有诗曰："越女天下白，鉴湖五月凉。"南宋爱国诗人陆游晚年定居故里三山，在饱览鉴湖风光之余，发出"千金不须买画图，听我长歌歌镜湖"的赞美之词。

现称鉴湖者，实已成为一条宽阔的河道。其残存主体东起绍兴市郊偏门的东跨湖桥，西至湖塘的西跨湖桥，湖面面积为30.44平方千米，全长20.3千米，东浦境内长4.138千米，面积1.6905平方千米。

水孕育了一方人才。东浦人杰地灵，英才辈出，民风淳朴，世具爱国爱乡的献身精神。贺知章、陆游是唐宋两代的著名诗人，周国奎、周文英、周开捷祖孙三代历任清朝将军，徐锡麟、陈仪是近现代的革命先驱和爱国

徐锡麟像

将领……

从陆游的"夜阑卧听风吹雨，铁马冰河入梦来"，到徐锡麟的"军歌应唱大刀环，誓灭胡奴出玉关。只解沙场为国死，何须马革裹尸还"；从贺知章回归乡里的卜筑安居，到王城寺的陆太傅炼丹井；从全氏、周氏名门望族的嘉德懿行，到光复会的刀光剑影和热诚学校的琅琅书声……多少志士仁人、前辈先贤，在东浦这块美丽的土地上谱写出一页页波澜壮阔、如歌如泣的瑰丽篇章。

陆游祖居鲁墟在鲁墟陆士庄，离东浦集镇 2 千米，分东鲁墟、西鲁墟，现为鲁东、鲁西两个村。陆游故居位于三山。三山即行宫山、韩家山、石堰山的总称，三座山都较小，中间韩家山略大一些。韩家山距石堰山约 600 米，距行宫山约 200 米。三山呈"品"字形鼎立湖畔，是稽山镜水精华之所在。

皋埠：以水为媒　荟萃人文

丁兴根　童波 / 文　梁永锋 / 摄影

皋埠街道，是古城绍兴的东大门，东邻绍兴市越城区陶堰街道，南毗绍兴市越城区富盛镇、柯桥区平水镇。

皋埠自古繁盛，境内水网密布，浙东古运河、古鉴湖穿境而过。古往今来，商贸频繁，山水风光独特，历史文化深厚，有省级风景名胜区吼山、省三大名湖之一东湖、国家重点文物保护单位宋六陵。斜阳下，古运河的涟漪，东鉴湖的碧波，成就了皋埠的灵动之美。以水为媒的皋埠，无论是在过去还是当下，都是一方人文荟萃之地，吟吼山，颂樊江，怀六陵，名篇佳作不胜枚举。

皋埠，亦称皋部。大禹治水毕功于剡县了溪，皋陶率部族暂驻古皋平，所以称皋部。康熙《会稽县志》卷十四载："皋隍庙在城东五都四图皋盛村。皋陶随禹王南巡，卒于会稽，墓葬庙东九龙港口粤盈山。"至今与"皋"有关地名遍布皋埠境内，如上皋、下皋、皋隍庙等。

皋埠俯瞰

皋埠地名首次载于书籍，目前可知的是宋嘉泰《会稽志》卷十一记述："皋步桥，在县东一十五里。自桥东趋上、下皋步。"陈桥驿《绍兴地方文献考录·地名类》据清钱伯华《绍兴史迹风土丛谈》第一册，谓"皋埠可作高步，亦可作皋部"。皋当作高，因其宋时隶雷门乡高平里故地。部或称步，取水际渡头曰步之义；又作埠，取船埠头之义。

运河畔的奇山异水

出绍兴城区向东，便可到素有山水盆景之称的东湖景区。与东湖一堤之隔的浙东运河，水波荡漾，汩汩向东。

东湖所在地，原为一座青石山，其与羊山、柯岩、吼山一样，也因采石而成就了水石相映的奇绝之景，成为绍兴著名景区、浙江省三大名湖之一。东湖以岩石、岩洞、石桥、湖面的巧妙组合而闻名遐迩。其既有阳刚之气，壁立千仞、数峰擎天；又有阴柔之美，垂柳拂湖、藤蔓荫道。

浙东运河在皋埠集镇西侧有一条南来溪水，沿着溪水一路向南，可到攒宫村。村南的宋六陵遗址，是江南最大的皇陵遗址。青山环抱，茶地绵延，古松肃穆，在皋埠街道与富盛镇的交界地带攒宫山，宋六陵静静地埋藏其下。攒宫，为古代皇帝、皇后暂殡之所。南宋一朝颠沛流离，绍兴也曾为临都，作为南宋皇廷的暂时安顿之所。宋朝物华天宝、国富民丰，只是战争摧毁了迷梦。"王师北定中原日，家祭无忘告乃翁"，终未可期。

攒宫山、攒宫村，一山一村之名，讲述着江山兴替之事。宋六陵作为国家重点文物保护单位，是绍兴一笔宝贵的财富。现如今，宋六陵遗址考古发掘工作正在徐徐揭开宋氏皇陵的神秘面纱。

皋埠集镇以东，浙东运河北岸是樊江村，陆游有多首诗写到樊江。从樊江的黄墩津向南是陆游高祖陆轸落脚的坝头山村，建有陆氏家庙。现在村中人多姓陆，村里建有陆游纪念馆。坝头山南便是绍兴的又一处著名采石遗址吼山。

樊江村东侧，运河水面宽阔，沿河路段曾是漕运时船工拉纤的古纤道。

古纤道东边的河岸上置碑两块：一块是省级文保碑，刻"浙东运河（萧山渔后绍兴皋埠上虞）皋埠段"；另一块是国家级文保碑，刻"大运河浙东运河古纤道"。

浙东运河南岸是大湖沿村，该村为典型的江南水乡村落，置有大运河世界文化遗产界桩。这一带尚有藕塘头、了坂泾、湖里泾等水乡村落，可以一览水乡风貌景观。

大自然的鬼斧神工

浙东运河边上的绍兴石宕由来已久，闻名天下，是人与自然和谐共生的自然文化遗产。

绕门山位于绍兴城东约 4 千米处的浙东古运河畔的东湖。相传公元前 210 年，秦始皇东巡至越，曾在此歇马喂草。此山是一座青石山，石质颇优，闻名越中。绕门山距绍兴城不远，绍兴古代城墙建设、古运河绍兴城东段砌石，以及周边大部分民居用石，都以此山石为原材料。

清光绪二十二年（1896），陶濬宣看到东湖这一方因采石而形成的残山剩水之后，心有所期。他对这里的山水做了巧夺天工的设置规划，先在河中筑起一道长堤，成为运河南岸，堤上全部砌成围墙，使堤以南的河道变成一泓湖水，环绕峭壁奇岩，再将是处园景精心打造，点缀成东湖胜景。

1962 年郭沫若先生秋游东湖时，对陶公洞有感而发，以四言诗咏叹："箬簧东湖，凿自人工。壁立千尺，路隘难通。大舟入洞，坐井观空。勿谓湖小，天在其中。"他生动地概括了东湖的前世今生。坐船行洞中，能深刻地感受到人面对自然的伟大和渺小。

古时，采石更多的是反映了人们与自然搏击的过程，垒海塘，筑城墙，无不与人类自身的生存息息相关。绍兴是国内少数几个以石头建城墙的城市。绍兴石宕开采的石料用途多样，可以做石板路、石河坎、石踏步、石硝墙、石牌坊、石板桥、石海塘等等。绍兴石宕遗存丰富，开发成熟，关联度广泛，连接了绍兴的建筑史、城市史、运河史、海塘史、园林史。

绍兴石宕数量以皋埠为最，园林以吼山为多。这些园林巧妙利用石宕开采后的残山剩水，险中求胜，贯水养石，舟楫可通，融诗画曲艺于园林之中。如今，吼山、东湖都已成为绍兴不可多得的胜景，是绍兴宝贵的旅游资源。

吼山原名"犬亭山"，又名"狗山"，后取当地方言谐音，改为"吼山"。嘉泰《会稽志》卷九云："犬亭山，在县东南三十里。旧经云：越王畜犬，猎南山白鹿。即此。"

吼山自汉以来凿山采石，经过千百年的刀砍斧削和大自然的造化，形成了山奇、石怪、洞幽、水深的奇特自然景观，是绍兴石文化的杰出代表。其中棋盘石为吼山石景之精华，云石为越中十二胜景之一。棋盘石位于半山腰，孤兀独立，高30余米，周长10余米，上有横石三块，崔嵬离奇，传说有两位神仙在此弈棋而得名。云石上粗下细，底部瘦削，凌空兀立，亭亭如云，似天外飞来，故名云石。岩下有一泉名云石泉，水质清澈甘冽，终年不枯。山麓缓坡处遍植桃树千株，春日漫山竞放，争艳斗奇。吼山奇景，吸引着众多游客到来，一年一度的吼山桃花节已成为越中盛事，游客可以趁此感受"踏青赏桃花，登山观奇石"的乐趣。

山水间的人文之韵

皋埠秀色遍地，人文荟萃。

吼山不仅是越王勾践实现复国大业的重要根据地，其秀丽的山色，也为历代文人墨客所好。南宋爱国诗人陆游祖先羡吼山风景，由鲁墟（现绍兴市越城区东浦街道鲁东）移此居住，子孙繁衍，乃有前宅、后宅、东宅、中宅、西宅大片建筑，并于山北建陆氏家庙，遍植桃树，是为吼山一景。如今吼山景区旁的坝头山村，村里仍有三分之二的人姓陆，是为陆氏后裔。

除此之外，历代诸多名人在吼山留有足迹，如明清两代的陶望龄、张岱、袁宏道、徐渭、陶允宜、查慎行以及近代的陶成章、蔡元培、鲁迅等。陶望龄曾在山顶建有别业，称石匮山房，作为其重要的读书传教之所，只是年代久远，今已无存。

今留存吟诵吼山的诗文众多。清代周长发在《游吼山》中写道："仰视瀑布洒晴雪，喷珠戛玉疑龙湫。旁有怪石互离立，硿砑确荦危且幽。狰狞或似蹲豺虎，鏦铮又若森戈矛。外豁青天仅容发，阴洞深黑蟠螭虬。"吼山奇绝之景跃然纸上。又如清代孙嘉淦在《南游记》中写道："登楼四望，见楼后之山尤高峻，怪石森列，有如台者、如柱者、如首戴笠者、如巨人立者，所谓吼山也。"吼山为文人所好，可见一斑。

清末，著名书法家陶濬宣筑东湖，得胜景，同时亦在东湖辟地，创办东湖通艺学堂，教职员多为越中名流。陈威（后改名公猛）任学监，寿孝天、谢震、何琪、马赓良、周作人等任教师。学生中杰出者有气象学家竺可桢、诗人刘大白、爱国将领陈仪、实业家陈彭年、民主革命家陶冶公等。

1912 年，革命家陶成章被刺遇难。为纪念烈士事迹，陶濬宣等乡贤将原东湖通艺学堂三间平屋辟作陶成章专祠——陶社。内有长联一副，联曰："半生奔走，有志竟成，开中华民主邦基，君子六千齐下拜；万古馨香，于今为烈，是吾越英雄人物，湖山八百尽争光。"1916 年孙中山先生莅临

陶社

绍兴，致祭烈士，并题写"气壮河山"横匾，以志悼念。

皋埠皇埠村，据考是尚书坞所在地。万历《绍兴府志》载，会稽尚书坞，在府城东南三十里，齐孔稚珪山园也。孔稚珪为南朝齐骈文大家，《北山移文》便出自其手。

"手中一卷养鱼经，又向樊江上草亭。朝雨染成新涨绿，春烟淡尽远山青。榜舟不厌频来往，岸帻常须半醉醒。赋罢新诗自高咏，满汀鸥鹭欲忘形。"陆游在《樊江》中这般写道。樊江，古老而静谧，伴随运河水已默默存续千年。汉代刘邦手下武将樊哙后裔居住于此。明代商周祚（商景兰父亲）、清代陈大文，都是樊江人。张岱曾作《樊江陈氏橘》，陆游诗篇中有9首诗写到樊江，鲁迅笔下亦有《社戏》一文，描写樊江庙会场景。

秀丽的山水之色，厚重的人文之韵，使皋埠成为古城绍兴的一抹亮色。目前，投资近百亿、规划面积达到21.5平方千米的吼山—东鉴湖项目即将启动建设。整个项目以古越文化为核心，融汇运河、水乡、宋韵等多元越地文明，集旅居度假、文化体验、山水休闲、智慧农业、生态产业于一体，重点建设一大水上游线，组织三大功能板块，打造13个重点项目，从而形成"1＋3"功能体系，以"一山藏古今、一水系天下、一镇链未来"，建设"鉴水越境"世界级文旅度假目的地。

陶堰：鉴湖明珠　人才名镇

丁兴根　周国勇 / 文　梁永锋 / 摄影

陶堰街道位于绍兴东部，东北与上虞区毗邻，西和皋埠街道接壤，南同富盛镇交界。

早在新石器时代，陶堰大部分还是近海的沼泽地时，靠东南首义峰山、瓜山一带地势较高的地方，已有先民从事劳动生产。20 世纪 70 年代，张岙村先后出土了属于新石器时代晚期的石犁和春秋战国时期的青铜犁铧。

陶堰原称陶家堰，其名的来由，跟马臻围筑鉴湖有关。《绍兴县志》载，东汉永和年间，会稽太守马臻于鉴湖置堰，陶姓宗族聚居于下，遂名陶堰。又《会稽陶氏族谱》记载，元朝末年，战争频仍，百姓流离，时浔阳（今江西九江市）人士陶岳（字宗阳）携眷辗转来到越地，"泛舟东行，入会稽郡城，出五云门，登绕门山东望，见洲渚忽断忽续，不可胜记，心异之。缘洲行十里，抵一堰，欣然曰：'得之矣。'乃诛茅穿径，隐居其中"。今天的陶堰有村名浔阳，即由此而来。

浙东运河穿过陶堰

清宣统二年（1910），设陶堰乡。1988年12月，改设建制镇。陶堰原属绍兴县，现为越城区下辖的街道。

作为古鉴湖二十八堰之一，陶堰境内至今仍拥有白塔洋、百家湖等鉴湖遗存，而流淌千年的鉴湖、运河水，也始终默默滋养着这片静谧而丰美的土地。

鉴湖明珠　古韵风华

马太守修筑鉴湖之时，将山阴故水道纳入其中，浙东运河开始与鉴湖融为一体。如今在陶堰，依然能够一睹两大古老水利工程交会并存的盛况。

这种得天独厚的地理条件，让陶堰在得到不废江流滋润的同时，也累积起悠久的历史和璀璨的文化。

陶堰现有国家级文保单位2处、省级文保单位2处、市级文保单位4处、各类文保点16处。"其浓度密度拿出去与全江南的古镇比一比，即使兑下去几十担清水，喝起来也仍然不会淡口。文保单位的外壳一般为物化的建筑，但内核却是一个个历久不衰的人物、一段段闪耀着光芒的历史，人物和历史点化建筑，升华山水。"一位名叫朱晓平的文史爱好者，在其随记《水墨陶堰》中写道。

白塔洋东北岸，有座白塔山，山不甚高，与南岸的义峰山遥相对峙。从前，山之南麓曾建有一座白塔，塔旁有寺，名白塔寺。白塔和白塔寺，可谓是陶堰地标性的存在，而常常见诸诗词文赋。

这里，据说还是魏晋时期"竹林七贤"之一嵇康获得名曲《广陵散》创作灵感的地方。嵇康，字叔夜，祖籍上虞，三国曹魏时期的文学家，又善于弹奏古琴。宝庆《会稽续志》载："八仙冢，在会稽县五云门外东四十五里，地名白塔，嵇叔夜过越，宿传舍，遇古伶官之魄而得《广陵散》。其声商丝缓似宫，臣逼君，晋谋魏之象也。其名《广陵散》，离散播越，永嘉南迁之兆也。"嵇康谱《广陵散》的灵感源于古伶官之魄应是传说，但作为中国十大古曲之一，《广陵散》广为传播，也使得陶堰的白塔早已成为历代文人墨客的热门"打卡地"。

"贺监湖东越岭湾，地形平处有禅关。塔高影落门前水，茶熟香飘院后山。幽谷鸟啼青桧老，上方僧伴白云闲。有人若问《广陵散》，叔夜曾经到此间。"唐代著名诗人独孤及，在饱览了陶堰的自然风光和人文景观后，留下七律一首。

"不觉归舟晚，人从郡里还。疏烟皋步市，斜日绕门山。孤塔推篷渺，长堤系缆弯。苍苍回望处，遥指五云关。"清章宝铨《自越城归》诗，无意中勾勒了浙东运河会稽段（山阴故水道）沿线的风景名胜，其中也包括陶堰段的那座白塔。"孤塔指白塔山上的白塔，在浙东运河陶堰镇，处于皋埠与东关之间。"绍兴文理学院已故著名古代文学专家邹志方教授，在《诗人笔下的浙东运河（绍萧段）》中注解道。

如今，白塔山还屹立在白塔头村口，山上的白塔却已消失于历史尘埃中。白塔洋之畔始建于魏晋时期的白塔寺损毁严重，但从残存的高大架构和粗壮梁柱，依稀可以想见这座千年古刹曾经的辉煌庄严、香烟缭绕、晨钟暮鼓。好消息是，当地政府已制订修缮计划，并通过挖掘其他村落文化、生态和闲置资源，加快建设和美乡村，打造"古运琴怀、闲云白塔"乡村品牌。

同时，利用鉴湖遗存这一文化 IP，2017 年起试点建设的绍兴鉴湖国家湿地公园，核心区域由洋湖泊、百家湖和白塔洋及浙东古运河组成，规划总面积 723.67 公顷，湿地率达 72.86%（不含水田），湖泊—河流—稻田复合生态系统成为一大特色。根据吼山—东鉴湖项目规划，未来绿色生态湖区将基于鉴湖国家湿地公园的生态，重塑"有骨江南"的独特个性与空间特色，以生态创新功能撬动生态价值，引领面向未来的乡村振兴与现代农业的全新城乡新形态。生态产业服务区依托陶堰街道城市更新与乡村振兴的契机，以休闲文旅、生态产业服务赋能，进行用地整理与风貌提升，实现陶堰从历史名镇到活力街镇的整体提质升级。

鉴湖国家湿地公园

耕读传家　俊彦辈出

江南才俊出陶堰，既因此地有水阔地腴、鱼米养人的资源优势，更与陶堰人一向遵循的"耕读传家"理念密切相关。加上地处交通要津，人们接触外面新鲜事物的机会多，眼界开阔、思想开明，故而更易出人才。

其中，陶氏一族，更是子孙兴旺，人才辈出，成为陶堰乃至会稽的一支望族。

明成化元年（1465），陶家堰陶氏出了第一个举人——陶性。弘治三年（1490），又出了第一个进士——陶怿。

时至今日，走在陶堰老街西面，可见一座高大古朴的石牌坊，上镌刻着"秋官里"三个大字，并有"赐进士"字样。牌坊背面，刻有"湖山毓秀"四个字，还雕着天马腾飞的图纹。这座牌坊距今500多年，正是陶氏族人为刑部主事陶怿所立。因刑部主官称"秋官"，陶堰是陶怿的故里，所以这座石牌坊被称为"秋官里进士牌坊"。

陶怿荣登进士榜，出任京官，极大地激励了后人。从此，陶堰子弟在科举中屡屡蟾宫折桂、金榜题名。据不完全统计，出自陶堰的历史名人有

270 多位，明清两代出自陶堰的举人有 112 人，进士 43 人，翰林 10 人（其中一位是御赐翰林）。明嘉靖乙丑（1565）科，全国共取进士 394 名，其中陶堰就有陶大顺和陶允淳两人，竟是"父子同榜"。"榜眼、探花、解元迭出，出将入相，身系家国，一桨一橹都摇得动乾坤，含金量忒高。要一一细说过去，还真有点无从说起，箩里拣花，取舍十分不易，只能随机，信手拈来。"这是《水墨陶堰》中另一段灵光闪动的文字。

那段历史中的陶堰，巨卿、名臣、词宗、学士，先后辉映、代有才人。有官至兵部尚书的陶谐、吏部尚书的陶大临、礼部尚书的陶承学；有著名哲学家陶望龄、陶奭龄兄弟，其中陶望龄是王阳明的三传弟子。一个小小的乡野之中，竟有陶谐和陶望龄两人于《明史》有传。

"运河边上的陶家家风正直，子弟科举入仕，大多为官清廉、刚正不阿。"出于个人兴趣，绍兴市越文化研究会会长鲁锡堂一直留意收集、研究陶堰的历史人文，而关注得越多，越让他对这座"江南人才名镇"心生敬佩之情。

明弘治九年（1496）进士陶谐，为人正直清廉。他直言上疏，要求严惩结成死党陷害忠良的刘瑾、张永等太监。结果陶谐被削职为民。回乡后，他再次冒死上疏，被逮入京，投入锦衣狱，后发配至甘肃。刘瑾被处死后，陶谐官复原职，又升任两广总督。卒，赠兵部尚书。陶堰村人世世代代崇敬陶谐，将其奉为楷模。

明嘉靖二十六年（1547）进士陶承学，官至南京礼部尚书，为官三十年清正廉洁，辞官还乡，两袖清风，屋舍兄弟同住，终身不纳妾。

到了近现代，陶堰更是俊彦迭出，人才济济，有革命家、科学家、文学家、书画家等。辛亥革命领导人陶成章，被孙中山赞誉为"抱革命宗旨十余年，奔走运动，不遗余力，光复之际，陶君实有巨功"。"和平老人"邵力子，为促进国共两党团结合作奔走呼号，折冲樽俎，几十年如一日，立下汗马功劳，是名闻寰宇的越中人杰。

当代，生于绍兴陶堰或祖籍绍兴陶堰的中科院院士就有两位：陶亨咸和陶文铨。还有中国科学院原副院长陶孟和、社科院美国研究所特级研究

邵力子故居

员陶文钊、教育家陶行知、美术大师陶元庆等名贤踵继，他们在各自领域建功立业，为国家建设事业发挥了不可估量的作用。

可以说，陶堰的俊彦迭起构成了人文地理学中的一个奇景，这曾引发历史地理学大家、郦学泰斗陈桥驿先生的关注："为了查访古代鉴湖遗迹，我曾经徒步走遍这个繁荣富庶的水乡街镇，我曾把它的名称，两次写入国家一级学报并传播海外……但是我一直未曾想到，这个我不过用几分钟时间横穿全村的小小街镇，竟是一个如此不同凡响的人才之乡。陶堰一地的人才集中现象，从学术领域来说，实在是人才研究的一个新课题，值得学术界的深入调查，仔细研究。"

志士仁人　心系家国

"昔人云：'会稽为报仇雪耻之乡，非藏污纳垢之地。'吾侪生长之是乡，宁能无卧薪尝胆、灭吴复越之志乎！"

"革命是为了要使得人人有饭吃。"

走进陶成章故居，烈士的这些遗言，至今让人为之振奋，令人不禁想起臧克家先生的那句名言："有的人活着，他已经死了；有的人死了，他还活着。"

陶堰不仅出名彦硕儒，更不乏热血志士。轰轰烈烈的民主革命运动中，这里涌现了以陶成章为首的众多爱国志士，他们参加光复会、同盟会，成为革命先驱，对推翻清王朝、建立民国作出了巨大贡献。

陶成章是陶堰陶氏东长房十九世孙。东长房在明朝是世代官宦门第，可是在清代，他们这一支都不入仕途。陶成章从小受祖上传统思想影响，在塾中读书时，就曾写下一篇题为《驱虎》的作文，文章将清廷比作"害人之兽"。

甲午战争惨败，慈禧出逃避难，陶成章曾发誓要手刃叶赫那拉氏。1904 年，他与蔡元培等人成立光复会，担负联络苏、浙、闽、皖、赣五省会党的重任。之后他在故乡绍兴借助大通学堂开展革命工作，与徐锡麟、秋瑾商议武装起义的大事。

为了壮大革命力量，陶成章在陶堰的亲族、学生中吸收了一批优秀人才加入光复会。如陶冶公东渡日本习武，研究炸药，在光复南京战役中任敢死队队长；陶成章的堂侄陶文波，奔赴南洋筹集经费，承担与华侨进行联络的工作；陶荫轩以绍兴富商的身份，进行秘密联络会党的工作。

辛亥革命时期，陶成章领导的光复军和敢死队在光复上海、杭州、南京的战役中，奋勇作战，势不可当，为实现"驱逐鞑虏，恢复中华"立下奇功。

正是因他心怀家国，奋不顾身，当他在上海广慈医院遇刺，于民国元年 1 月 14 日夜因医治无效牺牲时，社会各界无不悲愤难抑、痛哭哀悼。

"革命十余年，亡命十余年，草草劳人，半段陆沉，长饮恨；西湖一勺水，东湖一勺水，家家春社，数声铜鼓，唱迎神。"

"冒千难万险以图成，功转乾坤，壮志已酬身可死；与越水稽山而媲美，典隆俎豆，英灵不朽国无疆。"

"会稽先生一世雄，芒鞋踏破万山丛。中原王气久寂寞，海外忽逢虬髯公。"

……

2011 年出版的《陶堰镇志》在第三十一章中，专门辟出两节《陶成章函电文选辑》和《纪念陶成章史料选》，其中就辑录了各界人士致祭烈士的挽联、挽诗。

民国五年（1916）8 月，孙中山亲临绍兴东湖陶社祭陶，并题"气壮河山"匾额。鲁迅先生赞其为"革命的真正实业家"。

在新民主主义革命时期，还有许多陶堰村人献身于革命事业。如曾任中共中央统战部秘书等职的陶端予，曾任国民党中将的陶广、陶柳和少将的陶冶公、陶光鼐等。

另有一位叫陶尚铭的重要历史人物，值得称道。1917 年，张作霖任奉天督军之后，感到单靠"绿林"兄弟，难成霸业，遂广揽人才，陶尚铭就是在这个背景下被张作霖招至麾下的。陶尚铭为张作霖父子做秘书、翻译和幕僚 15 年，出过不少计谋，为稳定东北局势起到了举足轻重的作用。

盛世出文官，乱世出武将。陶堰，这颗闪耀在历史长河中的水乡明珠，从这里走出的仁人志士，也未曾缺席历史的重要时刻。

东关：梦里水乡　江南名镇

丁兴根　周国勇 / 文　梁永锋 / 摄影

东关，建制于宋。陆游《老学庵笔记》卷六称"会稽镜湖之东，地名东关"，这应是目前所知最早明确提到"东关"这一地名的文字记载。

从历史资料和地理方位推断，该地的历史当可追溯到 2500 多年前的春秋时期。《吴越春秋·勾践归国外传》载："吴封地百里于越，东至炭渎，西止周宗，南造于山，北薄于海。……越旧经：炭渎在会稽县东六十里。"无疑，炭渎就是东关最原始的地名。

在宋之前，东关还有东州、东城之名，在诸多史料中可以看到东城驿、东城镇、东城桥等叫法。

清宣统二年（1910）更名为东关乡。民国二十一年（1932）被命名为东关镇。原为绍兴县所辖，1954 年方改属上虞。曾是古城绍兴重要的组成部分，素有"金柯桥、银东关"之称。

时移世易，今天的东关已归于平常，很多古建筑和风貌已遭破坏，但从古城绍兴出发，沿着浙东运河和古鉴湖向东，我们依然可以看到一个历史悠久、文化灿烂、水汽氤氲、民风淳朴的古老东关——梦里水乡、江南名镇。

越国后方　历史悠久

东关的历史，可上溯到春秋时期。"山阴故水道，出东郭，从郡阳春亭。去县五十里。"《越绝书》记载的山阴故水道，出绍兴东郭门往越地最东端，全长约 20.7 千米，是我国最早的人工运河之一，后成为浙东运河的一部分。依水而建的东关，注定会是一方繁华之地。

山阴故水道的开凿与勾践有关。公元前 490 年，越王勾践自吴返越，开始了"十年生聚、十年教训"的卧薪尝胆、励精图治时期，先令范蠡筑造了勾践小城和山阴大城，接着又采纳计倪"或水或塘，因熟积以备四方"的建议，在平原东部筑塘，建立富中大塘。

人畜饮用和农田灌溉需要淡水资源，搞开发建设也离不开便利的水运交通，越国迫切需要一条东西向沟通南北流向诸水系的水上交通要道，山阴故水道的开掘就此提上越王的议事日程。山阴故水道的建成，形成了便利的水上交通，有力推动了越国大后方的建设。在故水道沿线先后形成了铜姑渎、赤堇山、称山、锡山、炼塘等冶金基地，以及南池、坡塘、葛山、犬山、大塘、鸡山等种植和养殖基地。

依托山阴故水道，以越国大后方的区位优势，水乡小镇东关走上了发展的快车道。在东关，至今还留有不少与这段历史有关的遗迹。

"比如像炼塘的炼剑桥，传说是越王勾践当年铸造兵器的地方。东关南首的鸡山则是越国养鸡鸭猪羊等牲畜的地方，牛山的石棚是当时屯兵存粮的所在。"东关土著、著名剧作家何仁山在生前出版的自传《最忆东关美》中写道。

炼剑桥位于东关街道联星村炼塘、朱家溇两个自然村的界河处，是一座三孔石砌平面桥，全长 28.6 米。清乾隆《绍兴府志》记载："炼剑桥，

炼剑桥

越王勾践铸剑于此，故名。"现存炼剑桥为清康熙年间重建，已有300余年历史。

矿冶遗址位于东关保驾山村的银山。南宋嘉泰《会稽志》记载："锡山，在县东五十里。旧经云：越王采锡于此。（旧传山出铅、银，或坏凿取之，忽山啸摧压数十丈，今迹存焉。）"根据地理位置、地质勘探以及地名普查资料，银山即为古籍中记载的"锡山"。

20世纪70年代，银山周围陆续出土了一批春秋战国时期的文物。1977年，当地村民在进行良田改造时，在距地表2米深左右，意外挖出一批青铜斧、剑等物。1987年，文物普查工作者又在银山发现炉渣、炭屑层、青铜块等物，确认银山属以铅、锌、银为主的共生矿冶炼遗址。

商贸重镇　繁盛千年

从春秋战国走来的东关，没有停下它跋涉的脚步。

继山阴故水道之后，东汉永和五年（140），会稽太守马臻修筑鉴湖，会稽这段的北面堤坝依山阴古陆道向东延伸，东关就是此围堤的一个重要节点。

至西晋，会稽相贺循于晋怀帝永嘉年间主持开凿了西兴运河。西兴运河诞生后，与东面的山阴故水道等相连接，有"千古名河，好运天下"之称的浙东运河基本成形。

浙东运河流贯宁绍平原全境，西起钱塘江，东达今宁波镇海招宝山入海口，通江达海，成为中国大运河中唯一的滨海运河。东关凭借水陆通道上的枢纽站地位，人流、物流、资金流、信息流交汇，很快成长为古运河边的商贸重镇。

"这条运河使东关再次获得质的提升和快速发展，一跃成为运河东首最重要的货物流通集散中心。唐代为此在东关（时称东城）设立了会稽县唯一的一处水陆驿站'东城驿'。"另一位"老东关"陆水根在《东关旧事》一书中写道。

运河码头舟楫川流不息，十里长街商家鳞次栉比。"东关的街市具有典型的江南水乡特色，密集的商家依运河两岸排列，构成线性的一字长街。"书中，陆水根抢救性记录了当时87岁老父回忆中的街市分布和店铺名字，诸如同昌酱园、韩天香米行、何家香烛店、王记砖灰店、朱庆生酒店、陈志培面馆……据《绍兴县志》，民国时期，东关尚有商铺558家，"银东关"之誉实至名归。

作为绍兴地区著名的大集镇，每逢农历单日开市的东关市集总是热闹非凡。"当晨曦初露，狭窄的大街两边就早已摆满从各地赶来交易的地摊，各种吆喝声叫卖声不绝于耳。卖早点心的摊贩，头顶竹匾缓缓在人流中挤来挤去，卖的主要是印糕、麻糍、大饼、油条这些小吃。流动摊贩有的喊'豆瓣豆芽，凉粉石花，蚊虫药艾把'，有的叫'素鸡素肠，麻油辣酱'，拖长了腔调抑扬顿挫、熟练洪亮……"《东关旧事》的生动记录，让人有身临其境之感。

发达的商贸业逐渐形成了细分的专业市场，如牙行街专营家畜、家禽，里街聚集了几乎所有生活用品，鱼市桥为鲜鱼交易市场，米市街是远近闻名的粮食市场。

米市街是东关繁盛商贸业的杰出代表。至民国时，东关有两条米市街，因此东关与柯桥、临浦并列为绍兴三大米市，商户的大米生意做到了江西、安徽等地，甚至从上海和宁波采购来自东南亚各国的洋米。

科学巨匠竺可桢的父亲就是米市街上的一个小老板。小镇上能走出这样一位享誉世界的气象学家，繁荣的东关米市功不可没。竺家世代种田为生，到竺父这一代深感务农难以为继，竺父遂带着一家人由东关保驾山村迁到东关镇上，在米市街开了一家承茂米行。竺可桢能够接受先进教育，米市生意的兴旺是原因之一。

开放繁盛的商贸重镇往往也得风气之先。清末维新变法的春风吹到了东关。早在1899年，东关就办起了第一所新式小学堂——毓菁学堂，竺可桢成为这所学堂的学生，开始接触"西学"。1905年，竺可桢以优异的成绩从毓菁学堂毕业，考入上海澄衷学堂。自此，他从家乡东关出发，越

女儿红酒厂

行越远。而竺可桢故居这幢清末木结构小楼仍在东关保存完好，成为东关最负盛名的人文景点。

商业的基因依然留存在东关人的血液里。今天，在这个小镇上，依然聚集着600多家大大小小的企业。年销售额达5亿多元的中国黄酒业金字招牌、著名的女儿红酒厂就创办在这里；华东地区最大的玉雕市场也已在此繁盛了数十年，每逢周二早市，从周边地市赶来的客商每每阻断104国道的交通。

文化灿烂　雅俗共赏

繁盛的商贸业为文化艺术的发展奠定了基础，商贸重镇东关同时也是绍兴著名的文化中心之一。早在唐代，作为浙东运河和古鉴湖的一个重要驿站，东关就迎来了大批慕名东来、踏歌而行的文人骚客，他们凭吊古迹、致敬先辈、寄情山水、诗酒唱和，为历史上的东关写下了浓墨重彩的篇章。

庙宇在东关文化中扮演着重要的角色。东关庙宇众多，其中有两座寺院最为古老，一为天华寺，一为澄心寺。

天华寺始建于五代后周广顺三年（953），号无碍浴院。宋至道二年（996）十一月，宋太宗敕赐"天华寺"，因而得名。澄心寺历史更为久远，为吴越武肃王钱镠于唐景福二年（893）所建。后周显德五年（958）改名水心院。宋治平三年（1066）二月称澄心院。

"天华、澄心寺院，汇集了晋、唐时期佛教寺院的建筑精华，天华寺的铸铁大佛，临近寺院无出其右。澄心寺的五百罗汉一米上下的高低，个个塑造得栩栩如生，叹为观止。二寺均占地数十亩，建筑精湛，气势恢宏……难怪历代文人墨客前来游历参观，流连忘返。"20世纪60年代，迫于生计前往湖南长沙一个越剧团工作的何仁山，在参观异乡的佛寺时，常会想起故乡的古刹来，文字间流淌着对故乡和家人的怀念。

"移家只欲东关住，夜夜湖中看月生。"（《东关》）这样的思念，更早以前属于陆游。据考证，陆游曾八次到访东关，写下以东关和炼塘为题的诗词六首，其中题为《东关》的同名诗就有四首，足见诗人对东关之喜爱。

三教九流杂处的东关，既有"雅文化"，也没少"俗文化"。梅姑庙、五猖会……这些进入蒲松龄小说、鲁迅散文的文化遗迹，充满了"水乡商都"东关特有的世俗风情。

"东关五昌会为邻近八县之首。"《绍兴市志》和《会稽县志》均有此记载。五昌也作五猖，即马、猴、狗、鸡、蛇五种动物。相传它们成精后屡屡骚扰地方，百姓对它们又恨又怕，于是筑庙祭祀。农历五月二十三日为五猖封禅的日子，后作为庙会会期，成为当地百姓最重要的娱乐节日。既有迎神赛会，还有民间剧团大会演，商贩也趁机出动，一时东关街上人山人海，成为整个绍兴地区乃至周边县市最具人气的地方。

清代希溥曾作《东关赛会竹枝词》，详细记述了东关举办五猖庙会时的盛况：乡绅士子、文人墨客都从几十里甚至上百里以外乘船赶来，以一睹风采。出身书香门第、达官显贵家庭的公子、小姐也都坐不住了。其中就包括幼年的鲁迅，他在《五猖会》中写道："要到东关看五猖会去了。这是我儿时所罕逢的一件盛事，因为那会是全县中最盛的会……"

东关五猖会一直沿袭至抗战时期，在民间具有广泛的影响力。

东关还有一座大名鼎鼎的梅姑庙，因蒲松龄和鲁迅的文章而名扬天下。蒲松龄的《聊斋志异》中有《金姑父》一文，称会稽有梅姑祠，即上虞东关的梅姑庙。梅姑未及出嫁而夫亡，遂立志不嫁，年仅三十即忧郁而亡。族人以有此节女为傲，遂立祠祭祀。不料梅姑一日看中了进京赶考路过此庙的金姓男子，并托梦给族长，请为其塑像配享。族长恐玷其贞节，极力阻挠，不料全家旋即病重。族长惊恐不已，遂翻盖庙宇，配以金姓男子塑像。

对此，鲁迅在《五猖会》中关于梅姑庙曾有一段有趣的描述："现在神座上确塑着一对少年男女，眉开眼笑，殊与'礼教'有妨。"

在东关丰富的民俗文化中，酒文化也是不可或缺的重要组成部分。女儿红自诞生之日起，就以其独特的文化内涵吸引了众多文人墨客。当年让陆游魂牵梦萦的，除了东关的人文景观、水乡风情，美酒绝对是个重要原因。"典衣剩买旗亭醉""微风吹颊酒初醒"，不难想见，正是在酒足饭饱之际，诗人才写下这么多首对这一鉴湖东端繁荣水乡的赞美之作，为我们留下了800多年前东关的风土人情。

而今，古运河仍在，只是昔日商船攒动的东关水上集市只剩一段斑驳的古纤道。水上交通风光无限的时代已经过去了，但今天的东关依然牢牢占据着交通枢纽的有利地形，尤其是杭绍台高铁东关站落户于此，向南串联嵊州和新昌（嵊州新昌站）以及台州（台州西站、天台山站），向西北又绕过上虞主城，直连绍兴（绍兴北站）、杭州（杭州东站），成为杭—绍—台之间的"黄金中转站"，这也将大大提升上虞在整个长三角的战略地位。东关，又一次站在了新的发展起点上。

丈亭：扼江要冲　商贸重镇

时雨　阿苏 / 文　潘旭光 / 摄影

丈亭古镇，位于余姚市境东部，距市区 14 千米，为慈江、姚江分流处。因临江有石矶十七八丈，上筑方丈室为老尉廨宇（古代军令尉的办公住所），故名"丈亭"。南宋浙东运河主干线通航，不管东出宁波，还是西去杭州，都要经过此间三江口，货物也在此驳运，故此处见证了浙东运河长达千年的航运和商贸繁荣。

历史悠久

早在新石器时期，丈亭就有原始先民居住。河姆渡、井头山和田螺山遗址发掘出土的稻谷、橡子、树叶及大量动物骨骼等遗物，显示这片地处宁绍平原的土地，与黄河流域一样具有悠久的历史文明。传说中三皇五帝中的舜，就出生于诸冯（即现在的马渚），附近历山，相传为舜躬耕之地。公元前 210 年，秦始皇第五次南巡屯兵渚山，饮马于潭，留下许多传说。公元 760 年前后，先人沿江置市集，渡口成为宁绍水陆通道上的扼江要冲。吴越钱氏改名为上亭，北宋钱氏降后称丈亭。至南宋嘉定年间，为方便行船停靠，江北边建了一排排房屋，于是海潮涨退，船帆不绝，临江排列着商行客栈、酒店饭铺，形成了一个具有江南特色的临江小镇。元至元十六年（1279），置丈亭巡检司，形成丈亭、渔溪沿江集镇，持续往昔繁荣。明清"海禁"，丈亭巡检司的地位削弱，改设为"关"，为南北货船交会之处。

丈亭在春秋战国时属越国，越亡归楚；秦汉行郡县制，纳入句章县。自唐至清为慈溪县金川乡所辖，民国三十一年（1942）重置镇治，仍为慈溪县管理。1950 年分丈亭、梅溪、岗墩三乡，1954 年 10 月划归余姚县，1958 年设管理区，1961 年建公社，1983 年 9 月获批为建制镇。1989 年梅

丈亭三江口

溪、汇头划归丈亭镇。至此，丈亭镇东接三七市镇，西连凤山街道，南隔姚江、慈江与陆埠、河姆渡镇相望，北与慈溪市横河镇接壤。

应运而兴

　　丈亭古镇兴起，与宋时浙东运河航道全线贯通相关。南宋定都临安，宁绍平原成为朝廷的后方屏障；丈亭是临安、明州（庆元）主干航道的枢纽之一，商贾络绎、千帆汇聚，使沿江街市迅速发展起来。南宋陆游《发丈亭》诗"姚江乘潮潮始生，长亭却趁落潮行。参差邻舫一时发，卧听满江柔橹声"，展现了当年的繁华景象。

　　丈亭是姚江与慈江连接处，俗称三江口，历史上拥有两个渡口。东边傍慈江的丈亭渡，因渡南有宋家村，也称宋家渡，俗呼镬头渡。西边是倚姚江的南渡，因渡南有郑家村，又称郑家渡。在当年农耕文明的木帆船时代，宋家渡泊停临安、会稽两郡的商船和漕运粮船，以及从明州（庆元）出洋贸易的番舟；郑家渡转驳南北山货、药材与各类农副产品和来自舟山渔场的海鲜。商贾、船工、挑夫个个挥汗如雨，忙得如陀螺般转悠。宋有《长相思》词曰："南山明，北山明。中有长亭号丈亭。沙边供送迎。 东江清，西江清。海上潮来两岸平。行人分棹行。"向东流，指姚江，东流入海；向西流，指慈江，五十里水路东来，与姚江合流后又折东而去。

浙东运河由杭州西兴而东，由宁波镇海关出海，有两段河道系由人工采挖连接东西水域：一条早些，为越国勾践时期所凿、连接钱塘江水系的山阴故水道；还有一条迟些，指沟通姚江水系的慈江。历史上慈江西流壮举，归功于南宋名臣吴潜。他是一位军事家，也是杰出的水利专家。由他创设的"海上十二铺"绵延百里，不仅对水上商贸作出重大贡献，对海盗抢掠也起到震慑作用。据史书记载，在他任沿海制置使时筑堰坝、造碶闸、修塘堤，兴建了许多水利工程，有些至今还在发挥重要作用。明人冯瑛作祠记，说宋丞相吴公"堰双河，浦吴闸，坝小新，种种不可枚举。公尝有诗云：'数茎半黑半白发，一片忧晴忧雨心。'仅慈溪一邑可见"。

丈亭渡与城山渡、鹳浦渡，为宋代姚江接连慈江的三大古渡，在当时浙东地区经济文化交流和社会发展中发挥了重要作用。

丈亭沿江街区，在至元十六年（1279）后形成丈亭、渔溪两个集镇。除南北商贾船帮转驳行销商舟外，还有本土四明山的中药材（贝母、麦冬）和山货、农副产品（如余姚杨梅），由附近陆埠、河姆渡、三七市转来，在郑家渡下船，经庆元、会稽，转至杭州，达运河销售诸埠，及至南洋（东南亚诸国）；"南帮"（福建、广东船帮）、"北帮"（运送漕粮的本埠船商）南、北果品，也于宋家渡泊岸，转销余姚、慈溪等地店铺。遗憾的是明清"海禁"和"漕粮"改道（转海运）、杭甬铁路建成，内河运输功能逐年削弱。民国时期丈亭古街辟出一条长300米、宽3米的市集，逢二、五、八为市日，成为附近居民河海鲜与农副产品的集散处。渔溪也形成一条长200米、宽5米的以河海鲜和农副产品交易的市集，逢一、四、七为市日。

值得一提的是，"五口通商"后，宁波作为与西方货贸的口岸，不仅设有沿运河而北上天津、北京，西去武汉、重庆的货运干线，同时注重

郑家渡亭

丈亭渡

内河客运，如光绪二十二年（1896）由永安商轮局开通日发一班、两轮对开的通余姚航线，光绪二十五年（1899）有宁绍轮船公司的 3 艘小轮挂德商"每益利记"旗号，往来宁波、余姚、绍兴。后民营航运公司逐渐增多，新辟航线数条。至民国，宁波有商办内河小轮船公司七八家，汽轮十余艘，通航甬江、余姚、奉化江干线；还有诸多民营公司置乌篷船载客、邮递、货运。古渡持续为浙东内河航运作出了重要贡献。

丈亭古镇再度崛起，是在 20 世纪 70 年代末。1984 年编制的《丈亭镇城镇总体规划》，确定"向北发展，东西延伸，新老镇区协调发展"的发展思路。城区面积从 2.3 平方千米扩大到 12 平方千米，形成了由新民路、瓦窑路、丈一路"一纵二横" 3 条街道交叉的闹市区。2002 年，镇政府筹资建成公、铁立交通道，地处渔溪的新镇区建有长乐路、鲻山路、人民路、人丰路、惠民路、政通路、渔溪路等主干道十余条，同时新建渔溪商城、人民广场、农贸市场、渔溪名苑、米兰逸墅、华润万家等标志性建筑，以及银行、邮政、电信等市政公用事业设施。以姚江水运、萧甬铁路为主的交通运输格局就此改变，杭甬高铁、61 省道横贯全镇，并有 9 千米长的梅溪杨梅旅游公路连接慈溪，直达杭州湾。位于丈亭的河姆渡大桥，尽揽大江风流，讲述着新时代姚江两岸的壮丽史诗。

丈亭古镇传承了"倚水而居、依水而兴"的古越文化遗风，以舟楫为生产劳动、向外发展的运输工具，形成江南特有的"船帮文化"。旧时在古街上设立的"过塘行"，是杭甬运河沿埠一种特殊行业。沿岸塘坝有内外之分，塘内即内河，塘外通外海，货（船）过塘坝，须办理转驳和航船交割文书。过塘行多为独资经营，由"经理阿大"雇有"二肩"（账房）、"栈司"（仓储保管员）料理。帮过塘行兑换票银的钱庄，又是渡口街市的另一道风景线。"五口通商"后，宁波江厦街钱庄林立，多在运河沿埠设置柜台（分支机构）。凡走内河涉海外的货船，须在过塘行评估后在钱庄转兑银票，银随货走，货走多远，银也就走多远。还有就是丈亭三江口为慈江与姚江货栈转驳地，多有货运船工、挑夫栖歇餐宿，那些撑着竹篙在江上游弋搞小型转驳或捕捞河鲜的蜑船上的以清蒸和白煮为特色的"蜑家菜"，成为南北商贾和船工、挑夫的心仪之物。当地民谣中的"船过丈亭渡，必尝疍家肴"之语，便道出了姚江的"船菜"风行一时。由于渡口古街历朝为南北果品交易处，"南北干果"（以"南货店"著名）成为近代浙东乃至江浙、上海等地一道耀眼的商业风景。

老街纵横

丈亭古镇有多处文化旅游景点，首选历史街区。北为在宁绍古道上的渔溪老街，它既是宁波通往绍兴、杭州的必经之地，也是连接南北山区的商业枢纽。其集市的繁荣，兴于每年三、六月举行、历时十余天的崇仁观庙会。每逢庙会，宁绍商号云集，百姓纷至沓来，多达万人，盛况空前；平时则逢一、四、七为市日。在渔溪老街南不足 2.5 千米处，又有沿江而建、保存完整的丈亭老街。在东、西街 600 余米的双面街上，矗立着许多明清、民国建筑风格的两层街屋。逢二、五、八市集，沿江商户舟楫迎送，

丈亭老街

热闹非凡，此处成为镇南最为繁华的商业街区。

除了历史街区，古镇还拥有众多的文化遗迹。一是遗址和古墓群。如位于西岙村鲻山东南麓，占地约 50000 平方米的鲻山遗址，三国至南朝的顶家山石墓群、明代的官墩古墓等。丈亭在青瓷烧制领域也有其独特的发现，其面积达 2000 平方米，保存较好的太平湖窑址和凤凰山古墓葬群出土的大量制作精美的青瓷器，成为浙东青瓷文化的重要组成部分。二是保存完好的古民居文化。如占地约 30000 平方米，四周水坝环绕，有着雕梁画栋、封火山墙的"九进十明堂"；位于上徐塔村，坐北朝南，粉墙黛瓦，虽大部被毁，从残垣断壁中仍可窥探出恢宏气势的清代浙东世居宅院——任氏官房进士第；占地 730 平方米的清代药商顾荣泰旧宅；位于寺前王村张孙岙，建于清末（初建者为钱庄老板）的张家墩本堂；中式布局、西式装饰，颇为时尚的陈家三立堂；位于丈亭村陈家河东，约 196 平方米的典型中西合璧建筑……诸如此类构成了丈亭独特恢宏的古民居群落，由此反映了丈亭自古以来便是乡绅富豪的聚集地。三是镇域内众多的古道、古桥、古井、古凉亭。如岗墩古道、桐岭凉亭、积善桥、东湾吕家井、湖田湾双口井，无一不显示着丈亭镇深厚的历史底蕴和淳朴的风土民情。值得提及的是，镇域北部桐岭仙境山清水秀，风景优美，谁都想不到在竹林深处，竟蕴藏着一个重要的抗战场所——桐岭新四军后方医院。该医院曾由当地群众配合救治了 70 余位伤员，但直至抗战胜利都没有被发现。

在渡口老街展示区，有宋人葛天民的一首七绝《丈亭馆》："青山历历映江流，半是明州半越州。亭下寒潮亭上客，不知来往几时休。"江水滔滔东流，道尽古今春色。

长石：慈东腹地　临河盛埠

时雨 / 文　叶立标 / 摄影

　　浙东运河由丈亭东来，越慈城至镇海界，便流至临河枢纽长石了。颇有名气的长石沿江集市，是浙东运河汇入甬江的亮点，因境内有始建于宋、横跨中大河（慈溪后江）的长石古桥而得名。长石人杰地灵，史前时期就有原始先民居住，附近小港横山、沙溪蛇山山麓，均发现有新石器时期的遗迹。春秋末归属于越。秦王嬴政二十五年（前222），置会稽郡，立句章县。唐武德四年（621），析句章县为姚、鄞两州，句章属鄞州；八年（625），废鄞州为鄞县，属越州。唐开元二十六年（738），分鄞县为鄞、慈溪、奉化、翁山四县，设明州府统之。

　　长石古属句章，自宋至民国均为慈溪县辖下。民国五年（1916）建化东乡，因地处化子闸东而名。民国二十一年（1932）更名为长石桥镇。民国三十五年（1946）与骆驼桥镇合并为长骆镇，中华人民共和国成立后建制沿旧。1950年6月，长骆镇析为长石、长骆、田胡、骆驼4个乡镇。

长石集市东街

1954 年 10 月因慈溪、镇海两县行政区划调整，长石乡划属镇海县，隶属骆驼区。1956 年 3 月，长石、长骆、田湖 3 个乡合并为长骆乡。1958 年 10 月为骆驼公社长石管理区，所辖行政村改称大队。1961 年 10 月与汶溪管理区合并建长石公社，辖 8 个村（大队）。1962 年 6 月原汶溪所辖村析出，另建汶溪公社。1983 年 7 月恢复长石乡建制。1992 年 5 月因扩镇并乡，长石乡建制撤销，所辖 10 个行政村并入骆驼镇。2001 年 9 月自骆驼镇析出，与汶溪、中心、长宏合并成立九龙湖镇。

现长石村为镇海区九龙湖镇南端行政村，由散布于中大河沿岸的孙陆、新宇、三星、何仙、黄杨 5 个自然村组成。沿河两岸有东、南、西、北 4 个老街区，呈长方形分布，尚留存大量历史建筑，为浙东运河沿埠历史文化的重要佐证。

江河汇合集市兴

长石临江集市的兴起，一与中大河相关。慈江流至此，与甬江连接，是浙东运河镇海段的重要组成部分。中大河凿通，肇始于唐以前，形成于唐宋，发展于清代，已有 1000 多年历史。中大河的一支源自余姚丈亭，另一支源自镇海汶溪尖山，两支流汇合于黄杨桥东安乐寺。从安乐寺复分岔，一支流向宁波江北岸的桃花渡，称为前大河；另一支从安乐寺经骆驼、贵驷等地达镇海城内，从招宝山下第一山浦闸出海，称中大河。

二与境内浙东著名水利工程化子闸相关。化子闸初名茅砧碶（茅洲碶），又名关潮闸、化纸闸。此闸为节制闸，横跨慈江引水，曾使鄞、镇、慈三地十多万亩农田得益，宋理宗宝祐四年（1256）由沿海制置使吴潜首建，元明清屡有修葺，使浙东运河贯通甬江。原址在长石村安乐寺江岸，地处中大河与江北大河交汇点；今存闸槽、天灯、光绪年间的化子闸碑记等遗迹。1959 年拆老闸，在原闸西侧建新闸，设闸 4 孔，总宽 9.73 米，木制插板闸门由人力启闭，闸旁建管理房 3 间。1986—1987 年扩建，2015 年被列入省"百项千亿防洪排涝工程重点推进项目"，2019 年 12 月通过完工验收。

地处江河合汇处的长石桥集镇，旧时曾为慈东腹地，乃镇海、慈溪两县通道。内河航运中大河自西向东穿市集而过，续西出化子闸连慈溪后江通慈城，延东可达骆驼、贵驷，南抵江北大河至庄桥、宁波诸埠。当年横跨河面的长石桥，每天有快船和航船往来宁波新江桥南昌弄码头：快船上午六点半出发，下午一点返航；航船头天下午两点钟开船，晚抵宁波，次日下午又从宁波返回；另有快船每天往返于慈城和骆驼桥。20世纪90年代后增设机动船，往返于宁波、庄桥、镇海、慈城之间。陆路大道辐辏，北经河头雁门岭至龙山，南达庄桥、洪塘、宁波，西通汶溪、慈城，东至骆驼、贵驷、镇海城关。民国二十三年（1934）慈骆公路建成，擦镇北而过，设有长石汽车站。

辐射四方的商业中心

沿江而建的长石桥老街，自古商贸集市兴盛。此处接慈溪、连镇海，地处周边小集镇中心，水陆交通便捷。此处集市为单日市，而附近汶溪、费市、西经堂行双日市。每逢一、三、五、七、九集市，方圆数十里内的商贾和农户必赶集市，形成山货、河海鲜、土特产和各类农副产品的重要交易场所与商贸中心。

每当集市，周边集镇摆摊者、赶集者，都来到长石交易。商铺和零散摊位前商贩、行人摩肩接踵，将街市围挤得水泄不通。相传当年鼎盛时，从上虞、余姚下来的山货船，均载着竹木器具、缸、甏和陆埠毛笋、毛竹等产品来此销售。山货船一般从余姚江顺流而下，经夹田桥、茅筋闸、世江闸、化子闸，在长石集市停泊销售。如果货在长石桥卖光了，就顺来时水路，捎带河海鲜和生活日用品回去；如果卖不完，再将船摇到骆驼、贵驷等地去卖。当地人有言："只讲长石骆驼桥，勿讲骆驼长石桥。"说的就是长石桥集市，比骆驼桥集市还要兴旺。

据地方史籍记载，民国时期的沿江街市有各类店铺30余家，摊贩过百。沿河设有过街楼，不管天晴落雨，人们做买卖都不用撑伞。街面上店铺紧挨店铺，各行各业都有。米店有东街恒昌、南街瑞和；水作坊（豆腐店）有南街三友和兴源；南货店有东街豫丰、西街豫隆和裕大祥；酱园店则有百年老店盛滋记分店开在西街中心，其左为文德点心店，右为协大昌洋布店；蜡烛店有西街协茂、北街苏隆泰；药店有西街太和堂、天和堂、杨镇叶；此外还有理发店、贳器店、杂货店、烟叶店、烟酒店、旅社、饭店酒馆等等。在小南街上有咸鱼行、盐行和其他店铺。赶集的摊贩，则摆货于岸边，仅叫卖咸货者就有六七个摊位，多设在西街中段。农民购买咸货可先记账，不付钱，待早稻收割后用谷子兑付。西街中段又有六七个海货摊。东街除了三四爿河鱼摊、三四处柴行和水作坊外，另有街头设摊者十余家。每逢清明、端午、七月半、春节等传统节日，生意更是红火。走村串巷"打乡作"（农具、家具）和修旧补漏的手艺人天天游弋集市作业。至午，街上供应点心、白斩、炒货等的行当开始活跃起来。如受人欢迎的小贩豆腐阿宝，下午两点就挑着担子出现。他做生意的绝招是边忙手中活，边讲故事吸引食客，买者与卖者其乐融融。

长石集市旧时行夜市，每至傍晚时分，止止庵的师太便踱上街头，一一点燃桥两边高耸的天灯。灯亮，街面上便出现各种人物——说书者、听书者、闲逛者、更夫和巡逻队员，川流不息，至晚十时方尽兴而散。

1950 年后，长石集市改为日市，至 20 世纪末，有规模的国有、集体、民营商铺、摊贩，设有供销社棉布、百货、副食、烟酒、五金和生产资料等各类门市部，以及个体旅社、饮食、小百货等商店 50 余家。陆上交通得以明显改进：骆汶公路沿集镇北侧通过；长邱公路在集镇东侧起始，向北经河头乡达龙山邱王村，衔接 329 国道线；黄保公路起自集镇西侧，向西南经黄杨桥达保国寺，接保甬线。

商业文化的保护传承

长石乡政府于 1985 年编制《长石乡村镇建设总体规划》，对集镇的商业网点、集市贸易、工业企业、交通道路、给水排水、公用设施、居民住房、文化教育、环境卫生、四旁绿化等方面的建设用地，进行全面合理的布局。街巷分布则以长石桥为中心向东南西北四方辐射，总长度为1380米的街、巷7条，原石板路面全部改建为混凝土。东街：东起明星桥（今三星路），西迄长石桥，南沿中大河。西街：东起长石桥堍连接东街，西迄西闸桥后塘，南沿中大河。南街：南起敬老院，北迄长石桥南堍。北街：南起长石桥堍，北迄骆汶公路。小南街：东起长石桥南堍，西至永清桥（已圮），北沿中大河。还有南北向石板路巷弄两条：一是豆芽弄；二为线店弄。1990年兴建农贸市场，为保持传统街市特色和夜市，街上原有高约2.4米的8根天灯柱，由0.3米高的基座和2.1米高的柱身重塑，上刻："兹有年钱捐铺路余项，议聚天灯，今得本息。共置田二亩五分零，议于止止庵管业，每夕全夜永燃，以便行人往来。庚子年论叙堂居添助民田一亩一分，系结字一千一百三十七，土名全灯河东丁家田。"原柱身顶端中浸菜油拖灯芯，至1990年底增设为12盏电力照明，分置在东、西、南、北街。

长石集市保留着江南老街的特色，遗迹有三。

一为安乐寺，旧称化子庵，位于化子闸后。相传当地百姓为纪念始建闸者吴潜，在闸旁水上化纸，纸灰随波而去，故有"化纸闸"之称。明成化间增建化子庵，后逐渐扩建成寺。民国初年重建，始名安乐寺；至今尚存天王殿、大雄宝殿、伽蓝殿等建筑。

二系长石桥，位于街前中大河上，与南街相连。始建于宋，为三孔条石大桥，相传为张姓士绅所建，始名"张宅桥"，一说"涨石桥"，意为河道随潮汐涨落。明嘉靖年间改建，易名"长石桥"，当地俗称"老桥"。清乾隆、嘉庆年间重修，北孔沿桥脚砌有纤路，东西两侧沿河筑有造型别致的航船埠头。1990年8月改建为钢筋混凝土结构单孔拱桥，跨径长14米，桥宽3.5米。2008年随着中大河拓宽改建为四孔三柱的拱桥，西移与北街相连。

三是黄杨桥，系元时黄杨所建。始称黄杨桥，后讹为河娘桥；民国时称"何娘桥"。清道光十四年（1834）重修，2000年列为镇海区文物保护点。原桥三孔，全长22.5米，桥墩由大条石筑成，桥墩压顶石雕有昂首晶

化子闸

长石桥

龙，桥脚为雕琢的卷云石装饰，桥右有六柱凉亭一座。2008年姚江东排整治工程启动，拓宽中大河，此桥被就地保护，在桥南新建连接桥。

长石集市有"行稻花会"习俗，源于民间传说。说的是旧时长石是塘内滩地，田土薄咸碱重，每年收点"癞头稻"。有年饥荒，海上驶来一队粮船泊塘外，米行账房先生何行九趁饥荒至此高价卖粮。上岸看到村断炊烟的惨景，吩咐伙计施舍大米，把船上稻谷挨户分赠以便来春播种，事毕开船回去。次年暮春何先生又至，看到他分赠的稻谷抽穗扬花才放心地离开。原本村人想新谷登场后归还粮款，没想到他已破产关店，跳河自尽。住处留言："几船粮食赈灾民，再难回去复使命。幸喜如今稻花香，九泉之下目能瞑。"人们为纪念他而建"何仙庙"。随后每年在新稻抽穗季节"行稻花会"以兴集市。如今长石犹有名"何仙"的自然村与中大河上的"何仙桥"佐证此传说的真实性。

高桥：明州锁钥　梁祝传奇

时雨　阿苏 / 文　潘旭光 / 摄影

古镇高桥，向有"明州锁钥"之称。该镇史属鄞县，现隶宁波海曙区，处市北偏西，东接望春、白云街道，与古林镇为邻，南与集士港镇连，西接余姚市大隐镇，北濒余姚江，与江北慈城洪塘镇相邻。

因桥而名

古镇由境内高桥得名。高桥位于甬西官塘中段，横跨大西坝与后塘河汇合处。此桥于南宋宝祐四年（1256）冬，由沿海制置使吴潜建造。宋人袁商《重建高桥记》云："桥横跨西塘河北岸，南通晋家桥，北通大西坝村，自昔由杭、绍来明州必经之路。"现呈世人眼前的单孔石拱大桥，系清光绪八年（1882）重修，全长 28.5 米，面宽 4.68 米，拱洞跨 10.3 米，孔高 6.8 米，筑 1 米宽纤道，洞高，孔大，向有"船舶过往而风帆不落"之说，

高桥

为鄞西最雄伟高大的古桥。桥洞两侧上方各塑石匾一额，北刻"指日高升"，南刻"文星高照"。南北两边各有对联一副，南联为"巨浪长风，想见群公得意；方壶圆桥，都从此处问津"，惜北联年久剥蚀无考。桥两头各有伸出鳌头雕饰；桥堍设置踏跺，东 33 级，西 32 级；边有栏板 24 块；间置双覆莲花望柱；两侧设有云彩纹抱鼓石。整座桥体中心窄、两头宽，呈菱形状，给人以踏实稳重之感。

高桥在宋时置鄞县清道乡，明清时为清道乡横山里，宣统三年（1911）划归西城乡，民国三十五年（1946）9 月复称清道乡。1950 年 5 月设高桥乡，1958 年划归上游公社，1961 年 6 月改回高桥公社，1983 年重置高桥乡。1992 年 5 月划入望春、岐阳二乡，设建制镇。2016 年 10 月鄞县并入宁波市区，高桥划归海曙区管辖。

"明州锁钥大西坝，出海入关经高桥。"古镇高桥，向为浙东达会稽至杭州的通衢要道，为浙东运河沿岸重要集镇。域内高桥雄屹千年，不仅对浙东交通运输起了重要作用，而且留下许多历史故事与人文景观。相传这儿曾是南宋大败金兵的古战场。建炎四年（1130），高宗赵构顺姚江逃亡至明州，被数股金兵追杀，正彷徨间，由浙东制置使张俊在此设伏救驾，完败金兵。此后千年民间举行"高桥会"（迎神赛会），祭此胜以扬国威。

运河明珠

高桥以西约 2 千米处，是全国重点文保单位——浙东运河姚江水利航运设施大西坝旧址，也是联合国教科文组织核准的中国大运河物质文化遗产。此坝在高桥村大西坝自然村，村以坝名，亦因坝盛。该坝始筑于宋，又名蓝公渡，为防海浸潮汛与南北商客横渡姚江转驳货物之用。坝岸东侧建有四方形炮楼，顶设瞭望哨，一旦发现官（商）船经过，鸣炮恭迎以示隆重。

此坝旧为泥坝，位于村北临江处，过往船只以人力牵引过坝。20 世纪 60 年代末，改建成有轨电动坝，提高了船只通行效率。坝址不远处，是始建于咸丰四年（1854）的普渡庵，旧有官员坐官船赴邻近府县上任，至坝牵引过闸，庵为女眷栖息之地。庵旁有雷祖殿，建有官厅供官员休憩。与坝闸相邻处有建于1962年的翻水站，由翻水、暗渠、明渠组成，对调节内河与余姚江水量、灌溉农田有重要作用。栉风沐雨60年，"鄞县大西坝翻水站"红漆大字依旧，而站址已然沧桑。

现大西坝村道上，有建于清中期的上、下凉亭两处，为浙东运河后期商贸运输的见证。上凉亭比下凉亭略小，梁柱上完好地保留着两副楹联"雨夕风晨也堪托足，南来北往到此问津""暂寄足乎欲行且止，请息肩矣少住为佳"，楹联道出当初繁盛景象。有老者说民国时还有一座中凉亭，梁柱也有对联，惜亭已毁，联失无考。通江的大西坝河为村里主要河流，沿河南北枕水长弄两侧，分布着诸多民国风格宅院。西侧楼氏老屋，面宽七间二弄，外墙高约5米，气势恢宏。另有周家里（礼）五房，为合院结构，典型的民国石库门建筑，檐柱上托牛腿，雀替阳刻灵芝、如意、龙头等图案，雕刻精美。历经岁月侵蚀，已部分毁损。

大西坝

梁祝遗韵

镇内人文景观众多，首推体现河海文化特色的梁祝文化公园。梁祝故事系我国四大民间爱情传说之一，千百年来为众多痴男信女所神伤。历朝历代留有诸多遗迹，国内仅梁祝墓就达七处，邵家渡村的梁山伯庙却唯此一座。

梁山伯与祝英台曾为同窗，山伯学业有成，出任鄞县令，因治水积劳病逝，安葬于高桥九龙墟（由古墓遗址和出土文物发掘证实）。现文化公园在梁祝墓、古庙址基础上建造，总面积 300 余亩，形成了以梁山伯庙为主体建筑、梁祝故事为主线索的风景旅游区（全国唯一的爱情主题公园）。翘角的梁山伯庙，由门楼、正殿、后殿组成。庙内塑有梁山伯坐像，峨冠博带，神采飞扬；祝英台坐像在其右侧，凤冠霞帔，一副江南女子的恬静神态。后殿是梁祝寝宫，内置朱木床；寝宫后为梁祝坟廓，双墓双碑，世

梁祝文化公园

称"蝴蝶碑墓"。公园集旅游、娱乐、文化、学术于一体，西临风光秀丽的姚江，东接宁波市区，依梁祝故事中"草桥结拜""三载同窗""十八相送""楼台相会""祭坟合冢""蝶恋永伴"顺序，采用江南古建筑风格的亭、台、楼、阁、榭布局，依托山水，兴建了万松书院、蝶恋园、百龄路、夫妻桥和占地30亩的大型化蝶音乐广场等建筑群。内有高大精巧的古戏台，回廊曲折，石碑林立，诸多书法名家和民间艺术家留有墨宝。万松书院建筑古色古香，内设梁祝文化资料馆，陈列着内涵丰富的梁祝文化资料和实物，以及学馆、先师堂、书画斋等。祝家庄、十八相送、鸳鸯寝宫等景点，展现江南园林古朴精巧之特色。占地30亩的大草坪上，矗立着高大的梁祝化蝶雕塑（梁祝文化碑）。

一条南来北去、东西贯通的中国大运河，造就了多少传统老街与莘莘学子。位于岐阳村长约80余米的石塘老街，傍山临水，集中体现了甬西文化底色。此街始建于明代，历史悠久，人才辈出。旧有广德湖（已废）依托，街东建有航船码头，晨午二班往返宁波、余姚等地；街上店铺林立，商贾云集，每逢集市，赶集的人群带着山区、城乡物产在此交易。诗人周志嘉《石壕市》描述了当年情景："细雨迟山市，乡邻拉伴行。鱼虾衣角裹，鹅鸭担头鸣。白酒喧茅店，红妆纳竹篱。亲朋大都在，街口竞呼名。"

梁山伯墓

老街现存诸多景观，街西有明万历年间邑令翁宪祥重修、清道光二十六年（1846）监生陆裕居再修的石塘碶（区文保单位），为广德湖泄入姚江的碶闸。石塘碶，长9.65米，宽3.5米，开四道闸门，蓄上河之水，而鄞西五隅七乡之田，资以灌溉。涝则启之，由九里浦注入江。今桥亭尚留石碑三块，其中重修石塘碶碑高2.4米、宽0.99米，由知府杨钜源撰文，里人张恕篆额，详尽碶闸效益、建造纠葛以及府县调处意见。位于村口的石塘庙，始建于清嘉庆十九年（1814），咸丰十一年（1861）毁于战火，同治三年（1864）再建，光绪三十四年（1908）修缮。另有一座资教禅寺，位于五岭东、石塘山南、山下庄村北翼。此寺坐北朝南，三面山林环抱，堆青拥翠，为山人静修胜地。据地方志载，此寺始建于五代周显德元年（954），时称广德院，旧址在屠沽山；后屡废屡兴，至今钟鼓之声不绝。

"一门三院士"，是老街享有的近代荣耀。现存翁氏老宅（辟有翁文灏故居）始建于清末，为一座前后二进五间二弄、两侧厢房，前有明堂，左右有马头墙，内有四部木楼梯的二层合院。主人为崛起于19世纪中叶的石塘翁氏，翁景和在上海开设大丰布店，经营英美洋布批发，年利达10万银两。20世纪初，翁氏与时俱进，形成崇尚科学之家风，涌现出国内罕

高桥老街新屋门

见的家族人才群体。翁文灏（1889—1971），字咏霓，清末留学比利时，获地质学博士学位。1913年回国创业，成为民国著名学者、地质学家，在中国地质学教育、矿产勘探、地震研究等方面有杰出贡献。他是我国第一位地质学博士、第一本地质学讲义编写者、第一位中国矿产志撰写学者，"燕山运动"及相关岩浆活动和金属矿床形成理论首创者、开发中国油田的组织领导者；是国民政府"学者派"中职位最高、经历最为曲折，殚精竭虑、自强不息的科学先驱。其堂弟翁文波，中国科学院院士，被业内誉为"中国地球物理之父"。另有被称为"中国控烟之父"的翁心植、"中国输油第一人"的翁心源、著名钛金属专家翁心梓等一批献身科学的仁人志士。晚年翁文灏作《石塘》诗云："鄞西秀丽石塘村，临水倚山生地存。灌稻清波桥碶保，映窗雾色景光吞。登科兄弟祖留额，隔户乡农旧有痕。初学之乎亲训导，得承教养沐深恩。"

庄市：运河枢纽　商帮故里

桂维诚　叶立标/文　潘旭光/摄影

庄市是宁波市东北郊甬江之畔的古镇，襟江望海，历史悠久，早在两千多年前的春秋时期，就有先民生息繁衍于斯。庄市镇有文字记载的历史始于北宋。相传庄氏本姓章，北宋皇祐四年（1052），章氏先祖章隐之任定海（即今镇海）县令，其曾孙章允执娶唐氏为妻，遂居清泉（庄市）。及至南宋，人口已逾八百，集市成形，故名章市。明洪武十四年（1381），为避明太祖朱元璋讳，遂改庄姓，市乃以庄市名之，直至今日。

运河归江　连通水系

庄市是浙东运河连通甬江水系的重要枢纽，地处镇海西南。其地虽水网交错，实则是细小的河道和水漕（池塘），水陆交通不甚发达。清康熙五十八年（1719），当地士绅筹资将散于集市及周围的九条水漕进行疏浚归并，南接浜子河，北连横河，与甬江大水系沟通。自此对外交流就变得通畅便捷：境内河头、汶溪等山区木船装山货柴薪驶来，卖掉后换回油盐酱醋等日杂用品返回；周边商贾纷沓而至，街河道头（码头）泊满大小船只，本土方头大船装有蘑菇、蔬果；来自奉化、慈溪、余姚的乌山船装着碗盆缸坛。这些都给这个小小集镇带来商贸的繁荣，老街也因此成为甬东北部重要的货物集散地。一条约有三里长的老街，以传统农耕文明的宗祠、院庠、府邸为基础，集市、商铺为交流，商贸经济便迅速发展起来。

所谓传统老街，是指浜子港以南、官仓港以西、路林港以北、陈倪大河以东这三四平方千米内的区域。四边河道中间，自东北向西南横亘着一条商贸繁荣的街河。东北一侧人口较多，依次有汤家、庄市、胜隆三个行政村（现改居委会）。居民聚居地有汤家、河湾张、东南村、庙桥头、止所门头、凉亭弄、后斛屋、后河头、羊衙弄、横街弄、三房弄、中央漕、

鸟瞰庄市老街

后新屋竺家、六份头、照漕跟、后道场、大堂前、墙脚下、日房弄、八四房集。街河西南人居则少些，有庄爱房、裕顺行弄、祥裕弄、全兴行、三眼桥下、大方桥下等自然村落。

庄市老街在雍正年间已为双面街，至 20 世纪 50 年代初，镇域面积也就 4 平方千米左右，人口不足万人。"公社化"后并入了相邻的汉塘、万加公社（乡），地域面积扩大，形成了后来 29 个生产大队（村）与三四万人口的格局。至此，老街形成以自产自销为主的民间商贸集市。两岸有五座桥沟通，分别为庙桥（头）、广济桥（凉亭桥）、裕吉桥、三眼桥、大方桥。以街河为界，河东北面仍以民居为主，有三条自然形成的弄堂迤逦向西南延伸，有三桥接通西南街市，分别是广济桥连接凉亭弄、裕吉桥连接洋衙弄、三眼桥连接横街弄。而连接两岸主弄堂的则为裕吉桥，与祥裕弄相通。

沿河老街店铺林立

旧时庄市老街上店铺林立，货色繁多，极富特色。染坊、棉布店、制鞋店、轧米厂、打铁铺、棺材店、剃头店、当铺、修理铺、裁缝店、香烛店、锡器店、竹器店、文具店、南货店、药店、杂货店、咸货店、豆腐店、点心店、水果店、糕饼店、肉店、米店、酱园等一应俱全。其中各类食品店在老街唱主角，如果做个分类统计，大概有南货、腌菜、酱料、米面、熟食、水果、菜蔬种种店铺。如南货店，就有阜生、南方、同兴、洽和等店号；酱园则有元润、盛裕昌、勤昌、屠福缘等招牌；而庄元丰、一品香、钟全宝、顾万春这些则是大饼店的招牌。还有朱庄记、童顺昌、金祥泰，这些是咸货店；永昌、庄丰号是水作（豆腐）店；至于彩牌楼饭店、合记面点、张芝记肉店、董利荣水果店、张记糕饼店、王永利糖果店，一看就知道主营什么。手工业作坊，也是庄市老街的一大特色。当年在老街北街，就有多家裁缝店，以及吴生钿打铁店、胡冬竹鞋店、张万利修理店、姚阿毛锡器店、夏记篾竹店等等。

　　营生日久必有翘楚，长面就是庄市的名特产。老街三眼桥下全兴行后，有一个专门制作长面的工场，其制作技艺多为代代相传。现有据可查的早期长面师傅叫庄天成，是地道的庄市人。别看长面简单，但是要做好却非

庄市老街

易事，制作工艺烦琐，要经过揉粉、闷缸、搓条、盘缸、拉长等十多道工序，且根据不同的天气，采用不同的制作方法。这项技艺传承至今仍后继有人。庄市长面作为一个地方品牌，打响宁波各县区市场，甚至远销到上海、杭州等地。

商业繁荣给老街带来了大量的人流，也带来了其他行业。到清同治、光绪年间，一批悬壶开诊的中医郎中和卖中草药的药铺集聚于庄市老街，规模效益渐次呈现，终于对周边形成了虹吸之势。中医郎中坐诊老街，名声较大的有孟河先生、阿竹（朱行琛）先生、周志良先生。药铺有名的就有谦益斋、寿康斋、范滋德、同春堂、益寿堂等。其中谦益斋赓续悠长，是一家名闻遐迩的药店，至20世纪50年代已传至第四代。

促成老街繁华的，除了挨挨挤挤的商铺，还有街河两岸此起彼伏叫卖的摊贩。每天早上，附近农民和商贩就挑着担子赶往老街，把自产的或趸来的新鲜蔬菜、瓜果运到老街兜售。遇上赶集日，四乡八村的人们船运车拉肩挑，汇聚老街交易，从早到晚，老街处处人头攒动，热闹非凡。旧时庄市水产颇有特点，因为靠近甬江口，集市上不乏透骨新鲜的大黄鱼、墨黑发亮的乌贼等各式各样的海鲜。而且，因为有发达的河网，庄市的河鲜也四季不断。此现象，一直到20世纪80年代仍不鲜见。及至后来新菜场建成，老街的路边摊点才退出了市场。

建筑风格中西合璧

庄市老街与别处不同的是，其建筑大多保留中西合璧的形式。此有两个因素。

一是老街地处河流中枢，除了货运，设有专营客运的船只，与附近城厢形成文化交流。明清以降，庄市附近居民（宁波帮前辈）上宁波，许多都是从老街码头出发的。一批批地坐船转道宁波，而后又从宁波搭乘海船北去上海或下南洋。在那个风云际会的时代，这些走出去的"本帮人"，持续不懈地带着下一代人外游闯码头、见世面、赚钱回流，光宗耀祖，在老家街面上造起那些中西合璧的房子，马赛克、玻璃、瓷砖、罗马柱和清水墙、石库门等联袂出场，形成一道令人艳羡的景观。

二为近代"西风东渐"，老街作为浙东由农耕文明转向商业文明的"桥头堡"，保留了周边那些传统的祠堂、庙宇、庵堂。如东北角一座始建于南宋的西梢木庙，供奉与文天祥、陆秀夫同为"宋末三杰"、崖山之战溺水而亡的民族英雄张世杰塑像。此庙宇颇具规模，前、中、后三个大殿，石雕、木雕工艺精致，当年香火很旺，许多善男信女经常前来朝拜。至今在老街，人们仍可以看到一座表现宗亲文化主题，名为"阴德祠"的建筑被完整保留下来，供奉拯救十万生灵的先祖章仔钧夫人练隽（即练夫人）以及章氏历代祖先。内有大量楹联，多颂扬练夫人仁义之举。同时，在民国之初涌现出具有西方外来文化因素的教堂、邮政所和医院等公共设施。如庄市的耶稣教堂，坐落在北街庙桥头下，始建于1931年，发起人系做鞋师傅汪锦荣和老应湾人董阿来，后由毕业于沪江大学的董财章作为传教士传承接管。

由于中国传统建材多为砖木，火灾成为最大隐患。庄市老街近代建筑多造马头墙，一旦失火，则可阻断火势蔓延。同时，在老街建有一处高高的瞭望台，名曰"望火台"，旧时每天有人轮值守望，发生火情便发出警报，"火龙队"马上出动。"望火台"与"火龙队"，是宁波最早的消防设施之一。

旧时庄市老街不只是生意场，也是一个活色生香的小社会，设施齐全，文化活动丰富多彩。每逢初一、月半，是旧时老街固定的"行庙会"之日，游人并不只是看客，同时扮演角色，或抬阁，或踩高跷，扮演成白娘子、许仙、梁山伯、祝英台在老街巡游，兴致盎然。老街庙内戏台使用率极高，三四天就有一场演出，一年有百余场。

商帮故里　著名侨乡

近代庄市，是"宁波帮"的重要发源地，也是浙江省著名的侨乡。百

庄市小学

老码头

余年来，庄市涌现出"宁波帮"经商先驱叶澄衷、近代民族工业精英宋炜臣和世界船王包玉刚、影视巨擘邵逸夫等一大批近现代商界精英。

旧时"宁波帮"的兴起，与传统文化变革和教育相关。旧时老街上办有一所叫"庄市小学"的学校。相传明清以来，受"浙东学派"的影响，庄市人"重商贾而不废耕"，选择以庙庵祠堂设立"书院"与"讲堂"，传授"藏富于民"的理念。清末兴改私塾为学堂之风，肇启近现代课堂式教育模式。此老街原有罗祖庵，清末时改建为崇正书院，光绪三十二年（1906）更名为崇正两等小学堂，民国十七年（1928）定名为庄市小学，地点就在老街的广济庵。又有一所小学，起名"轫初"，校名含"开蒙"之意。在新学中，中兴学堂（前身为叶氏义塾）最为成功，与在上海创办的澄衷学堂（现为澄衷高级中学）同为庄市籍巨贾叶澄衷所办，培养了包玉刚、包玉书、邵逸夫、赵安中等一众"宁波帮"人物，获得了江南第一学堂的称誉。

进入 21 世纪以后，内河水运日渐式微，但老街依然有其独特的魅力。在今天的庄市老街上，你或许看不到曾经的车水马龙；但不经意间，你会遇到那些见证过繁华过往的民国甚至清代的老屋、经历上百年风霜雨雪的河埠头和老桥。如今，庄市老街作为浙东运河连接甬江水域的遗存，即将进入整体改造的新阶段。

骆驼：水陆都会　甬北商埠

桂维诚 / 文　潘旭光 / 摄影

骆驼街道地位处宁波市北部核心区（新城北区），现为宁波市镇海区委、区政府所在地。东临贵驷，南连庄市，西接江北区庄桥街道，西北毗九龙湖镇，北邻澥浦镇。

骆驼桥古属句章，春秋战国时为越国海防要地。古城相传为越王勾践所筑，出海的句章古港，为古越国军事重隘，世界最早的舟楫寄泊点之一。"骆驼"其名出自老街古桥。宝庆《四明志》载，此桥始建于宋建隆元年（960），出县城（今慈城）东门数来，自观庄桥起排列为六座大桥，故称"六大桥"。今桥下石刻"六大桥"三字可佐证。后世讹传为"骆驼桥"，一说因方言中"六大"与"骆驼"同音，一说与浙东运河浙盐北销至大漠，由骆驼运输相关。当地俗话"好吃勿过咸齑，好做勿过骆驼"，是对本埠

骆驼桥

商帮吃苦耐劳精神的赞赏。无独有偶，京杭大运河边享有"阡陌连桑园，遍闻机杼声"之誉的丝绸之路源点湖州，域内也有骆驼桥。两座骆驼桥，见证了江南古镇千年的变迁。还有一种说法：很多年前一个姓骆的药铺主和驼背的作坊主搭建了石桥，桥因而得名。

骆驼桥自宋至清，皆为慈溪县德门乡辖地，民国二十一年（1932）始建骆驼桥镇，归慈溪庄桥区。民国二十五年（1936）与长石乡合并，定名长骆乡。民国三十七年（1948），省政府拟将此乡划入镇海县，遭居民聚众反对，未果。1951年始从慈溪县庄桥区析出，归镇海县庄市区，分为骆驼镇与长骆乡。1958年10月建骆驼公社骆驼管理区。1963年4月划清河公社清湖、勤劳、四联3个大队归骆驼镇；至1966年11月撤团桥，并入骆驼公社。1980年11月成立镇政府。1983年11月析出贵驷乡。1992年5月长石乡、汶溪乡并入骆驼镇。2001年9月撤贵驷镇，与骆驼镇合设为骆驼街道，析出长石、长宏、汶溪、中心4个行政村。2015年，贵驷镇复析出，单独成立街道。

商邑重镇　历史悠久

骆驼向为镇北重隘、慈东腹地，其兴起与县城（今慈城）衔接后江（中大河和西大河交汇于此）相关。繁密的河网、纵横的支流，造就一个以舟楫为生产和交通工具的天然"水陆都会"。相传三国时期吴儒阚泽居此耕读，今方景和弄东的柘墩庙（在骆驼中学内）曾祭奉之。自南北朝始，此水润灵秀之地，吸引了大批王室贵胄和迁徙之民前来繁衍生息。宋建隆元年（960）骆驼桥成。浙瓷（上林湖越窑青瓷）与沿浙东运河而下的丝绸、茶叶等大宗货品，经此海运，远销东南亚、阿拉伯至地中海，此地成为"海丝之路"的重要窗口；明州（今宁波）所产海鲜、山货以及浙盐，也由此经浙东运河西去，转销京杭、隋唐运河沿埠。

骆驼桥市集形成约在南宋年间，早年居户为盛、翁两姓。两家以贵胜堰为界，盛家在堰西，翁家在堰东。据史料记载，盛氏约在南宋时迁入，

骆驼街道今貌

始迁祖盛次伸，字秉刚，曾任明州节度推官、知慈溪县事。后子孙繁衍，聚居在慈溪、镇海两地。时二县以中大河为界：河南属镇海，居住着盛氏西支；河北属慈溪，族人大部居此。光绪《慈溪县志》称骆驼桥盛家，与大河沿、林西房、半江周、贵胜堰等族同属慈溪县德门乡四都。翁氏家族相传从十六世孙翁彦献始，于南宋初迁入骆驼桥，子孙繁衍，自成村落。

明清以降，朝廷发布"禁海令"，骆驼桥市埠官方海外贸易消减，民间农贸市场兴起，附近商贩云集中大河两岸，形成"日集"。骆驼桥商埠至清中叶，"市场日繁，商贾云集，车毂相击于其上，舳舻衔接于其下"，享有甬东商邑重镇之称，为旧慈东、镇北重要的农副产品集散地。旧有老街街巷31条，总长9420米，均为石板路面。东起骆驼中学，西至香山桥（今东河港路），南至汤家池，北到后张，东西为1300米，南北为1050米。保存大量临河商贸居住建筑及航运遗迹，成为浙东运河航运的历史见证。清末街上建有凉亭五间，又名新凉亭。亭东有童姓聚居，称新凉亭童家。

中大河旁有东街、中街、西街。方景和弄以东称东街;方景和弄以西至贵胜堰,称中街;贵胜堰以西与盛家相接,称之为西街。街上商铺林立,有大小店铺98家,其中柴行、咸鱼行、蔬菜行11家。街弄相交,有方景和弄、对桥弄、大盛弄、张家弄、大庙弄、银店弄、万兴弄、堰头大屋弄等。弄内匠人聚集,摊贩货郎穿梭其内,人来客往,川流不息,茶楼酒肆、商铺钱庄,鳞次栉比,说书唱曲、打铁兑糖、玩杂耍卖膏药,南北货船互通有无,鱼米之乡物阜民丰,市井生活暖融融笃悠悠,俨然一派江南水乡富庶小镇风光。

商脉兴盛 文脉丰沛

骆驼在近代的崛起,不仅是街市兴旺,而且孕育了宁波商帮成长,见证了中国近代商业发展史。如果你徜徉在沿中大河约500米长、建筑中西合璧的古街上,无论哪个角落、哪座桥、哪条河、哪处宅院,都写满着许多尚不为今人所知的故事。路人穿行在古老巷弄中,不时可见高耸的马头墙,彰显昔日家族的地位;那些一进接着一进的幽深庭院,从雕梁画栋的残损构件和门口的石狮石鼓中,仍可窥见当年的富丽堂皇。

柏墅方家,曾为宁波五大钱业家族之一,带领本域商帮由农耕文明向商业文明进化,经营钱庄、丝茶、航运、糖业、银楼等。在上海,方家人建立并不断扩大四明公所,与西方殖民势力、封建买办势力展开抗争,揭开了民族资本立足近代沪上的一页。骆驼盛家以经营、开拓沙船业为主,夺漕粮北运甬上先声;率先购买国内第一艘轮机船"宝顺轮",俘海盗船68艘,一时声名鹊起。民国四年(1915),盛滋园酱油获巴拿马博览会金奖。首任上海市副市长盛丕华,曾与陈毅等领导人磋商进行社会主义工商业改造。胶西洪氏与张氏、翁氏等名门望族,受浙东学派黄宗羲"经世致用"启蒙,打破"富不过三代"的魔咒,经商致富不忘桑梓,在本埠造桥、铺路、兴学、修浚河道,留下佳话。骆驼籍名商辈出,有方液仙、楼其樑、盛筱珊、王伯元、赵安中、翁璞卿等。

翁璞卿故居

　　骆驼桥商脉兴盛，文脉丰沛。得益于官学兴荣、私学隆盛，清末民国时"义学"遍地开花，尚志、培玉、团桥、清湖、钟毓学堂教书育人，孕育出诸多卓有建树的学子：著名作家、文学理论家唐弢，著文立说，针砭时弊；著名俄罗斯文学翻译家草婴，以一人之力译成列夫·托尔斯泰小说全集，让国人接触这一世界文化的瑰宝；贝时璋、翁史烈、杨福愉、杨福家、林永年等"两院"院士，在专业领域各领风骚。

治理河道　兴利避害

　　当地俚语"鄞县黄牛碶，镇海骆驼桥"，说的是骆驼桥因水而兴、由水定衰："四十五日晴，咸水到丈亭。大旱勿过七月半，田里蚂蟥两头掼。"形象地描绘了旱季海水倒灌的情景。

　　发端于县城（今江北慈城），总长度为49千米的中大河，既是贯穿浙东运河汇入甬江的关键航道，又是保障镇海、慈溪十余万亩农田不受海浸的生命之河，关联着两岸百姓命运。南宋宝祐年间，明州知府兼沿海制置使吴潜，在慈东河、江北大河与中大河交汇处建化子闸，使慈江西流阻隔经中大河上溯的咸潮，会聚于丈亭的商贾得免候潮之苦，由此形成中大河沿岸独立的灌区。除扼水阻流的张鑑碶外，中大河沿岸修建不少有堰坝和碶闸扼水功能的名桥。如骆驼境内的贵胜堰（桥），就是一座重要的碶闸。此堰（桥）位于镇中街，南北向架设于中大河上，是控制上游水位的过船堰闸。其相传为明刘氏始筑，清时迁建于此。1932 年在乡绅楼其樑、盛筱珊组织下，由商人捐资相继修建贵胜堰和大兴、永安两桥，其中贵胜堰有启闭闸门与过船堰坎配套。1959 年，姚江蓄淡后始改为交通桥。1972 年拆除过船堰闸，改建为钢混结构三孔梁桥，总长 25 米，宽 7.2 米，能行驶中型机动车辆。2019 年重修成现今规模。此外，骆驼境内两座横跨中大河的古桥——觐里桥和团桥，也是乡绅士商为民造福的义举。

中华人民共和国成立后，宁波市政府为扼洪防涝，改善居民饮用水质量，采取了一系列措施。最为有力的措施是修筑姚江大闸，既保障了境内灌区，又改善了饮用水质量。近年宁波实行"五水共治"和"河长制"，受到市民广泛的拥护。目前，骆驼街道采取"一河三治"措施，建成采用松木桩打基础、两层防水布高于河道常水位 20 厘米的阻水堤岸，保证了阻水和汛期涝水通过防水布上端的三座溢流节制闸（设置在西大河北环东路北侧、浜子港通园路东侧以及英雄河南段方严村桥与江北区交界处），为这条流经甬东（骆驼）工业区的河流安上"绿色脉搏"。

枕水街市　宜业宜居

随着城乡一体化的推进，骆驼多条老街进入拆迁程序。颓圮的老宅和逼仄的弄堂淡出历史舞台。除保留一条约 500 米的老街外，余皆旧貌换新颜。一个坐落于浙东运河边宜业宜居的枕水街市，将以新的面貌呈现世间。

项目总体定位为"TOD（transit-oriented development，以公共交通为导向的开发）水陆都会"，将打造成"一岛、三轴、四片区"的城北活力中心。承载九大未来场景，依托枕河老街与轨道站点，"历史记忆场景"

及"未来交通场景"将重点打造，从而复兴老街文化记忆，建成站城一体的新模式。规划单元南起南二西路，北至镇骆西路，西临慈海南路，东至骆驼中学，占地56.65公顷。实施单元南起中大河（含小岛），北至镇骆西路，西临慈海南路，东至安置房规划道路，占地25.86公顷。项目总建筑面积约45万平方米，投资70亿元，受益人数超过10000人。

实施内容含商品住宅、安置住宅、人才住宅、TOD综合体、邻里中心、幼儿园、银店弄改造、湖心岛历史保护等。轨道交通5号线（二期）现已开通，设骆驼桥站，为5号线终点站。

贵驷：浙东商埠　岸商市集

时雨　阿苏 / 文　潘旭光 / 摄影

贵驷是宁波市镇海区辖街道，东邻镇海蛟川，西接骆驼，南接庄市街道，北邻澥浦镇。辖贵驷、东桂 2 个社区和兴丰、妙胜寺、贵驷、里洞桥、民联、沙河 6 个行政村。

该街道以境内贵驷桥得名。相传元泰顺年间，世彩堂刘氏十世孙刘复卿兄弟仨从慈溪县城（今慈城）赴此耕渔庄（今贵驷桥）舅家定居，繁衍成族；筑贵驷桥，自成村落。其桥原为拱形石桥，仿慈城骢马桥建造，宽 3.6 米，踏步北塊 21 级、南塊 23 级，甚为壮观。桥名贵驷，期望子孙驷马高车，显达亨通，后世以桥名村，意在弘祖业、策乡里。明清之交，刘氏支祠一支徙骆驼桥畔西刘村。清乾隆二十八年（1763），此桥年久失修，由里人刘蔼、刘世显出资重建；同治年间，刘氏乡人续建贵元（又称里洞桥）、贵显二桥。现存钢筋水泥桥系 1966 年改建，旧时风光不再。

贵驷世属镇海，春秋时为越国句章"海塸"，向有"唐涂宋滩"之称。现存土地，大多为祖先围海夺田而得。据史书记载，贵驷桥在元代形成村落，明、清两期归庄市管辖；民国十九年（1930）始建驷桥镇，属西管区，辖有余家、甸央、曾家、乐家、郎家、前陆、后陆等保甲。民国三十五年（1946 年）称新驷乡。1949 年废除保甲制，隶属庄市区新驷乡。1950 年调整区乡镇建制，贵驷隶属镇海县庄市区骆驼镇。1954 年 10 月建骆驼区，贵驷隶属骆驼区湾塘乡。1958 年 10 月撤镇海县并入宁波市区，贵驷与汉塘等 10 个管理区隶属东风公社。1961 年 10 月设贵驷公社。1963 年 1 月复镇海县建制，贵驷隶属湾塘棉区。1983 年 11 月复改为贵驷乡，1985 年撤乡建镇。同年 10 月撤县设区，为镇海区属镇。2001 年 9 月镇海区撤销城关、庄市、骆驼、贵驷四镇，分设招宝山、蛟川、庄市、骆驼 4 个街道，贵驷并入骆驼街道。2015 年 7 月行政区划调整，以望海路为界贵驷从骆驼析出，建街道至今。

江南老街集群

古镇贵驷位居镇海北水陆交通要道。陆路历为镇海通往龙山官塘必经之地，水路由浙东运河达慈江经中大河通宁波镇海直出外洋，历为河海航运、近乡农副产品集散之地。历宋以降，渐成舟泊市集。经元、明、清三朝，民国初年已然镶珠嵌玉，沿河设集，形成颇有水乡特色的临河老街。

贵驷桥地处古镇水陆通途，早年居民以渔盐为业，成市约在清初。因北有憩桥，南有妙胜寺，逢双日开市；此集以单日为贸易日，十日五市。清末因商贸兴盛，渐成日集。"五口通商"后，老街居民不愿坐享其成，奉尚教育与实业救国，纷纷出走，至京、沪、杭运河沿埠，远者更达日本，成为当地社会名流或工商实业家。如位于老街的太史第（清末进士刘崇照宅），其主人曾任盐城知县，还乡后心志尚存，出任县教育会长和民国首任镇海知事，筹银数万建宝善学堂，中国科学院院士贝时璋曾就读于斯。离太史第不远处，为建于民国时期中西合璧的刘聘三故居（由前后正屋和

贵驷老街

四厢房组成）。刘聘三者，上海实业家，曾任中华劝工银行总经理、旅沪宁波同乡会常务理事职。1934 年，其邀在沪十余位贵驷籍乡贤筹银六万建西式驷桥小学，并将宝善学堂纳入，中国工程院院士林永年和著名作家、文学理论家唐弢曾在此就读。

现存老街长约 800 米，以桥为核心分布河岸，河道与老宅相依，组成一幅近水而欢的图景。这里的诸多老宅，历经悠长岁月，风采依然。如洞桥仁房，高耸的马头墙和长达四五十米的围墙，透露出旧时气势，长廊上厚重月梁雕工精美，旧时朱漆尚未褪去。

沙河头老街

旧有南北两市、傍江而集的沙河头老街，与贵驷桥市集相比，又别具一番风情。千年中大河穿村而过，直通甬江入海口，溯河而上抵达姚江，汇入大运河水系。清代开埠后舟楫穿梭、货船密布，两岸屋舍连绵、小桥纵横，呈现江南水乡风光。此村以陈姓为世族，陈氏族人约占村民六成。据史料载，其地陈氏系明清时自鄞县姜山大本堂、德声堂、雨钞堂宗迁入。此族兴旺发达，人才济济。有在村里创立积善堂、铭仁堂等商行，分号遍及上海、福建等地的陈期恪；子承父业的上海滩大亨，辛亥革命后在当地开办典当行和三北、镇海大型钱庄的陈运忠。

此街始建于清光绪年间，繁华于民国时期。长约数里，分上、中、下三街，道宽约 3 米，由 3 块大青石板铺成，下设排水管道，百余年来未遇水患，为民间城镇排水典范。道路两旁大小门店数十家林立，呈连绵状，一三五大市，二四六小市。大市之期，骆驼、贵驷、澥浦等地村民均来赶集。民国三年（1914）7 月，海上闻人虞洽卿在家乡创办电报局，架线 58 里达宁波电报局；同年创办龙山镇电话处，在沙河头设总机房衔接，成为宁波、镇海、龙山等处通信中心。

抗战时期，沙河头老街险遭战火。民国三十年（1941），一支日军窜此掠夺，归队时发现一名士兵失踪，日酋怒命部属屠杀村民、焚烧老街。

由此激起民愤，乡绅出资重建老街、支持抗日武装，用市面通行的中共浙东抗币换成粮食与药品，用航船送往四明山根据地。

妙胜寺村现存完整老街，保留了晚清、民国风貌。此街位于古寺北侧的中大河支流边：临桥靠水，景色如画；自清代起便有十余家店铺营业。鼎盛时有南货店、大饼店、豆腐店、篾竹店、酱油店、米店、布店、当铺，还有租器店（租赁花轿、碗盏等实用物件）等数十家。民国《镇海县志》载，此街"逢二、四、六、八、十日贸集"。后因附近贵驷桥行日市，店家多迁至那儿，留存铺面由村人经营，讲究邻里和睦。

老街存有三座过街亭。街头的一座比另两座略矮，其半与临街山墙连一处；另两座较高大，离地五六米，与家居二楼等高。临河街道由数座小桥连接，交通便捷。道旁有几处年代久远、古朴沉静的屋子，外墙刷红漆，虽已斑驳，却呈深沉暗红，显示出沉静稳实之美。老街附近宫、庙、寺、庵环绕。宫为清代所建东岳宫，惜已拆除。街中尚有浮林古庙，系在宋建炎年间表彰航海有功而造，原为镇海建筑规模最大之神庙，旧有大殿前后三进，前筑戏台。另有一寺名妙胜，光绪《镇海县志》载，此寺始建于后唐清泰年间，初名永安，宋英宗治平元年（1064）改名。寺内有申明亭，东西两侧为街肆亭阁，有一古桥勾连，桥名爱登。此桥原名矮凳桥，有村民说当年桥面狭窄，在水沟上架一木条，状如翻转的矮凳，便有此俗称。此桥经风吹日晒而腐烂，清嘉庆年间由众人集资，在原处建造单孔石梁桥，名"里人桥"；民国三十六年（1947）重修，桥身镌文为记，因文中有"爱此风光好，登临气象雄"之句，更名爱登桥。

村中有一头部缺失的石龟，外形庞大精美，背负石碑，碑文模糊难辨。民间传说云：千年前和尚五更做早课，寺中火工三更即起做斋。忽一日火工惺忪入厨，见两龟偷吃冷饭，担心饭少亏了众僧，紧急中抄大锅铲劈头砸去。一龟逃遁，一龟脑袋被削负伤，火工不忍心取它性命，放生于寺前水漕，为示警戒，在其背压一碑碣，没想到一驮千年。

贵驷古村落

以憩桥村为代表的贵驷古村落，大多年代久远，传统风貌犹存。2015年12月被宁波市政府定为历史文化名村的憩桥古村，因老街尚存憩桥而获名。此桥始建于明代，民国初年重修，桥长不足5米，宽为3米；桥墩两旁镌有一副楹联，惜年代久远，字迹模糊无考。据传明抗倭名将戚继光当年率军从龙山、澥浦去镇海招宝山，路过此桥憩息，乡人修桥时便改桥名为憩桥。现老街内憩亭、憩桥、憩茶楼、憩桥碑，均以憩字命名。

自清末至民国，桥南埠要道处设有歇山顶的三柱两间、四垂脊微翘的憩亭，古朴大气。旧时亭柱旁有盛放茶水的木桶，暑天加有清火苦草，桶边挂几个竹勺子，石柱上挂有数双草鞋，常年免费供路人饮（使）用或避雨歇息。亭对面设歇山顶茶楼一座，为乡绅、客商、文人聚会时吟诗作画、品茶聊天的场所。村中自发成立"憩亭茶会"，置"茶会碑"载大事记和出资人名单。

现憩桥村位于镇骆公路西侧，300米长的古河道两侧，留存不少百年

贵驷古村落（憩桥村）

驷桥小学旧址

老屋。该村自明代起，形成夏、贝两大望族。桥南夏家，以明正统年间进士、刑部郎中夏时正最负盛名。贝氏一族，有清光绪年间著名抗法将领、中国海军航海先驱贝锦泉、贝珊泉兄弟。现存将军第（贝氏兄弟故居）占地16亩，七间两弄，门匾为名臣左宗棠所书。贝氏宗祠东侧有憩安救火会旧宅，为石库门建筑，门面四柱三门，拱形门顶刻有斧头、榔头、警钟图案。村中老人记得，当年该会拥有两部手摇铜制水龙车，是当时最好的设施。村中还有贝氏后人中科院院士贝时璋故居。院外有座六角形石砌"百岁亭"，为纪念他百岁诞辰修建。走在憩桥江边约300米长的古街上，人会感到乡风扑面，身心皆静。

大市堰兴衰

贵驷古镇依水而存，历朝历代以兴修水利定兴衰。境内拥有数以十计的古桥、古堰坝和古碶闸，其中数在河道要口的大市堰最为闻名。此堰把东去的中大河分为上、下游，民国初曾因堰坝渗漏，导致上游出现严重旱灾。该堰坝密闭性高，具有防旱泄涝作用，旧时由人工启闭闸门，一为蓄水，二为泄洪。在大市堰，过往商（客）船经过堰坝，须靠人力拔运。无论白昼黑夜，只要船抵堰坝，均需周边村民助拔。船主一声招呼，村中男丁闻声而出；若男人外出或缺丁，由青壮妇人替岗。"拔船人"自备绳索就位，无论船多沉货多重，众人合力硬是用绳索把过往船只拖过堰坝。此景况在 1959 年姚江蓄淡工程竣工后消失，大市堰也由此完成使命，被改造为交通桥。

如今，昔日的水运交通、岸商市集已淡出历史。

下　部
街因水名

概述　运河影响下的街区空间格局与街道风貌

徐瑾　达玉子 / 文

运河在中微观尺度上，对街区空间也产生了重要的影响，主要体现在运河两岸街道的空间格局类型、运河岸线空间的尺度多元性等方面。

一、运河两岸街道的空间格局类型

根据运河与周边聚落或组团的关系以及街道空间形态特征等因素进行分类整理，可以将浙东运河两岸街道的空间格局类型归纳为以下几种主要类型。（1）穿越线（带）型：多个组团或建筑群落依附在运河沿线，形成带状高密度大团块区域，具有一定集聚效应且与运河关系紧密。（2）环绕集聚型：多个组团以集聚形式被运河环绕，形成较高密度区域，土地利用率较高，且充分利用了运河沿岸自然景观资源。（3）穿越组团型：组团被运河串联起来，形成低密度带状区域，其集聚效率相对较低，但周边自然环境较好且居住密度适宜。（4）边缘团块型：多个组团形成了有一定宽度和纵深的团块区域，与运河主道关系相对较弱，但内部自主活力较强。[①]

二、运河岸线空间的尺度多元性

除了对街道空间格局类型产生影响，运河岸线空间本身也具有尺度多元性。这种尺度多元性主要体现在不同宽度和深度的运河段落以及不同功能和性质的驳岸段落等方面。这些不同尺度的运河段落和驳岸段落共同构成了丰富多样的运河岸线空间形态和景观效果。

根据宽度等因素进行分类整理，可以将运河段落大致分为以下几类：狭窄型（4～10m）、适中型（15～30m）以及宽阔型（35m及以上）。这些不同宽度的运河段落不仅影响着航运能力和通行效率等方面，也对两岸街道空间尺度和布局产生了直接的影响。例如：狭窄型运河段落往往只能容纳小型船只通行且两岸街道空间较为局促；适中型运河段落能够满足一般货运需求且两岸街道空间相对宽敞；宽阔型运河段落则能够容纳大型船只通行且具有更强的景观效果和生态价值等方面的优势。[②]

同时，不同功能和性质的驳岸段落也存在着多样性。例如：居住驳岸段落往往注重私密和安全等方面需求；商业驳岸段落则注重开放和活力等方面需求；工业驳岸段落则注重实用和效率等方面需求；公园驳岸段落则注重景观和休闲等方面需求；等等。这些不同功能和性质的驳岸段落不仅丰富了运河岸线空间的形态和景观效果，也为居民提供了多样化的生活体验和游憩场所选择。

---

① 楼瑛浩，朱佳斌，葛艺，等. 基于"文化承载—空间再塑"的场所活化策略研究——以浙东运河绍兴上虞段为例［J］. 华中建筑，2022，40（8）：146—151.
② 楼瑛浩，朱佳斌，葛艺，等. 基于"文化承载—空间再塑"的场所活化策略研究——以浙东运河绍兴上虞段为例［J］. 华中建筑，2022，40（8）：146—151.

三、运河对街道风貌与建筑构筑的影响

在微观尺度上，运河与人居生活的联系显得尤为紧密。经过历代匠人的精心设计和修缮，水城门、闸堰、桥梁等水利设施不仅承载着重要的实用功能，更展现出区域特有的建造技术和艺术魅力。《越中园亭记》中所描述的越地风光，亭台桥榭掩映在翠绿与嫣红之间，生动展现了邻水构筑物与自然景观的和谐相融。这些构筑物不仅仅是水利工程的一部分，更是被当作艺术品来精心雕琢。

桥梁，作为连接两岸的交通设施，在运河系统中占据着举足轻重的地位。而在绍兴等地，桥梁与闸的结合更是形成了一种独特的水利景观——"闸桥"。这种将桥梁与闸门相结合的设计，不仅实现了水路的通行与调节，更在视觉上形成了一种独特的美感。值得一提的是，绍兴的桥梁和塘路都设计得颇为低矮平缓，与周围的道路基本持平。这种设计手法不仅方便了行人的通行，更在视觉上营造出一种与周围环境融为一体的和谐感。这种处理手法不仅体现了古代匠人对实用性的追求，更展现了他们在水利工程中对美学的独特理解和追求。

四、运河影响下的绍兴街区空间格局与尺度

以绍兴为例，主河道将陆地自然划分为规整的东西向狭长矩形区域，每区即为一"坊"，构成一个独立的居住单元。在坊内，南北向并列排布着典型的"合院"式民居。这样的布局下，水路成为主要的交通动脉，而道路则巧妙地设置于河道与建筑单体之间，既承担了陆路交通的职能，又便利了水路转运的需求。另外，道路也可能位于两排建筑之间，自然形成沿道路延伸的商业街巷。对于那些一侧紧邻街道、一侧靠近河道的民居，其布局往往是厅堂或商店面向繁华的街道，而厨房或仓库等服务性房间则面向宁静的河道。同时，这些民居还巧妙地设计了如马面踏道、元宝踏道和一字踏道等便捷设施，使得居民可以直接下河取水或便捷地运送货物。

在民居与民居之间，尤其是它们的山墙之间，存在着一些非常狭窄的巷子，这些巷子构成了路网中最小的一级道路结构。而整个道路系统，结合着建筑的排列布局，自然而然地形成了一种次一级的"鱼骨式"结构，既体现了古代城市规划的智慧，也展现了水乡特有的风貌。①

　　总的来说，运河在微观层面对空间的影响是多方面的。它不仅塑造了独特的城市景观，更通过精心设计的构筑物将实用性与美学完美地结合在一起。这些微观层面的空间元素共同构成了运河沿岸独特而丰富的历史文化风貌。②

①　吴良镛. 从绍兴城的发展看历史上环境的创造与传统的环境观念［J］. 城市规划，1985（2）：6—17.

②　佟思明. 区域和城市尺度下的古代绍兴景观体系演变研究［D］. 北京：北京林业大学，2020.

第五篇章

西兴老街：十里江塘　转行南北

寮仕奇　达玉子 / 文 & 摄影

坐落于杭州市滨江区东北部、钱塘江南岸，西兴素有"浙东运河之头"称号。在整条大运河的大动脉上，西兴无疑是一个非常重要的节点。据历史记载，西兴聚落的雏形最早可追溯到春秋时期由范蠡修建的固陵，后来逐渐远离钱塘江继续扩大。

其中的西兴老街更是西兴文化的缩影。老街自板桥至铁岭关，总长一千米左右，现存建筑绝大多数建于清末民初，如今漫步其中，仿佛还置身于那条熙熙攘攘的老街。此外还有不少更为久远的历史遗存，诸如永兴闸、古资福桥、屋子桥、龙图庙等，其中颇负盛名的西施亭和它的那段美妙历史一同使得无数人心驰神往。在这条古运河的风俗长卷中，这座拥有众多人文古迹的千年商业重镇为大运河留下了一段完整且丰富的古运河文化遗存，成为运河文化的瑰宝。

此外，过塘行在西兴的兴起中发挥了不容小觑的作用。位于西兴老街官河沿岸、浙东运河的端头，西兴过塘行码头就是沟通钱塘江与浙东运河的运输枢纽。过塘行的兴起反映了西兴鼎盛时期的水陆繁荣景象，它虽然如今已经不再发挥作用，但是仍然承载了人们的深厚感情。

水乡与诗镇

西兴是浙东唐诗之路的重要起点，也是浙东唐诗之路与大运河诗路、钱塘江诗路三大诗路的交会点。最早在此留下杰作的大诗人应该是南北朝时期的谢灵运，但他当时是先到渔浦，后往西兴的。作为山水诗的大师，他的此次游历无疑为后世文人开拓了一片新天地，后世来的诗人也大多是从渔浦或西兴出发的。

浙东唐诗之路提出者竺岳兵先生认为，唐代经由西陵的诗人为 27 人，留下诗篇 39 首，西兴诗镇氛围的形成与他们密不可分。

到了宋代，尤其是南宋时期，西陵渡逐渐成为更重要的交通枢纽，来往的迁客骚人也更多且更具盛名，例如苏轼、陆游等人。再到后来明朝的唐伯虎，西兴这里从不缺诗人的造访。如今，渔浦已经逐渐消失，只在人们心中留下"渔浦晚照"的美好印象，而西兴踏着千年的波涛，仍然漫步于诗路上。

官河城河萧绍河

古时官河，水清岸绿，鱼翔浅底，一湾碧水绕城；浪桨风帆，千舳万舻，两岸商贾云集。百姓临水而居，百业因河而兴，正是官河孕育了西兴这一方热土。

运河最初开凿的部分为位于绍兴境内的山阴故水道，始建于春秋时期。西晋时，会稽内史贺循于永嘉元年（307）主持开挖西兴运河，先期开凿萧山至绍兴段，之后再延伸。当初运河开凿之时，采用了人工与自然相结合的办法，有的河段是用人工开凿，有的是由自然河浜连接而成。西兴至衙前段的运河为横河，河面相对不宽，两岸岸线也比较规则，疑为人工开凿而成。

而"官河"是西兴人对古运河的称谓。镇上的老街沿河而设，南岸为"西兴街"，又称"上大街"，北岸为"官河路"，又名"下大街"。两条大

官河桥

街石板铺砌，粮行商号、堆栈店房鳞次相接，由西向东延伸三里有余。两岸一唱一和，形成了"上船下船西陵渡，前纤后纤官道路"的场面。

直至今日，上、下大街仍保持着明清时的旧貌。这些旧时的商栈老宅多为二层砖木房屋，或临河或沿街而建，清一色的小青瓦、马头墙、门斗、天井、格扇门。

一条河会因为充满了水的内容而变得无比柔软，一条河也会因为经历了时光的改造而变得无比刚强。萧绍运河是萧山的母亲河，老底子的萧山人都亲切地叫它"官河"。它从滨江西兴出发，绵延20多千米，流入绍兴，横贯萧绍平原，大大加强了萧山和绍兴之间的联系。在萧绍平原的水网地带，人们常"以船为车，以楫为马"，官河在这里就起到了至关重要的交通通道的作用。

过塘来，"靠塘去"

过塘行，亦称为"转运行"，主要是用来交换票据、中转货物的。它

过塘行

西兴老街

门面不大，一两层房屋、两三开间门面而已。数百年来，浙东地区的粮、棉、盐、酒等货物都由此转运到中原各地。这么说来，过塘行其实相当于我们现在的托运部或是快递公司，只是名字更加有地方特色和人文色彩。

西兴过塘行，是西兴商业全盛时期的标志。西兴为浙东运河之起点、水陆之要冲，南北客商、东西货物都须集此中转，故过塘行布满西兴上大街、下大街。若问起住在河岸两边的人，在西兴的祖辈曾经有过什么难忘的故事，大抵他们所描述的都与过塘行有着千丝万缕的联系。

古时，运河里舟来纤往，吆喝声此起彼落，俨然一卷流动的《清明上河图》。晚清长河先贤来又山《西兴夜航船》诗对此有惟妙惟肖的描绘："上船下船西陵渡，前纤后纤官道路。子夜人家寂静时，大叫一声'靠塘去'！"在运河之头，上船下船人流如织，古纤道上纤夫前后相接，夜深人静时，还有夜航船靠岸卸货、卸客，一派繁忙景象。

西兴过塘行在陆路日渐发达的今天，已渐渐退出历史的舞台，那些依河而商的人也渐渐淡出视线，但留下的历史让人念念不忘。现在在西兴老街官河沿岸，还有很多保留下来的过塘行，一两层的房屋，门面不大，看起来像客栈、门店，大多是清末民初的建筑，如沈渭全过塘行，官河路102、103、104号等，直接见证了运河的发展和兴盛。

午后在过塘行前坐下，听着潺潺水声，似可感受岁月静好。可能正因为当下的喧嚣嘈杂，所以西兴的古朴平淡才显得格外珍贵。繁华褪去，运河依旧，遗落的西兴重新被忆起，生活的温暖也于此复苏。

萧山西站历史文化街区：
水铁相依　古今相映

寮仕奇　达玉子 / 文 & 摄影

始建于 1930 年的萧山西站坐落于杭州南部的北干街道旁，被浙东运河的西段——萧绍运河的水系环抱。自萧山西站建成起，到 20 世纪 80 年代萧山南站修建完成这段时间内，萧山西站在萧山乃至整个杭州南部的交通中扮演着不可或缺的角色。后来，随着新火车站的启用，这座老站停办客运业务，成为一个二等货运站。再后来老车站逐渐破败，最终它就像一个历经沧桑的老者，温和而坚定地淡出了大众的视野。

虽然如今萧山西站已经不通车了，但是走过风风雨雨 90 余年的他已然融入了萧山历史。令人欣喜的是，这座一度面临拆除的老火车站正在重获新生。杭州市政府 2022 年批文，明确要将这一区域打造成环境优美、独具特色的开放性街区。萧山西站历史文化街区积淀深厚，是大运河沿线现存规模最大、风貌最完整的铁路遗存集聚区域，展现了非同寻常的历史

萧山西站历史文化街区鸟瞰图（一）

价值。与此同时，区域内的东岳庙、仓库建筑群等建筑遗存同样为萧山西站区域增光添彩。

与"过塘行"类似，萧山西站建筑群也是浙东运河和陆路交通生态圈的一部分。同时，凭借街区独特的沿运河城市景观，它被纳入世界文化遗产，成为萧山近现代发展史的最佳缩影。

水铁相依

水路是张小网，铁路是张大网，两张网彼此交织，串起了萧山与整个浙东的点点滴滴。这里曾是萧山最大港和最大铁路枢纽的会聚地，由它而起的"铁水"联运，最终产生了"铁公"联运和"铁公水"联运，为萧山的交通发展作出了历史性的贡献。

试想古时车站尚未成形，人们出行生活全依靠几条小小的河川。傍晚渔歌四起，男人们在船上收网撑杆、打鱼载货，或是在妻与子的注视下向远方的水乡漫溯。那时的运河，就是人们生活的纽带，为普通人的生活带来希望。

1929 年，在省政府的指导下，杭江铁路始建，在萧山这个节点上，萧山西站也就应运而生。或许对于省市来说这只是一个普通的节点，但是对于当地的人们来说，这无疑直接改变了他们的生活。萧山西站的建立使得萧山地区交通体系快速发达，也将萧山的百姓带去更远的地方，为他们的生活提供了更多日新月异的可能。

而后萧山港的落成又与萧山西站分不开。萧山港以萧山西站为中心，南、北两侧临萧绍运河，1950 年至 1965 年建设，属于内河港口，为当时境内最大的水陆联运、中转的换装口岸。中华人民共和国成立初期，萧山人民在这里如火如荼地组织船运商运，极大地促进了当地的水运发展和人民生活水平的提升。1952 年，萧山港以火车站水域为基础，成立了城厢驳船互助组，这是当时人数最多的船民互助组，也是萧山新中国水运组织的开端。

萧山西站历史文化街区鸟瞰图（二）

萧山西站历史文化街区鸟瞰图（三）

现今萧山西站的复兴又很大程度上受益于运河。平日，许多旅人顺着几条运河旅游至此地，随后惊艳于如今西站的华丽转身。眼下是绿水，身旁是富有质感的老墙，二者在此相依相衬，共同形成萧山一处难忘的风景。

历史埋藏

现今焕然一新的萧山西站区域，在历史的浩浩长卷中同样曾留下过浓墨重彩的一笔，而这笔也冥冥之中为如今的萧山老站复兴奠定了基础。

东岳庙位于萧山城西蒙山之巅，让其与众不同的是它朝北的庙门。古时常常讲究坐北朝南，为何这座寺庙却如此不同？原来它原系宋室赵氏家庙，供奉宋徽宗赵佶，庙后有徽宗衣冠冢，有遥望北方之意、迎回皇帝之意。这便成了东岳庙与我国一般庙宇坐北朝南的规制恰恰相反的原因。从中我们可以窥见东岳庙所承载着的萧山运河文化以及南宋文化。

元灭宋后，赵氏族人改称此庙为"东岳行宫"，徽宗像也被改装成"东岳大帝"，因此东岳庙才能保存下来。旧时，无数虔诚的善男信女，或陆行或乘船，到这里朝拜，蔚为壮观。明来励有诗云："蒙山遗迹几千年，今日登临思惘然。莺困落花红堕雨，蝶迷芳草绿浮烟。笙歌奏处成欢饮，泉

东岳庙

石闲中尽醉眠。自古英雄总尘土，不如骑鹤访神仙。"便道出了当年东岳庙周围热闹的场面。

如今，随着中国大运河成功入选《世界遗产名录》，萧山的东岳庙作为浙东文化和大运河文化带的一部分，成为杭州南宋文化的重要证明。而在当下，东岳庙的保护和改造是萧山老百姓最关心的事情，东岳庙的"重生"也为萧山保护和传承大运河文化打开了一扇窗。在东岳庙保护和改造工作完成后，与它相距不远的萧山老站也立刻迎来了大家期盼已久的改造。两段截然不同又相互呼应的历史于萧山这个城市交织发展，形成了萧山独特的历史文化气质。

文化新生

根据未来的规划，这个区域将被打造为具有萧山地方特色、传递真实历史信息、历史文化与现代文明碰撞的 TOD 综合体。

除去现在仍然保留的少数苏式建筑，大多建筑群已经摇身一变，成为各式各样的新兴小街区，例如七道码头、金鸡山水塔、官河集市、浙农·东巢艺术公园，其中改造成果最令人瞩目的是由浙江农资仓库改造成的浙农·东巢艺术公园。

浙农·东巢艺术公园是最早一批改造的建筑群，其包含了 37 处红砖灰墙库房，现如今经过了重修与装饰，已经成为新兴街区的典范。原本的仓库像积木一样被整齐地码着，蔚为大观。新修的红砖灰墙立面仍然流露出岁月的沧桑，与脚下现代的红蓝黑配色形成反差，突出了"新"与"旧"在此交融。新文化集市街区可谓"旧瓶装新酒"——外壳还是那个外壳，可是内部有了更多的艺术气息与生活趣味。在改造完成后，街区陆续引进了几十家文化创意类企业，举办了梁平波浙派书画展、萧山非遗文化市集等知名活动。虽然许多新修部分是围绕火车站展开的，但其实与运河有着千丝万缕的联系。诸如官河集市、落日夜市、钱江世纪公园"微醺营地"、湘湖"逍遥夜游"等，都是离不开运河的风景。

浙农·东巢艺术公园

坎坷再生

萧山老站如今的现状强有力地证明了重建复兴的重要性，可鲜为人知的是，在此之前它经历过的风雨飘摇。

1937 年 11 月 11 日，萧山历史上第一次遭受外国侵略者的空袭。同一时期，沪杭甬铁路萧曹段建成，并在萧山站与浙赣铁路接轨。当时抗日战争已经全面爆发，杭州沦陷后，为阻止日军进犯，该段铁路被全线拆除，直到 1953 年才开始修复。

日占期间，日军对浙赣铁路进行局部修复，并重建萧山站。萧山老火车站的候车室现在仍旧保留完好，但已经难以考证重建的具体时期。从外观来看，它采用了苏联风格，青砖洋瓦，黄色外墙，同时期极少见的圆拱形门窗镶嵌着蓝色的玻璃。整幢建筑极富时代气息，非常美观。著名电影《一月的汽笛》《流亡大学》等，均在该站取景拍摄。

时间来到当代。2019 年，当地居民惊讶地发现老街不少建筑上赫然出现拆除的字样，这自然引来了不少关注，大家都不希望这处承载着几代人回忆的建筑群就此消失。幸好后来经过专家验证和多方协商，只拆除了影响新建设的部分，保留了剩余的大部分。也就是在那时，这处老街的复兴蓝图徐徐展开。如今，这座城市依然在一笔一画地丰富着这幅历史与现代交融的杰作。

绍兴越子城：山环水绕　文脉相承

李佳宜　达玉子 / 文 & 摄影

　　越子城历史文化街区位于绍兴古越城原址，西靠绍兴城内第一大山——府山，东临古老的护城河——环山河。公元前 490 年，越王勾践由吴返国后命大夫范蠡筑城，勾践小城由此兴建，古越风貌绵延至今。

　　作为绍兴五大历史文化街区中面积最大、历史最悠久的区块，越子城历史文化街区具有丰富的历史遗存和文化内涵。它拥有"山、水、台"三大核心景观，成片的水乡传统民居遍布其中，古越风貌完整统一。街区内存有众多颇具特色的古建筑，如华家台门、冯家台门等。府直街、府横街、偏门直街、龙山后街、宣化坊、太平弄等传统街巷交织其中。越子城历史文化街区与古运河发展有着密不可分的历史关联，小城内外皆有水道，其中环山河为鉴湖水系的一条支流，此河段可视作最早的绍兴古城河。

　　2003 年 9 月，作为越子城街区重要组成部分的仓桥直街荣获"联合国教科文组织亚太地区文化遗产保护优秀奖"。山拥水绕、古韵悠悠，越子城历史文化街区集中反映了绍兴越城区的建筑特色和历史风貌，在运河发展史上具有重要的历史地位。

古越城筑皇城格局

　　绍兴古称越。如今的越子城历史文化街区是春秋越国都城的核心区域，保留着越王城庄严的皇城格局。在古越城中，势若卧龙的府山雄踞城西北角，"立龙飞翼之楼，以象天门"，越王台轴线与府直街贯通，形成越王城中轴线，尽显皇城威严。越子城以越王台为核心组织了正交格网的道路系统，将历史遗存串珠成链，横街、直街纵横交错，形成了独特而庄严的皇城格局。

　　越王城格局的形成并非一日之功，可以从先秦时期说起。越国的中心

越王台轴线

区域史称山会地区，南依会稽山地，北靠后海，中间是一片河湖交叉的沼泽平原。《越绝书》卷四曾这样描述："山林幽冥，不知利害所在。西则迫江，东则薄海，水属苍天，下不知所止。交错相过，波涛浚流，沉而复起，因复相还。""水行而山处，以船为车，以楫为马，往若飘风，去则难从，锐兵任死，越之常性也。"由此可以看出，古越国的原始水环境是复杂的，越国百姓也在这样的环境中形成了刚烈的性格。

此地沼泽平原水土资源丰富，其中被水土滋养而形成于今绍兴府山、塔山、鼓山一带的孤丘聚落逐渐发展成为日后的绍兴城。

春秋时期，越王勾践命范蠡于此先后筑起了勾践小城和山阴大城。山阴大城主要为商业中心及居民区。公元前468年，山阴大城城墙、东郭水门等三座水门、"井"字形框架河道及山阴故水道都已基本建成，城内外通过主干河道相互沟通，奠定了越王城的基本格局。越国建城时的规划及水利定位是极富远见的："一圆三方"的小城格局、"一圆四方"的大城城墙体系，加上府山的依托，有效地减轻了防洪压力。建城2500多年以来，未见洪水淹没绍兴的历史记载。山阴故水道沟通越王城与吴国都城的水路，成为越国最重要的交通运输线，现在看来仍有积极意义。越王城格局庄严规整、定位科学，在我国城市规划史及水利史上都具有不可或缺的地位。

古运河护城市发展

"三山万户巷盘曲，百桥千街水纵横"，绍兴的独特水城景观举世闻名。在南北向河流众多的地理条件下，聚落依水而建。自越王勾践迁都至平原中部开始，越子城的城河体系便开始发展，形成了呈"井"字形的古城河道框架。当时越子城城河水系主要作防洪、拒潮、供淡、航运之用，为越国都城的建设提供了水利保障，其水系发展的同时，古鉴湖和古运河河道也得以疏通和发展。在吴越战争背景下，城河水系大大促进了建城初期越子城片区的城市发展，是古代越地创造鼎盛文明的重要因素。

随着历史的变迁，越子城片区的聚落渐渐兴盛。唐时，众多诗人于此饱览胜景，饮酒赋诗，绕城而流的水道是他们诗歌中重要的意象。环山河畔，一代代居民在此悠然生活着，经济活动频繁，水路交通便捷，仓桥直街便是此处聚落兴旺的代表。越子城城河水系渐渐融入了居民们的生产和生活，与河相依的街巷内家家设有小河埠，船舶就在此停靠。城河水系滋养了越子城片区的百姓，为他们的生产和生活提供了便利。

三江闸创立后，越子城外环城水道成为运河水系的一部分。在古鉴湖和古运河水系的影响下，越子城片区蓬勃地发展起来。如今，越子城片区依然经济活动频繁、文化内涵丰富，在这里，运河与居民的生活仍旧密不可分，水

环山河畔

乡风韵依旧浓郁。

粉墙黛瓦枕河居

越子城历史文化街区是绍兴首个保护修缮后的街区，它以府山、环山河为核心，以府直街、偏门直街、龙山后街、仓桥直街等传统街巷为交通骨架，依山傍水，交通便捷。街巷两侧遍布绍兴水乡传统民居，多处历史遗存点缀其中，如石拱桥、台门、火神庙。

街区内多为"一河两街"的河街格局，古城人家枕河而居，对水道亲近而依赖。河道两侧的建筑周围常设沿廊、埠头。如今，埠头供船舶停靠的功能随着历史变迁已经减弱。不临水的建筑组织成大小不同的院落，由狭窄的廊道相连，以台门的传统民居形式分布在越子城街区内。

许多历史悠久的石拱桥架设在街区内较为重要的河流——环山河之上，是居民们越过环山河去往府山的交通要素。自北而南依次架有宝珠桥、府桥、酒务桥、西观桥、凰仪桥等，它们造型各异，有马蹄拱形、七折边形、半圆形等，极具研究价值。

建筑两侧的内街也是美观而舒适的。传统民居多为粉墙黛瓦，白墙上嵌有花窗，色彩平和，古朴典雅。放眼

通往河岸的小弄

望去，满巷棕漆的排门屋、青石为门枋的石库台门等集聚了绍兴传统建筑特色。街巷内有许多小弄，可供行人步行穿越。

除了可在古老的石板路上漫步，越子城街区还具有更加丰富的空间体验方式。通过现代的创新，越子城内形成了街—巷—坊—院—塔—苑的特色文化序列空间。人们可以在街巷内步行，也可以乘坐乌篷船观览沿河风光，更可以在府山登高望远。通过这三种感知方式，"下店上宅""前店后宅""深宅大院"的传统居住空间格局在游客面前真实呈现。

越文化促商业兴旺

在越子城历史文化街区中，以仓桥直街为代表的传统街巷正以古越历史文化资源为名城保护带来效益。人们因悠远的古越文化氛围在此驻足，因颇具水乡特色的文化创意而流连忘返。

仓桥直街民居连筑，商铺遍布，呈现了老绍兴人的生活本真。街巷内空间尺度宜人，沿街设酒肆、茶楼，还有当今为增进游客了解绍兴文化而开设的极具地方特色的书画馆、黄酒馆。人们可以在此漫步、休憩，慢悠悠地体验水乡文化。商铺的特色小吃有奶油小攀、萝卜丝饼、黄酒棒冰等，极具绍兴味道。此外，在环山河南侧，坐落着中国著名历史学家范文澜的故居。

历史文化街区内处处显现着生机与活力。街巷内商业兴旺，游客在主街购物游憩，街坊邻居在街巷里洗衣晾晒，处处可以看到绍兴老街的日常烟火气；乌篷船在环山河中舟楫往来，街河并行的格局让游客得以随水览胜。街区内既有卧龙山、西园等自然风光，又有越王台、飞翼楼等人文景观，游览体验十分丰富。此外，越子城街区内增设了富有设计感和街区特色的街徽，其中的"越"字是春秋时期的鸟篆体，出自越王勾践剑上的"越"字，外轮廓采用南宋时期汪纲修建的"宋城"，寓意仓桥直街的历史源远流长。

在越子城历史文化街区，厚重的历史积淀、多元的文化要素、丰富的空间体验巧妙地融合交织，让来到这里的人怎能不驻足停留、频频回望？这里是老绍兴人的新天地，也是旧生活。古越文化成为历史文化街区的脉络，在生机与活力中代代相承。

绍兴八字桥：古运河畔　水陆交会

达玉子　许文锦 / 文 & 摄影

八字桥片区位于绍兴古城内，其历史可以追溯到春秋战国时期。其中最著名的建筑物便是八字桥，初建于南宋嘉泰年间，经历多次修缮后得以保存至今。八字桥片区涵盖了萧绍运河的多条支流，主要的河道是南北向的稽山河，次要的则是东西向的都泗河，这条河可以一直通向都泗门内的都泗堰。然而，在20世纪70年代，稽山河被填平成了路，直到2010年才恢复原貌。

2012年，八字桥被列为绍兴八个历史文化街区之一，并被纳入了绍兴市历史文化名城保护规划。八字桥历史文化街区的北边是胜利路，南边是纺车桥，西边是中兴路，东边则是环城路。街区里保存了许多重要的古建筑，比如龙华寺、天主教堂等，也有八字桥、广宁桥、东双桥、龙华桥、纺车桥等历史上重要的古桥。

嘉泰《会稽志》卷十一记载："八字桥在府城东南，两桥相对而斜，状如八字，故得名。"古建筑学家罗哲文写下诗句"天下古桥说绍兴，八字

八字桥历史文化街区航拍图

立交负盛名。最是纤桥世罕有，悠悠千载运河情"，简洁明了地表达了八字桥在运河历史上的重要地位。八字桥历史文化街区也是绍兴水城的一个缩影，反映了运河的开凿与变迁对运河聚落的格局与演变产生的重大影响。

运河促聚落兴旺

傍河而居、因水而兴是江南先民生存发展的第一法则。这个特点在江南每一处古镇都有鲜明的体现。古鉴湖和古运河是八字桥片区附近两条历史悠久的水道，它们位于都泗堰的东、西两侧。这里的水位涨落往往要持续好几天，因此商人过客往来、船只停涨起落频繁，酒家饭店云集，贩夫走卒遍地，聚落也渐渐兴旺起来。那时候这里的交通繁忙、经济活动频繁，如同一个热闹的市场。

"南朝何公栖禹穴，嘉遁悠然志高洁。一朝送人都泗埭，归叹此途于此绝。我亦何为走尘埃，数年不记几往来。船横三日不得度，愧想高风安在哉。"八字桥附近的都泗堰位于都泗门内，建于北宋，是调节鉴湖和运河水位的重要水利工程，以前船只过堰往往耗费较长时间。明州鄞县人楼钥的这首诗生动地描绘了八字桥附近的水上交通和历史风貌。八字桥是当时的重要地标，也是人们交通往来的必经之路。这座桥的选址和布局反映了当时绍兴人口之稠密和经济活动之频繁，同时该桥也是当时水陆双交通体系的重要组成部分。

便利的交通使得八字桥片区成为当时古运河上的人流与物资的中转站。昼夜不息的交通带动了八字桥片区的发展，造就了历史上少见的鼎盛繁华的商业街区。商铺林立，从衣食到娱乐应有尽有，商人们的生意也蒸蒸日上。当时的聚落不仅经济繁荣，文化氛围也十分浓厚。许多文人墨客在这里居住过，写下了脍炙人口的诗篇，为这里增添了不少文化底蕴。

八字桥片区的兴旺一直延续到了现代。如今，这里依然保留着许多历史建筑和文化景观，如古朴的八字桥、曲巷弄堂、传统的民居等。人们来到这里，仍可以感受到繁荣的商业、悠久的历史和浓郁的文化氛围。

匠心铸千年老街

八字桥历史文化街区是绍兴市区内保存最完整、最具特色的历史文化街区之一。其西边河道是都泗河，南边河道是稽山河，东边有广宁桥直街道，三者贯穿整个街区。街区内分布着大量传统的水乡民居、商业街铺和宗教建筑等，它们保存了原有的历史面貌，经过保护和修缮后成为街区的文化遗产。街区内还有很多次级小弄，这些小弄里充满了人情味。里面的居民生活有序，巷道内部有各类公共设施，环境整洁又不乏历史痕迹，充满着浓浓的人文气息。在这里漫步，仿佛可以穿越到古时候的水乡小镇，感受其独特而古老的魅力。

八字桥片区是绍兴历史上较早形成的居民区之一。其人居特点是"桥桥相映，水屋相连"，民居布局错落有致，生活气息浓郁。这一特点得益于缘水而成、应水而生的水城河道格局。水文化在绍兴的历史中扮演着重要的角色，八字桥片区的建筑、街道和生活方式都受到水文化的影响。

商业聚活力生机

八字桥历史文化街区以其独特的"河沿文化"而闻名。这里的商业区和居民区均沿着河流布局，交通便利，聚落风貌独具特色。在稽山河沿线，"一河两街"的聚落格局让人眼前一亮。两条内街步行道上，不少店铺和餐馆聚集其中，竞相吸引着路过的游客和居民。其中不乏老字号的特色小吃，如小笼包、油炸鬼、糖葫芦等，让人们垂涎欲滴。此外，

八字桥下的古河道

还有一些古朴的酒楼和茶馆，人们可以在这里一边休憩，一边欣赏稽山河上的景色，感受古老文化的气息。

而在都泗河沿线，"一河一街"的布局更显古朴和宁静。街道两侧分别是商铺和居民区，商铺大多出售传统手工艺品，让人们感受到当地传统文化的独特魅力。此外，这里还有不少书店和美术馆等文化场所，人们可以通过它们深入了解绍兴的文化底蕴。

八字桥历史文化街区是一个充满生机和活力的地方，游客来到这里，可以深入了解绍兴古城的历史和文化，感受江南水乡的独特魅力。

水利促便利兴盛

在南宋时期，八字桥历史文化街区是古运河在绍兴城内的重要水运集散地，同时也是重要的水利、交通节点。在片区内，浙东古运河的河道从中兴路长桥直街向东到达都泗门内的都泗堰。该堰建于北宋，是调节鉴湖和运河水位的重要水利工程。堰坝起到了隔离水体的作用，使得水位得以控制和调节，从而保证了当时水运的畅通。

除了堰坝，桥也是该区域内常见的水利设施。在八字桥片区内，有龙华桥、广宁桥、八字桥和东双桥等多座桥梁。其中八字桥为石梁桥，由主桥和辅桥组成，共有4组台阶。主桥洞净跨4.5米，洞高4米，两边各并立9根石柱。龙华桥建于南宋宝祐二年（1254），是一座石拱桥，位于龙山湖之上。桥下是江南运河的主干流，桥面上则是人们往来的道路。广宁桥始建于唐朝，当时称为庆隆桥，是一座石板桥，南北跨度19米，宽3.3米，有3个拱洞。北宋末年，东双桥建成，桥长93米，桥面宽度3.3米，为单孔石拱桥，是古运河上规模较大的一座桥梁。这些水利设施在当时是绍兴水运产业的重要组成部分，为水运提供了极大的便利。

八字桥居民休闲区

行人走在八字桥上

八字桥的老街巷

教育兴人才之乡

清朝，八字桥片区有一些私塾和书院，作为学子学习和研究经典的场所。这些私塾和书院一般由一些学有专长的老师主持，根据学生的不同程度和需求，开设不同的课程。学生不仅可以学习到基本的读、写、算术等，还可以学习到诗词、书法、绘画等。私塾和书院成为当时重要的教育场所，为八字桥片区的教育发展打下了基础。

20世纪初期，中国教育进入现代化阶段。1912年，中华民国政府颁布新学制，开始推动中国教育的现代化。在八字桥片区，也开始建设现代学校。其中，绍兴市育才学校（原八字桥小学）是八字桥片区一所历史悠久的学校。该校创建于1925年，是当时八字桥地区最早的小学之一，也是绍兴市历史最悠久的小学之一。过了八字桥便是这座历史悠久的学院，校内还有一座气势庄严的天主教堂。教堂始建于第一次世界大战结束后，是美国人以庚子赔款为资金建造的。

20 世纪 50 年代，中国开始全面推行义务教育。在此背景下，八字桥片区的教育事业得到了快速发展。新的小学、初中、高中陆续建立，覆盖了八字桥片区的各个角落。到了 21 世纪，八字桥片区的教育事业已经非常发达，学校设施完善，教育水平不断提高。

绍兴鲁迅故里：民族脊梁　薪火相传

刘嘉慧　达玉子 / 文 & 摄影

"在我有生之年，我希望向鲁迅靠近，哪怕只能挨近一点点。这是我文学和人生最大的愿望。"诺贝尔文学奖获得者、日本作家大江健三郎曾如此说道。可见鲁迅先生在中国甚至世界文学史上都享有盛誉。

提到绍兴必定会让人想到鲁迅。鲁迅故里是鲁迅出生、成长的地方，这里保存了许多与鲁迅有关的历史建筑物，包括鲁迅故居、祖居、三味书屋等。此外，还有许多鲁迅笔下出现的建筑物和场景，如咸亨酒店、东昌坊口、塔子桥、长庆寺、恒济当铺等，现如今都被原汁原味地保留了下来。走在鲁迅故里，仿佛穿越到了鲁迅笔下的世界。可以说，整个鲁迅故里历史文化街区就如同一个开放的鲁迅文化博物馆，这里记录了他的童年、少年、青年时期，而这与他成为一位文学巨匠息息相关。

鲁迅故里包含鲁迅故居、鲁迅祖居、鲁迅纪念馆和三味书屋等景点。这些景点各有特色，共同展示了鲁迅先生的家庭生活、文学创作及历史贡献，充分体现了鲁迅故乡浓厚的文化氛围。

寻迹鲁迅　文化长河

一条青石板路贯穿整个鲁迅故里，连接了鲁迅祖居、鲁迅故居、百草园、三味书屋、咸亨酒店等多个历史景点。街区内还保存了十余座典型的清末民初绍兴台门建筑，周围则是传统居民区，还有曲折的小巷和环绕的河流，这些都还原了鲁迅笔下那个最具风韵的江南水乡。鲁迅故居南边流过的河是绍兴古城内密集水网中的一环。古时，人们主要依靠这发达的水系进行交通联系，无数乌篷船在河上从早到晚地穿梭。到现在，水运已不是重要的交通方式，取而代之的是载着无数游客的乌篷船晃晃荡荡地探寻着绍兴旧时的记忆。

鲁迅故里的小河与乌篷船

鲁迅故里的戏台

河的两岸是各种古老的建筑。这些建筑几乎都是按照古代建筑的特点而兴建的，它们有精美的蕉窗、鹿角檐等。这些建筑与小河互相呼应，共同构成了独特的文化景观。

此外，在鲁迅故里内部，许多道、巷相互连接成繁杂的路网。这些小巷颇具传统韵味。散步其中，不时会看到一些老居民静静地坐在家门口，享受古巷的静谧和宜居。

身临其境　故居重现

鲁迅故里的入口处有一个广场，一面画有鲁迅像的标志性文化墙欢迎着每一位游客。沿着老街往前走便是三味书屋，里面还原了鲁迅求学时的场景。正如鲁迅所言："从一扇黑油的竹门进去，第三间是书房。中间挂着一块扁道：三味书屋；扁下面是一幅画，画着一只很肥大的梅花鹿伏在古树下。"三味书屋是鲁迅的老师寿镜吾的宅院，总共有三进：第一进是台门斗，在上方有一块"文魁"的匾；第二进是大堂前，是较为严肃的场所，一般用来举行红白喜事或招待贵宾；第三进分别是小堂前、先生书房和卧室，这里还通往后院，小堂前主要用来接待亲朋好友，是更为私密的场所。

三味书屋对面便是鲁迅祖居。其总建筑面积3800平方米，包括五进的大院以及五进的女儿院、束腰墙、假山、花池等，共称"天地间"。整个建筑呈南向，布局呈"品"字形。其

三味书屋

建筑特色为"两屋三厅、四通八达、左书右画、中庭亭台"。整座建筑中，"两屋三厅"是一个不可忽视的特点。其中，前屋是两进堂，后屋是六进房。三个厅指的是中厅、前厅、背厅。中厅为正厅，前后都有过厅，光线充足；前厅则是进门第一眼看到的一处开放空间，里面放置着祖先们的神位；背厅则是与卧室相连的休息之所。

鲁迅故居屡经改建，现有的是按照原貌进行复原的。整个故居坐北朝南，建筑朴实无华，以明清时期的民居风格为主。故居分前后两进院落：前院为待客之所，包括大门、二门和花厅等；后院为私人领地，包括鲁迅的卧室、书房和鲁迅夫人许广平的房间等。整个故居布局呈"品"字形，中厅是故居的中心。花厅是前院的核心，用于迎接宾客，室内的格局和明清时期的贡院建筑相近。

鲁迅故里之夜

街巷再生　重现活力

　　鲁迅笔下故乡的街道呈现出古老、朴实、湿润、曲折的特点，具有浓郁的乡土气息。如今鲁迅故居前的路已经改为鲁迅故里步行街，吸引着居民前来游逛。步行街两边是高低错落的店铺，铺头多为老字号和百年老店。人在步行街中穿行，可以感受到历史的沧桑和岁月的变迁。

　　走在古城街上，仿佛来到了鲁迅笔下的"鲁镇"。整条街道都由青石板路铺成，两旁建有雕梁画栋的仿古民居，其上饰有红窗楼阁、斗拱等，沿线点缀着茶楼、书店等。在步行街的尽头有一个街角广场，是民间歌舞表演的开放空间，时常有各种文艺活动在此展开，例如绍兴传统的绍剧等。

绍兴书圣故里：墨池讲寺　山水相融

刘嘉慧　达玉子　许文锦 / 文 & 摄影

　　书圣故里因书圣王羲之而得名，是目前绍兴古城内保存最完好的历史文化街区。相传在晋时，王羲之随家人迁到会稽山脚下。王羲之故居位于蕺山临西街，在王羲之弃宅为寺之后为戒珠讲寺，是绍兴城内八大寺之一。嘉泰《会稽志》记载："戒珠寺，……本晋右将军王羲之之故宅，或曰其别业也。门外有二池，曰鹅池、墨池。"二池保留至今。戒珠讲寺背后还有一段故事：王羲之生前非常喜欢鹅和珠子。有一次，他怀疑一位僧人偷了他桌子上的珠子，那位僧人得知后郁郁寡欢，不久后离世，但事实上是他家的一只鹅吞下了这颗珠子。对于这个错误，王羲之深感悔恨，从此放弃了赏珠的习惯，并且舍宅为寺，将寺命名为"戒珠"。也有说"戒珠"二字乃其深受《法华经·序品》中"精进持净戒，犹如获明珠"的启发，体悟到宁静心境和寻求内心净化的重要性，同时也希望以这个名字表达他舍弃名利求道的决心。

　　书圣故里位于绍兴古城的北部，南面与浙东运河相依，内部有曲折的水系。书圣故里西面与阳明故里相邻，东面与八字桥历史文化街区隔街相望。一条浙东运河从西往东将三个历史文化街区串联起来。2012 年修编的《绍兴市历史文化名城保护规划》确定了书圣故里为八个历史文化街区之一。书圣故里北邻环城北路，南达萧山街，西至解放北路，东依中兴中路。从蕺山到文笔塔，再到蕺山书院，书圣故里并不只是一个普通的历史文化街区，而是绍兴古城中不可或缺的一部分，是绍兴文化延续的象征。

　　在书圣故里的四街六弄，散布着名人故居、台门建筑、小桥流水，江南特色鲜明。这里是老绍兴最原始的生活区，也是绍兴古城保存最完整的历史文化街区。在书圣故里，藏匿着许多景点和历史故事，静静等待游客的探索。例如张岱所著的《夜航船》中描写的王羲之题扇故事中的题扇桥和躲婆弄："有老妪鬻扇，右军为题其扇，媪有愠色。及出，人竞买之。他日，媪又持扇乞书，右军避去。"

坐落在蕺山脚下的书圣故里的文化底蕴不仅来自王羲之，其中的蕺山书院曾是明代著名儒学大师刘宗周的讲学之地，也是蕺山学派的发源地，极具学术价值；蔡元培故居位于笔飞弄 13 号，是蔡氏几代聚居地，在这里能够详细地了解蔡元培家族的历史；与蔡元培故居毗邻的钱业会馆建于清末，是绍兴保存最完整的会馆建筑之一，曾是钱业同行聚会和交易的场所，也是当年绍兴的金融中心。这些景点构成了书圣故里的精华，让游客在浏览古城之余，也深度了解绍兴的人文历史。

山水相望　四街六弄

书圣故里的街巷和河道格局是绍兴古代城市规划的典范。一条条石板小路、村巷、河道，将整个区域划分为数百个不同规模的坊区，每个坊区都有其独特的建筑风格和文化内涵。浙东运河穿过书圣故里的南部，运河支流蜿蜒在街区之中，共同影响着其聚落的形成。在古代，运河是古城商贸和交通网络的枢纽，而书圣故里是一片水草丰茂、水道纵横、拥有天然良港的地区，可以停泊各种大小船只，是得天独厚的交通节点。运河贯穿书圣故里，方便了当地居民从事水运

蕺山街

及相关贸易活动。

在书圣故里，一条戗山街由南至北串起了探花桥、王羲之陈列馆、题扇桥、墨池和戒珠讲寺等景点。清乾隆钞本《越中杂识》载："探花桥，在戒珠寺南。河口有探花坊，明探花余姚谢丕立，因以名桥。"如今站在探花桥通过戗山街往北眺望，还可以看到远处的戗山及戗山塔。这种布景思维体现了古人朴素的城市规划理念。

如今最受当地居民喜爱的还是萧山街。这条街与浙东运河平行而建，在古时就是商贸和货运的集聚地，到了现在仍然是绍兴古城内规模较大的零售集聚场所。

除此之外，书圣故里内还有大大小小数不清的街巷分布，它们纵横延展又相互联结，形成了错综复杂的陆路交通体系。并且街区内巷弄名字的来源也大多有一些历史渊源，例如梅园弄便是因陆游在此居住时曾种过梅花而得名。诸如此类的街巷在书圣故里还有很多，它们是绍兴古城深厚历史积淀的象征。

背靠运河　水育一方

书圣故里街巷的形成与运河息息相关。运河两岸的建筑为了便于日常生活都临水而建，每家每户都有可以下达运河的台阶以供运输货物或满足日常的洗衣取水等需求。内部的街巷大多保持与运河平行或垂直的关系，形成了网格状的街巷体系。除运河之外，还有一条曲折的支流穿梭在街巷之间，许多水渠、水门、堤岸和水塘等水利设施横跨在小河之上。这些设施起到了排水、灌溉和防洪的作用。一条条水道穿梭于街区之中，将各条街道串联起来，形成了完备的排水系统。

除了水运之外，人们还利用滨水空间营造了许多可供进行公共活动的场所，例如桥头、埠头、街边小广场等。书圣故里内的桥梁有各种不同的类型，包括石拱桥、石板桥、木板桥等。这些桥梁多数具有悠久的历史，有些的兴建历史甚至可以追溯到南宋时期。一座座桥梁设计精美、形态各

萧山街

书圣故里沿河景观

异。由于书圣故里地处水系边缘，家家户户出门走路都离不开桥，桥梁成为连接各条街巷的重要通道，各条街巷也在桥梁交通的带动下得以迅速发展。在书圣故里的各条街巷中，桥梁所在的区域通常是商业和文化交流的中心。

书圣故里内的码头也是一处重要的日常公共空间，同时也是运河交通的重要节点。码头区域布局合理，为船只停靠和货物装卸提供了便利。码头区域周围是传统建筑群，与运河、水渠、桥梁等景观相得益彰。广场也是重要的公共空间，其中最为著名的是状元广场。状元广场位于书圣故里的中心位置，广场上建有书圣王羲之的铜像，周围环绕着商铺，是当地居民和游客休闲、娱乐、购物的重要场所。广场上还经常举办各种文化活动和节庆活动，吸引着众多游客前来观看和体验。

除了桥头、码头和广场，书圣故里还有许多其他的公共空间，如运河边的游步道、庙宇、园林等。这些公共空间与传统建筑相融合，构成了书圣故里独特的人文景观。

依河布局　水乡特色

书圣故里处于河流密布的地区，古人便因地制宜进行传统民居的布局和建设。书圣故里的传统民居大多沿着河流两岸兴建，内部形成与河道平行的街道。传统民居一般分为三大部分：前堂、中堂和后堂。前堂是与街道相连的区域，主要用于商业或仓储。中堂是居住或办公区域，房屋通常面向河流，临水建设。大量门楼、椰头房、轩廊等构筑精巧，一种和谐的水乡气质跃然水上。后堂一般是为家庭生活服务的区域，通常包括厨房、卫生间等。在因河而建的传统民居中，房屋的布局和结构会因河流的弯曲而变化出不同的形态和组合方式。一条条曲折流动的河流与其间穿插而立的民居，二者和谐统一，相得益彰。

水边的建筑都是传统的中式建筑，典型的江南水乡风格，以小桥流水、曲径通幽的布局为特色。这类建筑多采用砖木结构，墙体使用青砖或红砖，屋顶采用歇山式或悬山式，檐口及墙角处雕刻精美。这种结构既坚固耐用，又具有良好的通风隔热效果，十分适应江南地区湿热的气候。除此之外，书圣故里的民居建筑也非常注重细节，例如窗棂、门扇、墙壁上的雕刻、彩绘和对称布局等，展现出了中国古代建筑的精湛工艺和较高的艺术品位。

绍兴西小河：王谢桥头　飞翼南望

孔安琪　达玉子 / 文 & 摄影

西小河历史文化街区位于绍兴老城西北，府河之西，府山以北，运河之阴，因一条长七百余米的西小河贯穿其中而得名。街区历史悠久，古韵悠长，最早可追溯至一千五百多年前。东晋，以谢方明太守为名，建有谢公桥；到盛唐，名臣李邕寓居于此，其曾官北海太守，遂有北海桥、北海池；南宋时期，皇帝赐武将世家李显宗府第名"武勋"，后西小河一直存有地名"武勋坊"；明成化年间，哲学家王阳明成长、避难于此，留有王衙弄、伯府埠头等地名；到了近代，则又有古越藏书楼、反清革命先锋光复会根据地大通学堂设立于此……可见，西小河历史文化街区拥有极为深厚的文化底蕴，并历千年而不衰。

2012 年，西小河作为八个历史文化街区之一，被纳入《绍兴市历史文化名城保护规划》；2019 年，西小河历史文化街区与毗邻的新河弄历史文化街区一同作为"阳明故里"被整体纳入《绍兴古城保护利用"十四五"规划》。在绍兴市旅游委员会委托编制的《绍兴市全城旅游目的地系统规划》中，西小河历史文化片区被定位为"黄酒风情体验区"与"住区型历史街区"。

水利生民乌篷错

西小河傍河而生，因河而名，上千年不断的生息往来、民兴业利，都与这绍兴水城之"水"脱不开干系。绍兴城自古以来水网发达，上有运河连通京冀，东有大江直至川渝，城内河网密布、乌篷错落、石桥勾连。西小河也不例外，长逾七百米的小河向北过光相桥直接与繁忙的萧绍运河上大路段交会，向南过鲤鱼桥流入环城河，又在中段谢公桥附近与新河垂直相交，过新河间接和府河相连。与城内几条主要的航运河都拥有如此密切的关系，西小河注定不会默默无闻。

西小河北的运河段是古时沿运河进城的商贸、客旅船只的必经之路。运河在绍兴城外即西兴至钱清段的航运并不太平，江河交汇，水位落差大，往往要四易船只，才能通过这短短五十里路。进入绍兴城之后，风浪平息，先前的舟车劳顿让城西北的西小河成了最好的歇脚点。于是，过往的商贾为西小河带来了兴旺与富庶，暂留的考生文人为西小河带来蓬勃的生机。

千古风流浪淘尽，不改细水汩汩流。西小河的历史记忆不仅存在于这流淌了千年的小河里，更与河上的古桥群息息相关。河桥相望，共同诉说着一段又一段佳话。例如远近闻名的石桥谢公桥，相传为东晋时期初建。当时的太守谢方明在任期间勤勉操劳，爱护百姓，官声甚佳，百姓们遂以"谢公"为桥名，沿用至今。这座石桥长三十余米，一洞七折边，造型精致，望柱柱头有莲瓣纹。过去，此桥的交通地位极其重要，桥上行人络绎不绝，桥下乌篷往来繁忙。谢公桥历经多次修缮与重建才保存至今。

小河北端的光相桥与谢公桥类似，亦传始建于东晋，历史悠久，几经颓圮修整，保存至今。《越中金石记》中《光相桥题记》载："古有光相桥，□□颓圮，妨碍经行。□□□今自备己资，鼎新重建光相洞桥，以图永固。岁时辛巳至正□年闰五月吉日□□。上虞县石匠丁寿造。"可知如今的光相桥基本为元代重建。

"桥"对于傍水而生的聚落重要在陆行便利，而"河埠头"对于傍水而生的聚落则重要在水行辅助。小河两岸，家家户户的前门后院几乎都建有大小不一的河埠头，数阶小石板转折伸入水中，静静等待着一只又一只撑竹而来的乌篷小船与舟上的归人来客。

如今城中多数河道被整改为地下河，陆上交通在现代化的进程中渐渐发展起来，日常的水上交通被人们一步一步舍弃，只有市政清河船与游船偶尔行过，河埠头们失去了它们曾经主要的迎船功能。然而水乡的人们天生亲水，河埠头没有离开人们的生活，无论是大人们洗菜洗衣，还是小孩子们网鱼钓鱼，河埠头仍然在人与水之间扮演着重要的媒介角色。

街筑粉黛台门深

西小河历史文化街区是典型的"一街一河，河街并行"的水街布局，由西向东可简单概括为"民居—街（西小河）—民居—河（西小河）—屋前长廊—民居"几条并行轴线。在与周边环境的关系上，西小河历史文化街区向南正对不远处的府山，立于谢公桥头抑或西小河街心，皆可欣赏到檐角黛瓦错落连绵直迎葱茏翠山、古朴高塔之妙景。此塔名为飞翼楼，始建于越国时期，高立于卧龙山（即府山）巅，历朝历代不断在原址修缮重建，终于保存至今，可谓是古越遗风、历史印记，也为西小河历史文化街区增添了一分格局与古韵。

街区建筑以粉墙黛瓦为主，民居屋顶往往带有微微的弧线形状，优雅质朴。这里存有一座建于清

街巷

台门

沿河老屋

代的朝晋庙，也有建于清末的大通学堂与著名的古越藏书楼。数目最多的是典型的传统台门建筑，石库台门、登科台门、李家台门、翰林台门等十几座台门藏匿其间。

台门幽深，层层套套，其原为大户人家一户所居，如今将一座大台门划分成十几户人家是街区常见的做法。于是一座台门几进天井围合下的人家自然而然地组成了相熟的邻里。2018 年上映的一部电影佳作《西小河的夏天》中，就着重描绘了一方天井之下紧密而不失温情的人际关系。

据考证，街区建筑实际大多在 20 世纪经过局部的重修重建、加固、改换结构，然而因为对原有格局并未造成损害，并采取了与既有风格相匹配的手段，使得我们如今看过去，街区古韵犹存——也许这也是保有大量居民的"住区型历史街区"的特点和优势所在：古镇不是死化石，相反地，正是古镇在千百年间不断地随人们的需求变换着自己的姿态，有机地生长着，才能积淀下我们如今所感受到的这浓郁的人文氛围与历史韵味。

商惠人家黄酒韵

西小河历史文化街区生长在运河附近，自然自古以来便有行商之风，水陆长街之上敞开的大门少不得要做上一点小生意。而现在，西小河成为绍兴重要的文化旅游目的地，进一步承担了绍兴城品牌宣传的任务。

沿着西小河一路走来，路上三两酒家挂着绍兴菜的图样，春日的蚕豆和水中的虾贝都是招牌，后厨对着小河，敞开的红色木窗飘出袅袅炊烟；偶有人家在自家门外架起小灶，卖的是香味扑鼻的炸豆腐和清凉爽口的木莲豆腐；也有时兴的商家在河埠头边上支起桌椅"围炉煮茶"，惬意自得。

街区北端接光相桥，光相桥通光相寺，寺于 1953 年拆除，建地方国营绍兴酒厂，后又建黄酒博物馆，参观者络绎不绝。西小河历史文化街区从此便自然而然地带上了一个大写加粗的"酒"字。绍兴黄酒，是世界三大古酒之一，色如琥珀，气味香醇。康熙《会稽县志》所载的"越酒行天下"，言简意赅地道出了绍兴黄酒的名声远扬。

如今，黄酒依然是绍兴的招牌，慕名而来、想着一定要带上一坛走才不算白来的游客不在少数。西小河历史文化街区就着地利，成为著名的黄酒体验风情区。绍兴人聪明灵活，将黄酒融入甜点小吃，做出便携易食的黄酒冰激凌、黄酒奶茶等，深受游客们喜爱。

文兴千年古越中

自古以来，绍兴城人杰地灵，西小河历史文化街区，自然也拥有着这样一份灿烂文化、灵秀书香。

浙东学派经史并重，主张经世致用，自古享有盛名。越中作为浙东地区之中心，学风更盛，人才辈出。其中名声最扬者当数思想家、心学集大成者王阳明。王氏家族世代居绍兴，为当地望族。阳明十岁，其父以山阴山水之佳丽，又为祖居之地，遂由余姚搬至山阴光相坊，即如今西小河历史文化街区内稍北处。此地成为王阳明一生中最重要的居所之一，是阳明心学功成之地，也是至今唯一经过考古发掘确认的阳明故居遗址。一并发现的，还有碧霞池、伯府大埠头、饮酒亭、观象台（假山）、石门框、牌坊残基等。如今这片区域已被重新设计修建，作为重要的纪念和研究王阳明的研学旅游胜地。

西小河历史文化街区所拥有的文化标签不仅限于此，著名的"浙东派藏书"也曾在这里留下过重要的一笔。自古以来的浙东学人们藏书之风盛行，其中绍兴府称最，世家辈出。史书有载："江南藏书之盛，为天下冠，锴力居多。"锴即南唐徐锴，其即为会稽人士，由此可见一斑。浙东派藏书的风格与其治学风格有着千丝万缕的关系，重视同时代人的著作的收集以及对史部、集部图书的搜集，亦同样有着经世致用的底层逻辑与主张。这样的深厚底蕴更是让绍兴藏书在近代成为敢于变革的执牛耳者。光绪二十八年（1902），在西小河历史文化街区的南端，古越藏书楼由出身于藏书世家的徐树兰先生主持创办，开私家藏书面向公众开放之先河，传播了"开放、务实、求新、图强"的进步精神。此楼如今虽只剩下一进门楼，但也因创始人徐树兰先生"变一人书为万人书"的开放理念，而成为当之无愧的城市文化象征。

绍兴前后观巷：两街并进　人文璀璨

刘嘉慧　达玉子　许文锦 / 文 & 摄影

前后观巷由位于越子城东面、起于仓桥直街终至解放南路的两条平行的道路所组成，其由来与钱镠平董昌之乱后百姓迎接其凯旋有关。唐朝时董昌在绍兴起兵，被自己曾经的部下钱镠所平定，百姓在这两条街迎接钱镠的胜利归来，后来人们将其分别命名为前观巷和后观巷。

前后观巷东临鲁迅故里，西接仓桥直街和越子城，是绍兴古城重要的传统街巷之一。其历史可以追溯到唐朝，绍兴城的形成和发展都与其有着密不可分的关系。前后观巷是绍兴传统的居住街区，内部有丰富的市井文化，保留了绍兴居民的真实生活，记录了这座城市的变迁历程，是绍兴对外展示的一张亮丽名片。

一河一路兴水运

前观巷和后观巷两条街曾经都有一条河流经过。河的一侧有一条与之平行的道路，另一侧则为居民住宅。这两条河与今天的仓桥直街的河相连，通往绍兴密集又发达的水系网络。其街河关系属于绍兴传统的沿河分布的街巷格局，巷内有许多亲水建筑，如门楼、楼台、廊房、戏台等。巷子里铺有石板路，便于泊船靠岸卸货，将货物运到周边城市。前后观巷在当时扮演了重要的交通枢纽和商业集散地的角色。

旧时依靠水运交通，前后观巷的江南水乡美景也伴随着水向远方传递。江河蜿蜒而过，载着无数舟船前行，船夫们熟练地驾驶着船只，由此带来水上的繁华。大大小小的港口，繁忙的码头上街市喧闹，诸如茶叶、绸缎、陶瓷等货物都在这里热热闹闹地交换着主人。

此外，江河两岸也是丰富的娱乐场所。沿岸的人们嬉戏玩耍，捕鱼划船，水上杂技更是不必多说，这些热闹的市井活动令人回味无穷。在这片

前后观巷旁河流

后观巷街景

江南之地，人们不仅仅享受物质和经济上的富足，更深深热爱他们舟船之上的航海生活。所有的这些细节都真实地描绘和记录在各类历史文献上，流传至今，那是实实在在历史的痕迹和印记，也是对江南水乡文化最形象的诠释。

青藤人文韵味长

后观巷中坐落着明代画家徐渭的求学之所——青藤书屋，明清时重要的书院。徐渭的才华在这里被发掘和培养。徐渭在山水画方面受到绍兴江南水乡的许多影响，他曾写道："甘露和风，后稷句芒随处祠；小桥流水，群公先正此间灵。"他的山水画描绘了起伏山峦、瀑布溪流、亭台楼阁构成的景象，展现了绍兴水乡的意境。

走进青藤书屋，映入眼帘的是它那漆黑的大门。门前的小院营造出一种恬淡雅致的氛围，清风拂面，翠竹随风舞动，犹如世外桃源，令人陶醉。在小院中走过一条卵石小径，穿过一个上书"天汉分源"的洞门，便是书屋。书屋造型古雅精致，粉墙黛瓦，俨然一幅气韵清新的水墨画。

书屋南侧的天池碧波荡漾，青藤从池西垂挂而下，犹如一位美丽的女子倚窗而望。在池的东南处，有一株名为女贞的古树，历经两百三十余个春秋，树姿高峭，威严而沉静。书屋的后方则是内室，青砖铺地，陈列着与徐渭相关的文物。内室北侧还有一个小庭院，其中有一眼古井，让整个庭院充满古朴的气息。在这幽深古朴的胜地，没有城市的喧嚣，也没有商业的浮华，只有静谧的书香，让人置身于恬静祥和之中。这里如同一块净土，令人流连忘返。

除了青藤书屋，如今当地还在后观巷的绍兴机床厂旧址上新建了徐渭艺术馆。艺术馆前有两个人字形坡的青藤广场，连接起了徐渭艺术馆和青藤书屋。徐渭艺术馆由三个人字形的坡顶组成，与周围的传统建筑相呼应，立面沿用了绍兴古城粉墙黛瓦的建筑风格，同时也展现了绍兴的山水意象。内部一层是南北贯通的门厅，是入口和主要的接待区域，同时也是一些小

青藤广场

青藤书屋

型展览和活动的场所。二层则是大厅兼小型临时报告厅，是展览和学术交流的主要场所，同时也是左右两侧展厅之间的转换连接处。在公共的中庭，阳光从透明的玻璃屋顶上倾泻而下，为艺术馆提供了柔和的自然光线，四周则环绕着美丽的玻璃幕墙。中庭一层内侧是水池，气氛优美宁静，给人以一种舒缓的感觉。二层的中庭平台是一个完美的观景空间，坐下来就能欣赏到一层中庭的水池和二层整个中庭空间。在艺术馆周围遍布着绍兴古老的民居建筑。这座现代化的艺术馆无疑是街区中亮眼的地标，也是市民平时活动的公共场所之一。在这里，人们既可以感受画家徐渭自由奔放、刚柔并济的画作风格，也可以体会由雕刻精美的匾额与青石砖墙以及现代化的玻璃幕墙和钢筋混凝土带来的新旧交融之感。

师爷文化探历史

绍兴的师爷文化是绍兴文化史的重要组成部分。传统的师爷文化在绍兴历史上经历了多个发展阶段。唐代开始，这里就已经有师爷评定、掌管的职位。明朝嘉靖年间，绍兴地区的师爷文化达到了小顶峰，师爷馆这一场所也应运而生。当时，师爷馆作为绍兴府的政治、文化、教育中心，成为绍兴地区重要的文化场所，是师爷文化的重要载体。它不仅是学生、教师们的聚会之地，也是时代精英们的聚集之地。

在前后观巷中的绍兴师爷馆建于明代嘉靖年间，是中国现存最大的古代文博馆之一，也是全国重点文物保护单位。师爷馆原来是绍兴府衙门大堂，里面设有主仪厅、小仪厅、议事堂、苏剧台等二十多个大小厅房。整体建筑结构十分精美，全部建筑均采用典型的明清官式建筑风格，大门半开、竹帘低垂，内院红墙绿瓦，八字墙、框架、屏门、雕花老窗、斗拱、虬韵、流苏等装饰精美，彰显了传统的建筑文化与工艺美学。在馆内，珍品云集，尤以徐渭、祝枝山、郭沫若等文化名人的书画以及家具、工艺品等为其特色。其中最有名的珍品是徐渭所绘的"八株松"。

传统街巷通古今

绍兴古城的传统街巷源远流长，历经岁月沧桑，却依旧充满了浓郁的江南古城风情。随着宋代街巷制推行，绍兴古城也逐渐形成了延续至今日的街巷布局。前后观巷作为两条重要的东西向交通干道，和与之垂直的诸多小巷共同串联起整个街区的交通体系。这样的街巷格局保留至今，较宽敞的前观巷和后观巷成为更开放的公共街道，较狭窄的小巷则多是附近居民日常活动之处，里面充满了浓浓的生活气息。

沿街而建的则是古朴别致的住宅、商铺以及小型官衙等建筑。有的街巷拥有崎岖的路面，灰瓦白墙，古树参天，曲径通幽，自带浓郁的江南水乡风情。有的街巷则狭窄逼仄，两侧建筑采用了上海与绍兴混搭的摩登样式，将古代与现代有机地融合在一起。穿梭其中，会发现这里的店面生意虽小，却饱含了地道的绍兴文化。

城中古街历经千年风雨，依旧保存着浓厚的历史气息和独特的文化景观。它们不仅仅是古老城市的脉络，更是绍兴历史印记的汇总；是人们了解古时绍兴文化的窗口，更是通向未来美好生活的起点。

绍兴石门槛：越医绍承　街里纵横

李佳宜　达玉子 / 文 & 摄影

石门槛历史文化街区是仓桥直街中部一条仅82米长的小街。它正对石门桥，南面近处为酒务桥，桥下便是绍兴古城河——环山河。与其他街区"街河并行"的格局不同，石门槛街区与环城水道相互垂直，保留着较为完整的传统民居风貌。

谈及石门槛这个名字的历史源头，相传有两种说法。一种说法是以建筑要素为名：古时候此处靠近府山的州府衙门，在衙门任职的官员多在环山河的河埠头上岸，再换乘牛车、马车或轿子前往办公之处。为了保持街道清洁，官府在街口设置了一道45厘米高的石栏，以此拦阻过往的牛车与马车。后来这道石门槛虽因行人行走不便而被拆除，"石门槛"这一地名却留存下来，延续至今。另一种说法是与南宋钱氏有关：钱氏因妙手医治宋高宗的妃子而声名远扬，自此众多患者前来问诊，钱氏便规定每天就诊的人数以排到家门口石门槛为限，于是"石门槛"的地名便流传开来。

石门槛街景

老屋屋面

越医文化精华荟萃

自南宋以来，石门槛街区钱氏的精妙医术便已声名远播，正如清嘉庆《山阴县志》卷十八所载："钱氏自南宋以来，代有名家，至象峒而荟萃先世精蕴，声远播焉。"钱氏医术代代相承，子孙皆能传承祖业，在学术上自成一家，有《大生秘旨》《胎产要诀》《钱氏产科验方》等文稿传世，名列"浙江女科四大家"之一。此外，石门槛街区还是同样历史悠久的徐氏儿科所在地。

在越医文化浸润之下，中医药深入居民日常生活。如今，在石门槛的入口处有一家售卖药膳酥的糕点铺，多以药食同源的本草为制作原料。店里售卖的芝麻芡实糕、桂花糕、橘红糕等糕点健康可口。店铺内还标明了红枣、腰果、枸杞等食材的药用价值。街区深处还有几家参茸店、药膳点心店和中药材店，在熙攘的商业街中守护着一方越医文化。

越医文化是中医药文化的重要组成部分，是千年古越文化的组成部分。清末民初，《绍兴医药学报》为全国中医药交流提供阵地，学风正、水准高，体现了越医文化务实的作风；张景岳提出"易具医之理，医得易之用"，践行着越医文化和谐辩证的核心思想。在历史长河之中，越医始终博采众家之长。何廉臣在《中西医学折衷论》中提出对中西医学须"择善而从，不善而改，精益求精，不存疆域异同之见"，如此有益的提议推动了中西疗法的交融。越医文化内涵丰富、精华荟萃，成为绍兴古城重要的精神财富。

传统街巷古韵悠长

"绍兴城里五万人，十庙百庵八桥亭，台门足有三千零"，古老的台门建筑遍布绍兴古城区。石门槛历史文化街区两侧坐落着明末清初的民居建筑，有七处较为完整的台门老宅，如越都莫氏民居、华氏民居等。民居两侧街巷纵横，井巷等传统街巷排布于此，几条传统尺度的小弄及成片的保

窄巷　　　　　　　　　　　　　　　　　　房屋

护基本完整的传统民居共同构成石门槛历史文化街区的重要部分。由于街道走向垂直于河道，这里的建筑大多并不临水，多户住宅由宜人通行的廊道连通成为连片建筑，形成了大小各异的天井、院落。

　　建筑是石门槛街区历史的载体。街区内的建筑风格统一、保留完整，木构架保存完好，门窗形式多样而不显杂乱，多为两扇黑色花窗，带有雕刻精美的艺术构件。两座建筑之间由狭窄的弄堂相连，邻里相通，亲近和谐。屋面采用"搭七露三"和"搭六露四"的方式，屋脊形式简朴。此外，墙面或屋面多有攀缘类植物生长，斑驳的白墙上绿意盎然，给居民和游客带来舒适的视觉感受，也为传统民居建筑外立面增添了活力。向里望去，台门民居门斗相间出现，具有强烈的纵深感。如今的石门槛历史文化街区古色古香，风貌如旧，是感受绍兴传统民居风格的好去处。

老街生活交融延续

　　步行在石门槛街区的青石板上，富有绍兴特色的街景及居民生活尽收

街景生活

眼底。这里的居民大多保持着老绍兴的传统生活习惯，有些人家在街巷两侧晾晒蚕豆，天气炎热时则在门斗下或门屋内避暑纳凉。街巷内每隔一段距离便存在一处内凹空间作为"阴角"，人们在此相聚闲谈，增进了当地居民之间的亲密感。"黛瓦白墙似画廊，直街深处酒飘香"，与商业街区相比，这里的生活气息古朴醇厚，充满了老绍兴真实浓厚的烟火气。

石门槛街区入口与河道相望，正对石门桥及乌篷船码头，向西临近仓桥直街与司狱使前街道交会处，东接井巷等传统巷弄，水陆交通便捷，适合短距离出行。台门门斗处常置花草、悬挂门牌，吸引了众多游客驻足拍照。

"赚钱回家盖台门"是流传在绍兴居民中的老话。从古至今，外出发展的绍兴人都有衣锦还乡、回乡筑屋的传统观念。石门槛街区的台门院落多为单进式院落，与街道由一条狭窄廊道连通，主要居住空间并不临街，氛围宁静。墙面保留了古旧的青砖，而山墙维修采用红砖，修旧如旧，风貌协调。前门厅两侧放置石凳，仪门上方雕刻精美的砖雕，后院两侧常布有水井。如今，居民在石门槛街区内的主要交通方式为步行和骑行。在院落内居住的人家大多将自行车置于廊道之后的空间，便于骑行到街道上。老街上的石板路干净整洁，偶尔有早餐小摊在石门槛处兜售绍兴小吃，一片悠然景象。

　　街外的市井烟火与内里的民居风貌在石门槛处交会，越医文化和水乡文化在古朴的街巷里延续，城市的飞速发展与建筑的传统风格在此交融，成为古城发展的独特风景。

绍兴新河弄：水联新府　壁分西东

孔安琪　达玉子 / 文 & 摄影

新河弄历史文化街区位于绍兴老城西北，南望府山青，北绕运塘碧。其历史可上溯至唐元和十年（815），越州刺史孟简驻山阴县任职期间，在县北主持开凿一条新河道，连通西边的西小河水与东边的府河水，此河即为新河。随着朝代几易，街区的命名也数次更迭，从宋朝所称新河坊到清朝新河里，再到如今的新河弄，新河水已因城市的发展需求改河为路，幸而"新河"这个古称本身被一直保存下来。

2012 年，新河弄被列为绍兴八个历史文化街区之一，并被纳入《绍兴市历史文化名城保护规划》；2019 年，新河弄历史文化街区与毗邻的西小河历史文化街区一同被划为"阳明故里"，作为整体被纳入《绍兴古城保护利用"十四五"规划》。它北接上大路，南临新河弄（路），西交西小河，东至日晖弄。街区内保存了许多风韵尚存的历史保护建筑，建筑年代以清、民国时期为主。其与西小河相交的拐角处有一吕府，为浙江省内仅存的两处明朝留存下来的建筑群之一。

水连运河旺

新河弄因河而生，因河而名，也因河而兴。全长不过千米余的一条小小的新河水连通了西小河与府河，亦通过西小河间接连通了从城西北流入的萧绍运河，新河弄便坐落在这样一张四通八达的水网中。新河弄北边所依的这段运河正是古时人们从西北迎恩门进出绍兴城的必经之所。无论是来往商贾、赶考书生，抑或是游览山水的游人豪客，都需经过此处"水上驿站"拾级上岸，在这个风景宜人的水间小镇歇脚逗留几时。因此，聚落也兴旺起来。除了沿着新河两岸生长以外，新河与繁荣的上大路之间也同样密密地建起商铺人家，这样的街弄形态一直保存到今天。到了明清时期，

新河

名声在外的新河弄仍然吸引着许多"大户人家"到此定居。即使如今新河的大部分已经在 20 世纪六七十年代被统一规划改为道路，但仍可以从遗留的建筑群想见当年新河弄南北两端的热闹往来。

弄里台门兴

在绍兴老城众多颇具规模的历史文化街区中，新河弄只能算作一个小片区，但"麻雀虽小，五脏俱全"。其街河布局完整精密，西端为一河一路布局，东段为一河两路布局（原）；同时，这里不仅坐落着三座极为典型的绍兴特有的台门建筑，还藏着一座"江南第一厅堂"，即三纵五横，足足有十三个封闭院落的吕府十三厅。

吕府十三厅坐落在新河西端北岸，是明朝时十三位学有所成的学生为报师恩，在老师吕本的家乡为其所盖的新屋。万历皇帝知道此事之后特御赐"永恩堂内"及"齿德并茂"大匾各一块，至今仍留有原物。马家台门、宋家台门、钱家台门及陈家台门则均坐落在新河东段北岸。其中宋家台门年代最古，为明代所建，坐北朝南，侧开连廊连通五进。这些典型建筑与其他一众风味尚存的传统民居共同铸就了这片里弄古朴敦雅、静谧通幽的总体风格。

照壁

现在，短短的东西向小街被一方刻着"天官府第"的石照壁分为两段。西边一段临水，长百米左右，河宽15～20米，沿河单面街6～8米，建筑古朴素雅，多为传统样式。青苔映灰瓦，船橹对木栏，粉墙衬杨柳，与西小河对面的绿樟黛瓦融成一画。东边一段已改河为路，长500余米，街宽20～30米。自然趣味稍减，商业气息渐浓，但树荫之下仍掩映着静静伫立的数座老台门。新河弄在被商业与游人选中的同时，并未抛弃它往日的如流水一般的生活。

鱼龙螭吻

如今，当你再次走进新河弄，仍然能看到手拿蒲扇坐在竹椅上乘凉的三两老者，从高阔台门里跑出来的背着书包的小孩，层层叠叠的灰瓦间钻出的黄色野花，也能闻到萦绕着家家户户的饭香。

再沿着树荫向西，绕过照壁，一汪碧水潺潺淌开，杨柳抚水，水映高门。已经规划为王阳明纪念馆的吕府不再为一家一户所私有，静静地等着每一位游人的到来。它高高屋檐上生动可爱的鱼龙螭吻则仍然在诉说着吕府当年的地位与辉煌。

市井聚人气

新河弄从东段一河两街到西段一河一街，民居大多商住混合，临街商铺林立，车水马龙，自古如是。这也吸引了许多大户在此定居，留下一幢幢颇具规模的典型台门建筑，成为后世珍贵的建筑遗产。到了今天，新河弄原本小商贸中心的地位或许不再，生活节奏也慢慢放缓，但这里仍然源源不断地迸发着新的商业活力。

20世纪七八十年代，这里的新身份是越城区最大的农贸市场，长达四五百米的露天集市在早上和傍晚这两个时间段常常被挤得水泄不通。1992年，市场经整改，搬迁至下大路上新建的室内农贸市场，新河弄作为集市的功能留在了老市民的记忆里。

之后，在新河弄东端又建起新的现代化商贸中心，标志着这个片区的商业新起点，而此时已经作为历史文化保护街区的新河弄在进行日常生活与商业活动的同时，兼顾旅游服务和文化宣传。

于是，小街上既开着居民们常去的便民理发店、手工弹棉花店等，也

河边钓鱼

街巷

加入了不少具有绍兴特色的餐馆。时兴的围炉煮茶在这条古香古色的小街上既恰好应了景致，又吸引着年轻的游客。传统的糕点铺和远近留香的熟食铺则平等地吸引着每一个过路人，无论是常驻于此的居民，还是往来游客。色香味俱全的酥鱼、润白弹牙的鱼圆、老式沙琪玛和鸡蛋糕，带人们通过味蕾品味水乡妙处。

桥驿转客忙

新河是绍兴城内众多河流中唯一有确切记载开挖时间和主持者的河流。《新唐书》卷四十一云："北五里有新河，西北十里有运道塘，皆元和十年观察使孟简开。"新河的凿通，是为了打通西小河和府河，整合城中水网，使其分布更加均匀合理。

四通八达的河网促进了新河两岸的商贸发展。临新河的商铺、人家同时拥有了运河、府河等多条城内主要河道的水运资源，包括新河弄本身也成为比较重要的水运集散地、水边"驿站"之一。随后该河所在区域及河旁之巷弄皆袭用"新河"之名。

在这条繁忙热闹的小河之上，自然也曾架起过无数石砌的梁桥、拱桥。其中一直保存到 20 世纪 70 年代的有三座——福禄桥、万安桥、如意桥。只是随着河道的消隐，这三座桥也被拆除了，成为老绍兴人的故乡旧忆。例如福禄桥，我们仍能从口口相传的一首有关数字与桥的绍兴童谣中找到痕迹："绍兴城里十洞桥，一有大木桥，二有凰仪桥，三有三脚桥，四有螺蛳桥，五有鲤鱼桥，六有福禄桥，七有蕺望桥，八有八字桥，九有酒务桥，十有日晖桥。走过十洞桥，坐顶花花轿。"

新河孕一方

作为一个典型的江南水乡，无论是河街交融的生活环境，还是受河水深刻影响的生活方式，新河弄都在向人们展示着淳朴而生动的越城水乡文化。河阴阁楼高筑，上开石制或木制小窗；河阳几步砌一小阶探向水面，曾经主要作方便登船之用，如今仍然是当地人近水浣衣洗菜的主要场所，无人劳作时，也受到许多儿童、游客的喜爱，人与水的距离被拉近，轻轻荡漾着的碧水触手可及。

沿河东走，便是福禄桥、万安桥、如意桥。它们作为新河弄居民必不可少的水上交通设施的同时，也以其名字吉祥的寓意，表达着当地居民对幸福生活的美好祝愿。这种精神寄托直接体现在新河弄的礼俗文化中。旧时远近乡里有婚嫁喜事，都要抬着花轿从这三座桥上一一走过，若是喜船，则一一从桥下划过，都为讨个喜庆的彩头。

如今在原福禄桥附近建起了绍兴名人馆与绍兴清廉馆，纪念绍兴水曾经滋养出来的如清澈河水一般的清正廉洁。这种"水"的衍生精神也与当下的社会价值观不谋而合。继承并发扬新河水的文化，既是延续西城古韵的生活文脉，也是在应和天官府第的内在精神。

宁波月湖：一泓活水　文脉渊源

时雨　阿苏／文　潘旭光／摄影

　　月湖历史文化街区，位于宁波城区西南，南北长1100米，东西宽60～100米，占地96.7公顷。1997年被公布为市历史文化保护区后，其范围东至镇明路，北抵中山西路，西南面临北斗河，其中湖中四岛及环湖景观为重点保护对象。主要措施是保护现有水面、湖畔（含共青路、桂井街等传统街巷及民居），控制外围建筑高度。这里风景优美、人文荟萃，现代与传统风貌融合。

　　作为城中湖的月湖，旧名西湖，呈狭长形，面积约0.2平方千米。该湖兴起，与城市兴盛紧密相连。唐宋间，由于浙东运河贯通，地处中国大运河与"海上丝路"枢纽城市的明州，成为与扬州、泉州和越南交趾齐名的南北商贸与向外发展的"四大古港"之一。经唐宋两朝士商运营，文人

月湖

雅士浅斟低吟，月湖宛如待嫁的新娘一般靓丽起来，广筑亭台楼阁，遍植四时花树，形成湖上"十洲胜景"——湖东竹屿、月岛和菊花洲，湖中花屿、竹洲、柳汀和芳草洲，湖西烟屿、雪汀和芙蓉洲，与三堤七桥交相辉映。宋元以降，月湖更成为浙东社会经济、文化学术交流的中心。

现月湖景区拥有水域 6.5 公顷，是城内唯一的大面积水域。景区以及环湖区域的发展，与城市建设紧密相连。宁波建城 1200 余年，因海路而开放，因商贸而闻名，因人文而辉煌。它携千年风云，挟江海烟雨，义无反顾地走向世界，而月湖是它的隐形伴侣，一同为世人瞩目。

扼海蓄淡聚活水

月湖开凿于唐贞观年间。大和七年（833），鄮县（今鄞州）县令王元暐扼海蓄淡，改善古城水质，历经 10 年建它山堰阻咸潮、引奉化江水通渠，修府城水利系统。自此一泓源头活水，随三江水位起落盈亏。因湖在城西南隅，古称南湖，亦称西湖或鉴湖。历宋以降，南湖分为两湖，南为日湖，北为月湖。两湖间筑堤建桥，水系连通。惜日湖后因湖面淤塞，于近代消逝，而月湖却历久弥新，大放异彩，成为甬上人家的母亲湖。

古月湖南北长 1160 米，东西宽 130 米，酷似弯月形状，为后世"风月无边"埋下伏笔。自唐贞观年间至北宋，历朝历代均致力于治理月湖水系生态。北宋诗人钱公辅任知州后，在湖北端筑偃月堤，柳汀岛上建众乐亭，开人工造景之先河。又经数代努力，形成"十洲胜景"。至南宋绍兴年间，又按时人理念，在十洲之上建筑亭台楼阁，依四时节气变化植树栽花，使此湖逐渐成为"一步一景一重天"的江南园林之湖。宋人有文颂曰："四时之景不同。而士女游赏，特盛于春夏，飞盖成阴，画船漾影，无虚日也。"

藏书讲学之胜地

令先人未曾想到的是，月湖不仅带给州城居民生命之水，还蝶变为千年繁华的文化胜地。自唐至民国，有多少达官显贵在湖畔筑宅居住，又有多少文人学者在此胜境藏书讲学。"故胄沦落，新贵迭起"，开始他们或仕途或商贾或文化或学术的大家之旅。唐朝大诗人贺知章，北宋名臣王安石、"庆历五先生"，南宋"淳熙四先生"、教育家王应麟（《三字经》作者），明天一阁藏书楼主范钦、"浙东学派"始祖黄宗羲，清史学大柱全祖望等，相继择水而居，泛舟吟唱，在此留下不可磨灭的城市印痕。

唐诗宋词为中国古代文学高峰。北宋时知州钱公辅率先于月湖题诗《众乐亭二首》，得司马光、王安石唱和。后任知州刘珵创作了描写月湖景色的《咏西湖十洲》诗，得舒亶、陈瓘、王亘的唱和。乐律清音，至今不绝于耳。明末清初散文大家张岱《日月湖》云："宁波府城内，近南门，有日、月湖。日湖圆，略小，故日之；月湖长，方广，故月之……月湖一泓汪洋，明瑟可爱，直抵南城……湖中栉比皆士夫园亭，台榭倾圮，而松石苍老……清明日，二湖游船甚盛，但桥小船不能大。城墙下址稍广，桃柳烂漫，游人席地坐，亦饮亦歌，声存西湖一曲。"至2020年，有学者收录宋至民国吟宁波诗词1200余首，月湖占80%。

宁波素有"浙东邹鲁、文献之邦"美誉。北宋庆历七年（1047），王安石任鄞县知县，建县学，请杨适、杜醇、楼郁、王致、王说五大儒讲学。后五人在月湖畔各创书院，弟子众多，开启了浙东书院教育先声。南宋宰相史浩腾出皇帝恩赐的月湖松岛兴办书院，力促陆九渊学生"淳熙四先生"杨简、袁燮、舒璘、沈焕来此讲学，由此形成"四明学派"。湖畔书院林立，读书之风盛行，使得南宋时期四明一地，进士逾600人，居全国之首。

南宋宰相文天祥亦对书院盛况赞叹道："一时师友，聚于东浙。呜呼，盛哉！"至明清，浙东学术更为辉煌，"浙东学派"始祖黄宗羲广纳弟子，在此讲学栖居，与被称为"班固、司马迁后第一人"的万斯同及万斯大、全祖望，共同成为浙东学派代表人物。清代本籍史学家全祖望云："数十年以后，吾乡遂称邹鲁邱樊。"

景区内的人文景观，当以天一阁藏书楼为最。此阁建于明嘉靖四十年至四十五年（1561—1566），由退隐的兵部右侍郎范钦建造，占地面积2.6

万平方米，距今已约 460 年。清乾隆三十八年（1773），因编修《四库全书》，天一阁主人献珍本 638 部。楼坐北朝南，为两层砖木结构的硬山顶重楼式建筑，通高 8.5 米，斜坡屋顶，青瓦覆上。一层面阔六间，二层除楼梯间外为一大通间，以书橱间隔。阁前凿"天一池"通月湖，用山石堆成"九狮一象"等具有江南庭院式园林特色的景点。阁内藏书和建筑模型，为后人研究书法、地方史、石刻、石构建筑和浙东民居，提供了资料。现存天一阁，为亚洲最古老的私家藏书楼，也是世界上历史最为悠久的三大家族图书馆之一。1982 年 2 月，天一阁由国务院公布为第二批全国重点文物保护单位；2018 年 10 月，被文旅部确定为 5A 级景区。

文旅融合展繁华

现今景区内，老街古巷、望族宅第沿湖皆是，与现代商业、文化景观融为一体，尽显古老月湖昔日之繁华。除天一阁藏书楼与红帮裁缝博物馆，尚有诸多名胜古迹，游客乐而忘返。

高丽使馆遗址，位于月湖东岸宝奎巷，是昔日明州港和高丽国友好往来的历史见证。宋政和七年（1117），太守楼异奉宋徽宗旨意设"高丽司"，管理朝廷与高丽国政商往来，在湖东岸菊花洲创建国家级迎宾馆——高丽使行馆（接待来使的住所）。行馆遗址成为古"海上丝路"与外埠友好交往的重要文化遗存。现遗址上设展厅，有"明州与高丽交往史陈列展"，由序厅、高丽厅、明州厅组成。

佛教居士林，坐落在月湖景区的柳汀洲上。林内殿宇巍峨，重楼歇顶，庄严清净。碧波荡漾的"放生池"及飞檐玲珑的"水云亭"，构成怡人景观。该林初为家祠，至元二十一年（1284）建居士林。辛亥革命后由鄞县姜山边文锦大居士捐资，将居士林由南门迁至现址，建立大雄宝殿、西方三圣殿。1989 年后修复大雄宝殿、三圣殿、地藏殿、弥勒殿、圆通殿、念佛堂、放生池等，为佛教居士们学习教理、弘扬教义、净化身心的场所。

银台第官宅博物馆，位于偃月堤边，清道光三年（1823）始建，主

高丽使馆遗址

银台第

人童槐曾任江西、山东按察使，后改任通政司副使。古时按察使别称臬台，通政司别称银台，故童宅有"臬台第"和"银台第"之称。童槐之子童华，以礼部右侍郎入南书房行走，为光绪皇帝师，童宅又称为"帝师故居"。其坐北朝南，面向月湖，占地约2300平方米，沿中轴线设门厅、大厅、正楼、后堂，东西两侧有厢房、书楼。建筑格局规整，用材考究，装饰具有鲜明的地方特色，为城区内清代中晚期官宦住宅的典型。

贺秘监祠，位于柳汀岛，俗称湖亭庙。现存建筑为清同治四年（1865）重修，坐北朝南，三进，均五开间。正殿门额题有"唐秘书监贺公祠"，祠内原有北宋熙宁元年（1068）的《众乐亭诗刻》、南宋开庆元年（1259）的《重建逸老堂记》、元至正二十年（1360）的《贺秘监祠堂记》三种古本，以及明嘉靖二十二年（1543）的《叙唐秘监贺公知章碑》等碑刻。现部分迁至天一阁东园。贺知章（659—约744），字季真，越州永兴（今萧山）人，唐诗人。证圣元年（695）举进士，后升迁至秘书监。贺知章好饮酒，性狂放，擅诗书。

"一湖洲屿，钟灵毓秀。"现月湖景区，成为当代人的文化家园和精神守望地，书写着"顾往观来，格物致知"的新传奇。

宁波南塘河老街：润泽月湖　繁华依然

时雨　阿苏 / 文　潘旭光 / 摄影

南塘河老街，是宁波八大历史文化街区之一，位于古城南门外。奉化江西岸、毗邻火车站的南郊路，是南塘河、老南门、南门三市集所在地，也是旧宁波商贸文化聚集地。现今城市提升规划，南塘河老街成为历史建筑与文化遗存的重点保护区。

南塘河始称甬水，清代谓之南塘河。老街历史，可追溯至唐长庆元年（821），当时明州州治由鄞江小溪迁至三江口，伴随着城市扩大和人口增长，淡水供应需求（奉化江、姚江等均为通海潮汐河流）增大，农田灌溉、航运也存在诸多不便因素。鄞县令王元暐率众修筑它山堰水利工程，开浚西、南两塘河及其水网。自此，河水经甬水门入城，依南塘，衔外埠，达城中镇明大街，成为昔日府城通往奉化、台州的水陆通衢要道。明天顺二年（1458）确定甬水桥里的南塾墟逢三、八为集，称为"南门三市"，延续至今。

旧时每逢集日，城南四乡货船舟楫汇聚，满载本籍土特产来此贸易，

南塘河

堪称旧宁波府最为繁华的集市之一，独具"三桥、一河、一街、一大家族"的历史风貌。士商游客穿梭其间，触目皆是传统老宅（商铺民居），还有古凉亭、关圣殿、私人诊所、私塾等，使人生跨越时空之感。

因水而兴

旧时老街，是依傍浙东运河延伸段，因水而立、由水而兴而形成的市集。唐明州置州治，月湖水利工程功不可没，而月湖源头之一就为南塘河。鄞县令王元暐筑它山堰引流，一由南塘河入城，一从西塘河入城。古鄞西浚塘河，南塘河居南，所属支流有小溪港、里龙港、后港、王子汇港、照天港、风棚碶港、千丈镜河、车河埠港、像鉴桥河、南新塘河等，构成一个偌大的水网群。南塘河与奉化江平行，局部地段虽有丘壑之隔，但沿

南塘河老街

途设置较多碶闸、涵洞以通奉化江。南塘河是引四明山章溪之水入鄞西河网和行洪、排涝、灌溉、航行的骨干河道；又为市区供水主要河渠，在塘河中路线最长、流量最大。南塘河自甬水门南水关流入城区，连通澄浪堰（即郑郎堰），过堰便是奉化江，抵甬江入海口；也可经月湖，辗转连接西塘河、后塘河，北上杭州。

南塘河浚通前，老街系城南荒废之地。宋名士舒亶（"淳熙四先生"

之一）撰《西湖记》（西湖即指月湖）赞云："盖尝闻之父老，明为州，濒江而带海，其水善泄而易旱，稍不雨，居民至饮江水。是湖之作，所以南引他山之水，畜以备旱岁。始未之信也。熙宁中，岁大旱，阖境取给于其中，湖为之竭；既又穴为井，置庐以守之。鄞令虞君大宁尝记其事，刻石于寿圣院，乃知父老之传不诬也。"后世清全祖望《湖语》亦云："西南水利，它山是赖。惟王长官其功最大，平截江河，翦裁大块，验水瓢三，鼎足置埭……盖城南之连阡接陌，赖之以隔慈江潮汐之界。而非是湖，则城中之流泉，亦莫知所津逮也。"

通济四方

南塘河与月湖，为甬上水利组成部分，也是浙东运河续航通道；唐宋以降，南塘河为漕粮、官商船进出府城的航道之一，担负着迎送中外行旅的重任。如朝鲜弘文馆副校理崔溥（1454—1504）由中国官员护送自台州入甬城，转京杭大运河水路至京都，经鸭绿江而返朝鲜。崔溥著《漂海录》述中国大运河沿途胜闻，浙东水道中就有风雅南塘。南塘河是水利工程与运河辅助航道，明清后更多用于水运交通和物资商贸往来；南门三市汇集了人流、物流和信息流。每逢市集，四邻乡民就会顺水路赶来。行驶在塘河上的航船，为城市带来了山货和农产品，使古城南门一带经济得以持久繁荣，发展成为商贸集散中心。民国《鄞县通志》载："南门有三市，西门有八市。三市多竹木畜类，有事之家率于此以购鸡鹅鸭"，"船舶争集，人民杂沓，夹道商铺，鳞次栉比"。

古明州被称为"三佛地"，以鄞东阿育王寺之释迦舍利（现世佛）、城南戒香寺之哑女维卫（前世佛）、奉化岳林寺之布袋弥勒（未来佛）著名。魏晋以来崇佛之风蔚然，明州为华夏南北、日本和高丽等僧众礼佛首选之地。自此出城南经南塘河，辗转前往天台山，成为海丝文化佛学交流捷径。众多高僧均在此河畔踏上朝圣之旅。

南塘河上分布有甬水桥、启文桥、向阳桥等数座古桥，成就一幅河水与古桥动静相宜的水墨画。素有"城南第一桥"之誉的甬水桥，南镌"瑞气来它山，横亘南河成集市；嘉名著甬水，高飞东郧作通津"一联，一个"飞"字，此桥之形跃然纸上。不远处，尚有蕴含"启迪文风"之意的启文桥，前人于此留下"秀影跨虹甬水爽"的残联，希冀后世续之。

活力迸发

扩建后的南塘老街，保存了诸多明清时期建筑，如清代的石库门、明代的祠堂等。这些建筑风格独特，具有浓郁的江南水乡风韵。老街还保留了诸多人文遗迹，如明代石碑、清代古井，它们见证了此街的千年变迁。

南塘河老街，向为文脉延伸之地。北宋设有城南书院，由本籍望族袁氏兴办。袁毂，鄞县人，字容直，又字公济，仁宗嘉祐六年（1061）进士。少以词赋得名，博览群书；历知邵武军，后移知处州，官终朝奉大夫。著有《韵类》，为宁波史上由族塾培养的最早进士。后书院由其孙袁文主持，曾孙袁燮官至国子监祭酒。宣统二年（1910），后世袁钢惠创办袁氏崇文

长春门遗址

学堂（后更名崇志小学）。

南塘河畔另一望族沈氏家族，因明代南戏剧作家高则诚而流芳后世。史载，高则诚为避元末战乱，客居石碶沈家十余年编《琵琶记》，完稿之夕，忽见桌上双烛相向交合，形成焰虹，不禁高喊"瑞光……"沈楼由此被称为"瑞光楼"。明清沈氏家族人才辈出，复明志士沈光文后半生客寓台湾，著书立说，被称为"台湾文化始祖"。

旧时南塘河的繁荣，催生了一批远近闻名的商业品牌。如创建于民国初年的酿造作坊同茂记，以用料讲究、做工精细著名，其酿造的酱油和豆瓣酱畅销江浙沪各地。老街也会举办诸多群众性文化娱乐活动，如南塘灯会、南塘水乡音乐节等。旧时老街餐饮以海鲜为主，蟹、蛤蜊、虾等，味道鲜美；特色小吃口味独特，如南塘糕、肉丸子等，深受游客喜爱。

南塘老街由宁波旅投公司开发，自 2009 年起进行保护性规划改造，整体项目南至新典路，北临尹江岸路，西起南塘河，东到规划路、鄞奉路，总建筑面积约 8 万平方米，分 A、B 区两期实施。老街以传统文化餐饮和风尚休闲娱乐为重点，汇聚了数十家来自宁海、象山、奉化、余姚等地的特色餐饮小吃；赵大有、草湖食品、宁波一副等老字号企业，纷纷在此设店营销。通过承续传统文化内涵和风貌，原汁原味地再现"一街一河一市"的江南特色。

百年石板路，千载南塘河。改造后的南塘河街区，保留了 500 多米长的传统街巷，有市级文保单位 1 处、文保点 6 个，部分还原了由古街巷、古商铺和古院落构筑的"前街后河""前店后场"的建筑景观。

宁波郁家巷：名士会聚　钟灵毓秀

时雨　阿苏 / 文　潘旭光 / 摄影

　　郁家巷是宁波八大历史文化街区之一，地处镇明路与解放南路的交叉口。街区内有郁家巷、白水巷、带河巷等三条古巷，于灯火阑珊处，勾勒出旧时宁波人文景观。

　　此处自宋以降均称"司巷"，民国时才改名郁家巷。假日漫步此间，触目皆是青砖乌瓦，马头墙连缀，院落错落有致。改造后的郁家巷，现有个风雅之名，叫"月湖盛园"。"盛园"从何而来？得益于街区内最为核心的盛氏花厅。此厅原为清代诸生林廷鳌修建的近性楼，是主人藏书与读书之处。清末民初，近性楼卖与甬上名人盛炳炜，始为盛氏花厅，现是郁家巷街区主要的商业文化标志。

　　位于月湖畔的郁家巷，历为名门大家乐于居住之地。现存"近代宁波第一买办"杨坊故居、近代"麻将"发明者陈鱼门故居等。另有郁家巷董

月湖盛园

宅、陈宅、李宅、邵宅，带河巷陈宅、林宅，解放南路林宅、李宅、张宅，云石街余宅等一系列古宅。2008 年，宁波市海曙区政府对郁家巷进行改造，保留了 2 处区级文保单位、3 处市级文保点、15 处历史建筑等人文古迹，受到了市民与游客的赞扬。

风生水起之地

"斜阳草树，寻常巷陌，人道寄奴曾住"，南宋词人辛弃疾在《永遇乐·京口北固亭怀古》中的惆怅，延续至今。今人面对着这处保留着宋韵特色的历史文化街区，触景生情，不由想起往昔巷陌，曾经的繁华与无奈。

说起郁家巷，民间有个传说。说是隋时此地有一郁姓米商，其时隋炀帝三征高丽，横征暴敛，郁父上前线生死未卜，由居家看守的他打理米铺。时年宁波闹饥荒，郁姓米商面对灾民流落街头，赈粥施救跪于店门的孩童。此事流传开来，郁姓米商被人视为"活菩萨"，大批饥民蜂拥而至，没几日便把米铺的存粮耗尽。眼看粮仓露底，饥民们源源不断，郁姓米商忍痛当卖米铺，高价买进大米赈灾。饥民们惊讶赈灾大米源源不断，风传他为天神下凡，半夜起床拔根胡须就可幻生出大米下锅。饥荒过后，众皆感其恩德，纷纷至米铺买米。郁姓米商由此因祸得福，生意做大，渐渐人丁兴旺，成为当地望族。

真实的郁家巷，其实并不是这样的。据相关史志记载，南宋时此巷叫作司巷，因其时司户厅设置于此。司户管理户籍、赋税等。宋嘉定十三年（1220），司户厅不幸毁于大火，之后在绍定元年（1228）重建。明清时司巷内建了郁家庙，为甬上世族郁氏宗祠。《鄞县通志》载："郁家巷，旧名郁家弄，以巷内旧多郁姓，故名。"

旧时郁家巷是块风水宝地，被认为汇聚了南城灵秀之气。它邻近镇明岭和月湖，周边白水巷、带河巷均是水道，加上气势雄伟的灵应庙，地势如山环水绕，按现意就是风生水起的宜居之地。近代宁波第一买办杨坊、甬籍旅沪商人李坎虞、民国时期邮电局局长陈炳桓、纺织厂厂长董梅生、

郁家巷

纶昌布厂老板陈舜年等诸多名人于此居住，因而郁家巷又被称为"名人巷"。这些旧时名人已日渐远去，而郁家巷街区依旧，承载着一辈又一辈人的记忆，姗姗走到了今天。

鲍盖与灵应庙

郁家巷名人故居齐聚，代表着宁波逝去的一个时代。近代名人杨坊故居，位于云石街 29 号（现带河巷 18 号）。杨坊（？—1865），清朝官吏，字启堂，又字憩棠，浙江鄞县人。早年在宁波当绸布店店员，后入教会学校习英语，继因赌博欠债流浪到上海，混迹洋行，升充买办从中获利，在上海东门外开设泰记钱庄，捐得候选同知头衔，又任宁波四明公所董事。故居建于清中期，系市级文保点。此宅原为秦氏所居，后售与杨坊。全宅保存完整，是一处现存较少见的优秀古建筑。

距此不远有灵应庙，俗称大庙。始建于圣历二年（699），比东边的天封塔仅晚三年，为古明州建立州治前最早的一座神庙。后几度兴废，现建

杨坊故居

灵应庙

筑仅存正殿，系1919年重建。正殿重檐歇山顶，面阔五开间，面宽22.5米，进深19米，上檐出双昂。其建筑年代虽近，却保存了古建筑的一些特色，是研究宁波建筑发展史的实物资料。

南宋宝庆《四明志》载："灵应庙，即鲍郎祠也，旧云永泰王庙，在州南二里半，祀晋惠济广灵王鲍盖。"鲍盖，生于晋泰始三年（267），高钱青山村（今鄞州东钱湖镇梅湖村）人，永兴三年（306）任鄮县县吏，为官清正，两袖清风，深受老百姓爱戴。建兴四年（316）闹灾荒，百姓流离失所，食树皮度日。适逢鲍盖押粮船队浮海遇浪，驶入鹿江（高钱）暂避，见途中饥民跪地求救，毅然将所押粮米赈灾。后因难向官府交差而投江自尽。百姓感其恩德，捞尸葬高钱下王鹿山，建庙以"青山"名之。民国《鄞县通志》载，鄞县城乡有鲍盖庙68座，约占境内庙宇总数的五分之一。

自唐宋迄今，鲍盖声名盛于浙东。《四明谈助》卷二十二载："（鲍盖）既死，葬三十年……乃发棺，其尸俨然如生。郡人神之，立祠以祀。南朝梁大通间，有奴贼名益，倡诱群盗，号'奴抄兵'，寇郡邑。官军邀击不胜。定襄侯萧祗为刺史，神忽见形，因巫语祗：'愿助讨贼。'期之八月十三日。'奴抄'果以是日至余姚。舟胶于江，众陷于淖，溃溃如醉。官军悉缚之。祗奏其异，武帝遣增大祠宇。唐圣历二年，县令柳惠古徙祠于县。宋崇宁二年，尚书丰稷奏：明州鲍君永泰王庙额，犯哲宗皇帝陵名，乞改名'灵应'。（《乾道图经》）今在西南隅昼锦坊东。宋以来，屡封'忠嘉神圣惠济广灵王'。（《延祐志》）明正统间，郡守郑珞新之。岁以九月十五日郡邑致祭。（《闻志》）"鄞人张延章《宁波十二月竹枝词》之九有"九月城中菩萨忙"一句，此中"菩萨忙"谓每年农历九月十五夜半三更"行庙会"，抬鲍盖神像鸣锣开道，浩浩荡荡，吹吹打打，巡游城区队伍长达数里，所经小庙都要设祭迎拜。

传承浙东学派

位于云石街27号的李杲堂宗祠，灵秀典雅。房产原主姓苏，后售于李氏，改为宗祠。祠系民国初期建筑，为坐北朝南的四合院，楼层高敞宽阔，用材硕大，结构精巧。李杲堂，名李文胤，字邺嗣，别字杲堂。《甬上族望表》云："砌街李氏，宋太尉显忠之后也，自青涧来。御史知衡州府循义、诗人生寅、诗人德丰、兵部侍郎谥忠毅樗、殉义礼部主事樇、诸生桐、从亡兵部主事文昶兄弟、兵部主事文缵、诗人文纯、征士文胤，共十望。"说其家族有名望之人有十（远不止此）。李杲堂天性聪慧，十二三岁即能诗，十六岁时为诸生，后陪他父亲去岭外做官。顺治初年，李父因海上抗清事受牵连，被押杭州监狱，李杲堂也因此被关押二月余。后其父绝食殉国，他在甬上名士万泰帮助下获释，坚不事清，隐居于鄞，与万泰、徐凤垣、高斗权、高斗魁赋诗唱和，成立鉴湖社（类似诗社）遗民组织。晚年重视四明文献学，成为浙东学派黄宗羲后学，辑《甬上耆旧诗》，为旧日文人魁首。现李氏宗祠不远处，有浙东学派与先生生平陈列，供后世瞻仰。

　　盛氏藏书楼盛氏花厅，现改造为郁家巷街区主要景观。这处旧时素享幽静典雅盛名的高墙深院，经改造后邂逅今天的时尚，成为独特的商业街区，定名为月湖盛园。此园于 2010 年 5 月开业，藏书楼古为今用，焕发出迷人的魅力。如今的郁家巷历史文化街区，成为市民与游客消遣与叙旧的必至之处。

宁波鼓楼：谯楼鼓角　护佑甬城

时雨　阿苏／文　潘旭光／摄影

　　"偶逐征鸿过邺城，谯楼鼓角晚连营"是元代陈孚在《彰德道中》的两句诗，体现了鼓楼在我国城建史上特殊的地位。

　　宁波鼓楼历史文化街区，隶属海曙区鼓楼街道，处市中心位置。东濒三江口与鄞州区东郊街道隔江相望，南与江厦街道、月湖街道相连，西滨北斗河与西门街相邻，北和东北濒临姚江与江北区中马街道隔江相望。宋、元、明、清时期，此地分属鄞县武康乡小江里、东安乡白坛里。至1992年10月，由苍水、孝闻街道合并为鼓楼街道。截至2020年6月，辖有苍水、秀水、孝闻、文昌、中山5个社区，办事处驻文昌社区乌含巷9号。域内鼓楼，是市区仅存的古城楼遗址，也是国家重点保护的古建筑之一。

　　宁波鼓楼始建于唐长庆元年（821），至今已有1200多年历史。它是宁波历史上置州治、立城市的标志。游人登楼，可一览宁波城之全貌。

鼓楼

甬城地标

唐长庆元年（821），明州刺史韩察将州治从小溪镇迁到宁波三江口，以中山广场到鼓楼一带立木栅为城，后又以大城砖石筑成城墙，在历史上称为"子城"，其南城门就是现在的鼓楼。

后梁开平三年（909），置明州望海军，鼓楼称为望海军门（楼）。宋太祖建隆初，望海军改为奉国军，鼓楼也随之称奉国军门（楼），太守潘良贵书"奉国军"额。宋仁宗庆历八年（1048），新任鄞县令王安石为奉国军楼刻漏作《新刻漏铭》，铭曰："自古在昔，挈壶有职。匪器则弊，人亡政息。其政谓何？弗棘弗迟。君子小人，兴息维时。东方未明，自公如之。彼宁不勤，得罪于时。厥荒惰废，乃政之疵。呜呼有州，谨哉惟兹。兹惟其中，俾我后思。"表示要以楼中刻漏"弗棘弗迟"速度改革政事。表面看王安石为刻漏作铭，其实是其革弊维新的誓言书。

南宋时改鼓楼为"奉国军楼神祠"。传说高宗赵构被重兵追至此地，正彷徨间，忽见唐"安史之乱"时坚守商丘而殉难的五位将军——张巡、许远、南霁云、姚訚、雷万春打着旗帜，戎装列队前迎。在高宗躲进鼓楼不久，金兵追至楼下，见蛛网密布，一片荒凉，以为必无人进入，遂往他处搜寻。因此脱逃的赵构，下诏追封鼓楼为"奉国军楼神祠"，祠内置此五位将军像以祀之。

元初，蒙古统治者害怕汉人反抗，下令拆除全国重要城池，宁波鼓楼也因此被拆毁。后重建，取名为"明远楼"，取高瞻远瞩之意。至元末，方国珍军打到宁波，明远楼又遭大火烧毁。明宣德九年（1434），太守黄永鼎在唐宋旧址上重建，楼门正南题名"四明伟观"，北面悬额"声闻于天"。万历十三年（1585），倾圮欲堕，太守蔡贵易重修时，采用唐诗人杜审言（杜甫祖父）《和晋陵陆丞早春游望》诗"独有宦游人，偏惊物候新。云霞出海曙，梅柳渡江春"之意，改"四明伟观"为"海曙楼"。

清代，鼓楼又经数次修建，现存楼阁为清咸丰五年（1855）由巡道段光清督建。民国二十四年（1935），经当地士民提议，在鼓楼三层楼木结

新刻漏铭

构建筑中间，建造了水泥钢骨正方形瞭望台及警钟台，置标准钟一座（四面如一），既能报时，亦可报火警。20 世纪 80 年代末，此楼年久失修，已成"危楼"。1989 年 4 月，宁波市政府拨款约 35 万元，对鼓楼进行大修，于次年 6 月完工。大修后的鼓楼焕然一新，占地 700 多平方米，总高约 28 米，分 7 层，城高 8 米余，门道深 16 米，门宽 6 米，为石砌拱形门。东北依城墙设踏道，可拾级登上城楼。楼为五开间，三层木结构，重檐歇山顶，气势雄伟。城楼两旁添建了附属建筑物，原城楼上的历代匾额及碑记，也修复完工。

诗文风流

鼓楼，初名谯楼，不仅为宁波城市的一个象征，还是文化底蕴的体现。谯楼，《辞海》释为古时建筑在城门上用以瞭望的楼。承汉代遗风，谯楼内须悬巨钟。在没有钟表的年代，一般以刻漏计时。城中谯楼上的刻漏，是百姓依据的标准时间。北宋时鼓楼使用铜刻漏，为千年前世界罕见的大型计时器。其包括三个方水壶和一个受水壶箭刻报时铙钟。此漏以水的流动力学原理，推动受水壶内标尺升降来计时。古代箭尺刻有 96 格，每格为 15 分钟，能自动报时 8 下。谯楼内一般悬有巨钟，晨昏撞击，使百姓存有"生卒有年，四时更迭"的敬畏之心。

鼓楼在其发展的 1200 多年中，作为城市地标，留下诸多文人墨客的诗文。除北宋重臣王安石《新刻漏铭》，明万历首辅沈一贯（1531—1615），晚年曾作《海曙楼记》，曰："楼之称海曙也，善哉！明受天命，厄隔僻隅，咸之乎光明，穷溟渤所至，浮天凿空而来，矧是东夏朝夕之池，襟带之国，长安之日，在骧首上者哉。而自壬子来，鲸鲵踞扬，使我震荡，则楼实为戎府。肃皇震怒，爰整大旅，然后两仪剖，清浊分，民乃筑室返耕。又廿年而始有今日，德厚而慈洽，法明而政平。吏吾土者，大抵惠和洁廉，忧劳吾小民，故民如矇之始睹，偃之始转，日之新出于扶桑旸谷间也，而是楼以成。愿自今官我者永怀明德，除我丰蔀守突之扰，而楼乃尊安喜皞，无幢节貔武之扰，而东向巨浸，长耀其华丹，是所为名海曙哉！"按沈一

鼓楼街区整体风貌

鼓楼街区商业

贯意，海曙之名，当取自"海定波宁、沧海为曙"典故。

清代"蜀中三才子"之一的李调元（1734—1803），应邀至浙东，作七律《登宁波城楼》，诗云："雉堞凌云脚下堆，鲸波带日岛边回。江中船出海中去，洋外帆从天外来。地近东溟先见日，云垂南浦忽闻雷。不知何处蓬莱是，遥看沧沧贝阙开。"

清代余姚名士施焌，在《甬江城楼》中云："浮桥横束大江隈，鱼市前头酒市开。高立甬城楼上望，海船齐趁暮潮来。"

传扬文脉

鼓楼城墙于20世纪20年代拆除，其楼却保存至今。史料载，民国六年（1917），宁波警察厅以其高可瞭远，悬挂警钟以报火警。民国十九年（1930），市救火联合会呈请政府拨租全部房屋为会所。在三层木构建筑中间，建造正方形水泥钢骨瞭望台及警钟台，置四面如一标准钟。

千百年过去，昔日古城早无踪迹，仅存鼓楼。登上鼓楼顶，仍能辨认出铜钟上镌刻的铭文："宁波警察厅警钟，民国九年巧月，厅长林映青督造，商会长费绍冠重造，甬江顺记厂承造。"

如今，鼓楼及附近的公园路一带已成为宁波主要文化活动的聚散地，整个地区的建筑充分体现出宁波江南水乡的特色。两旁是仿宁波传统建筑风格的商店，小青瓦双坡屋面，风火马头墙，还有各种精细的外墙木装饰，既具有宁波传统商业街的风貌，又具有强烈的历史文化质感。已修复的浙江督学行署、东西两端入口处明清两代举人的古石牌坊，以及城墙遗址、石碑等，代表着街区蕴含的历史文化内涵。鼓楼步行街融文化、商贸为一炉，集购物、休闲于一体，已成为宁波市内的游乐胜地。鼓楼内则新设宁波城市发展史陈列馆，展示城市的沧桑变迁。在此举办的各种书画、摄影、文物精品展览与交流活动，向世人打开了一扇城市历史的窗口。

宁波伏跗室永寿街：文脉悠远　名士辈出

时雨　阿苏／文

　　伏跗室永寿街历史文化街区，位于城区西北部，呈东西走向。以永寿街为中轴线，东至孝闻街、呼童街，西至文昌街，北至西河街，南至永寿街南侧规划道路。这里较为集中地保存了伏跗室、屠氏尚书第、万氏别第、元戎第等一批明清时期的藏书楼、官宅、民居等建筑，是城区内较典型的明清住宅建筑传统风貌街区。

　　此街原名永寿巷，与尚书巷相连，也叫水浮桥巷。因巷内永寿庵、永寿桥和水浮桥得名。宋、元、明、清沿用旧称，归东安乡管理。清宣统三年（1911），为西北隅乡所辖。入民国，区域未动，地名改换频繁。1950年，设孝闻街道永寿居委会。1997年12月，被宁波市政府公布为历史文化街区。街区在20世纪90年代进行整修，基本保持了街巷格局和留存的明清古建筑。建筑风貌大多与历史文化街区相协调。

　　街区历史底蕴深厚，文化渊源可追溯至汉晋。据宁波市考古专家李永宁介绍，2011年对街区尚书街地块改造项目进行抢救性发掘，面积500平方米，遗址平均深度约2.5米，出土有汉晋到明清可复原文物标本570余件。"我们用小手铲对此地块进行细致的考古发掘，收获极大，尤其是出土的大量汉晋、唐宋时期的文物。"他说，"以前市区考古挖到唐宋地层后，下面就是海涂，很难对隋唐前历史进行研究，但此次不同，发现了汉晋时期的遗迹与遗物，是一个重大的突破。"据悉，此次发掘出的遗迹和遗物有汉晋、唐宋时期的沟5条，唐宋时期水井4个，汉晋到近现代时期的灰坑9座，唐宋时期的房址2座。沟底部铺有苇草，水井多为土质，其中宋代的一口水井为砖砌，灰坑中出土不同时期的瓷片。出土的570余件汉晋至明清可复原的文物标本，种类有罐、盆、碗、碟、杯、壶、瓦当、筒瓦、板瓦、砖、钱币等，其中不乏龙泉窑等精品瓷器。发现的三江口明州城建城前汉晋地层印纹、钱纹、水波纹、弦纹、素面陶片、夹杂少许釉色的青瓷片和釉陶片以及汉代五铢钱，确证宁波作为河海枢纽城市，汉晋以来就有人居住，也为宁波城市发展史和海上丝绸之路的研究提供了第一手资料。

清廉之街廉风传扬

与市区内其他历史文化街区相比，此处最大特点是官宅多。尚书街因"尚书第"得名，却被市民称作"清廉街"。人们说："尚书第诸多州府皆有，而清廉街却鲜闻之。"

明廉臣屠滽故居，位于尚书街 51 号，1992 年被公布为市级文保点。屠滽（1440—1512），字朝宗，号丹山，成化二年（1466）进士，历任监察御史、右金都御史、右都御史、吏部尚书等。立朝持论公允，推贤让能，自谓手执此笔，掌铨衡、刑狱，最怕误黜、错杀。凡遇送礼求情者，反放至远地。致仕归里，卒谥襄惠。著有《丹山集》，后其孙编有《屠襄惠公遗集》。

屠滽为官清正，为表心迹，自撰门联一副："辛苦立门户，清白贻子孙。"其对家族约束甚严，《简肃公宗约》述："父母之丧，戚莫大焉。饮宴，匪礼也。故初死而成服，则会食；将葬而吊，则会食；既葬而相慰，则会食。非此不会。"在家族内形成一种积极向上、向善的家风。

据《甬上屠氏宗谱》载，屠氏先世于"宋开庆间，自无锡徙鄞，卜宅桃花渡北"。古桃花渡位于今江北外马路一带，时为毗邻甬江的城郊商埠。至明，屠氏族人有些留守祖宅，如屠滽族侄、《明史》称为"生有异才……落笔数千言立就"的甬上才子屠隆（1543—1605）一族，仍羁居商贾混杂的商街；有些却陆续向城厢发展。屠滽晚年于祝都桥建造宅第，当为江北桃花渡一支。

此居至清，为康熙四十二年（1703）兵部尚书屠粹忠之府第。圣念其功，亲题"修龄堂"匾额赐之。屠粹忠（1629—1706），字纯甫，号芝岩，为甬上屠氏第十二世。清顺治十五年（1658）进士。有《三才藻异》三十三卷留世。

名门会聚名士辈出

自明代始，诸多名门在此建造宅院府第。位于尚书街 53 号的万氏别第，主体建筑坐北朝南，正屋为重檐硬山式，系四合院建筑，精致大气，具有江南传统民居特色。其正屋用竹篾泥壁分割，为清早期建筑风格。据考，此宅建于清康熙年间，由万言子万承勋所建。万言（1637—1705），字贞一，号管村，系素有"城内天一阁，城外白云庄"之誉的白云庄庄主万邦孚曾孙，万斯同的侄子。

从明太祖起兵至靖难之役，北征鞑靼至南抗倭寇，卫所之设至漕运之治，宦官专权至东林党争，南明偏安至义军抗清，都能看到甬上万氏祖先和世裔的身影。始祖万斌（原名国珍，1322—1372），追随朱元璋南征北战，战死于蒙古阿鲁浑河（今鄂尔浑河）。其子万钟（1357—1399）袭父爵，防守宁波，与其孙万武（1386—1408）、万文（1397—1418）"或死沙场，或死绝檄，或死巨海浪中，俱不得裹片骨归葬"。后人建"万氏四忠冠剑墓"祭之。万氏门内，更是巾帼不让须眉：女眷中万钟、万武和万文妻三人，共同抚养万文遗腹子万全，小姑义颛则终身不嫁，为其侄授业。合族谱写"四忠三节一义"，彪炳史册，成为忠孝传家的标志。

"有事则著武功，承平则显儒术。"万全（1418—1464）纂《万氏宗谱》以明世系。明正德十五年（1520），万全曾孙万表在武举会试中榜上有名。清代学者邵廷采在《宁波万氏世传》中说："万氏之大，自鹿园（万表号）始。"万邦孚（1544—1628）曾参加援朝抗倭之战，著有《万氏家训》六卷及诗集《一枝轩吟草》。传至第十世万泰（1598—1657），完成弃武从文转变，成为第一位通过科举获取进士功名的文人。其时家族枝开叶繁，此脉有八子一女，八子为斯年、斯程、斯祯、斯昌、斯选、斯大、斯备、斯同，人称"万氏八龙"，师从浙东学派创始人黄宗羲。"八龙"之一，便是以布衣身份担任《明史》总纂官，历 23 年不食清俸禄完成"以任故国之史事报故国"夙愿的万斯同。万斯同（1638—1702），字季野，史学家。梁启超在《中国近三百年学术史》中，称其为"清代史学建设者"。

位于永寿街50号的元戎第，是广东水师提督沈垣的宅第。东侧原为北宋名臣敷文阁待制林保住宅旧址。林氏也系甬上望族，人称"北郭林氏"，族内为官者甚多。如南宋户部侍郎林祖洽、明吏部侍郎林栋隆等。永寿街孝闻街口，原立有林家父子登科坊。民国时期曾任工务局局长的林绍楷和其弟林绍楠，也系近代显赫人物，与蒋介石关系甚密。

处孝闻街口的叶宅，系清康熙二十年（1681）副贡官、长乐知县陈明府宅，后售与上海县令、定海人叶机。两街交叉处西南侧，亦有前后两进建筑，为清末曾任福建同知、民国初"海派"书画家、被誉为近代赵孟頫的赵叔孺的故居。此宅前进，于民国中期卖与冯氏，成为浙东藏书家、目录学家冯孟颛的藏书楼，以"伏跗室"名于世。

伏跗室初名伏柎斋，源出王延寿《鲁灵光殿赋》"狡兔跧伏于柎侧"。此楼坐西向东，为五间两弄三厢房木结构楼房，楼内有冯孟颛先生生平事迹陈列，用大量图片和实物，展示了先生的经历、著述成果、藏书业绩，以及将藏书献给国家的有关事迹。

宁波莲桥第：日湖之源　学术重地

时雨　阿苏 / 文　潘旭光 / 摄影

　　莲桥第历史文化街区，位于海曙区天封塔南侧，东靠小沙泥街住宅小区，南至灵桥路，西临解放南路，北至大沙泥街，是宁波历史文化名城的组成部分，也是现存保留较为完整的历史文化街区。其规模仅次于天一阁中营巷重点保护区，为宁波申报"海丝之路"世界文化遗产的重要历史遗存和文化区，也是日湖文化的溯源地。此街以唐宋时期的"一塔两寺"宗教文化遗存为核心，保留了4处文保单位、近20处历史建筑。

　　以莲桥名街，是因街西有座采莲桥（在此街与解放路连接处）。桥不远有亭名思莲，亭柱镌有楹联一副："古韵莲香忆桥影，往来鸿儒传清气。"光绪《鄞县志》称此地为"三角地横街"之一。老街两边挤满宅院人家，白墙黛瓦，层层叠叠，高高低低。

鸟瞰莲桥第

江南风韵　城中宝地

　　莲桥街可追溯至1200年前（唐长庆年间），刺史黄晟建明州府治，以镇明路为中轴线，拆明州之"明"，命城西南二湖：东为阳，称"日湖"；西为阴，称"月湖"。日湖在城东南，源自大皎，经鄞江由前塘河入南水关汇聚而成。明代散文家张岱在《陶庵梦忆》中云："宁波府城内，近南门，有日月湖……二湖连络如环，中亘一堤，小桥纽之……"莲桥是否其中一桥，年久无考。清代文人倪象占所作《鄮南杂句》中道："天封塔势一城专，地影还同七级穿。两道长街连水直，合尖有个日湖圆。"可见当年日湖与莲桥街、天封塔相连。

　　旧时莲桥街依日湖而鲜活。两者"离别"，也就近百年的事。据史家考证，盛时的日湖，东近狮子街，南为甬水门，西至现解放路西侧，有众多河流与此湖沟通。至北宋中期，日湖淤塞日益严重，湖面缩小，没得到整治。宋元时期，此湖主湖面为今解放路与开明街之间的三角地，继承自历史上平桥河与天封塔西河的汇聚空间。到了清代，日湖的主湖面为今长

莲桥塔影

春大厦东侧让司机崩溃的五岔路口，也是史上所载南水关东河、平桥河、白龙庙河、岳庙西河的汇聚空间。至 20 世纪四五十年代，此湖终于因年久淤塞被填为平地。

寻常巷陌　遂成传奇

望着遗留在莲桥街与南大路交叉处的"日湖遗址"碑，不难想象旧时城内湖中有水、水上生莲、莲上架桥的画面。此时日湖，论面积小于城西月湖，但在此湖周边，却为城内寺院道观最集中之地，游人如织，香火旺盛。其中，延庆寺和观宗寺，相依建在莲心岛上。延庆寺始建于五代后周，北宋时成为天台宗的中兴道场；其大殿面积达 1300 平方米，为浙江省内最大的古建筑。稍后在延庆寺西北角，介然法师开建观宗十六讲堂（现佛学院），系观宗寺前身。清同治光绪年间，谛闲法师将馆堂独立出来，称"观宗讲寺"。因"一塔两寺"名声，莲桥老街成为众多名人流寓和学者讲学之所。元末书法家吴志淳，曾在此以八分作千字文，由杨理学刻石以传。明末的南湖诗社在此集会，吟诗论文。清康熙初年，浙东学派大师黄宗羲也在此开设"证人讲会"，使之成为浙东学术重地。寻常巷陌，遂成传奇。

值得提及的是附近的天封塔，为古莲桥街区增添了一道亮色。此塔位于大沙泥街西端与解放南路交会处，始建于唐武则天天册万岁至万岁登封年间（695—696），因建塔年号始末"天""封"而得名。塔高 18 丈（51米），共 14 层，七明七暗（含地宫），六角形。塔旁有天封寺，建于五代后汉乾祐三年（950），初名"天封塔院"，后赐名为"天封院"。南宋建炎三年（1129），金兵占宁波，塔、寺俱毁于兵火。绍兴十四年（1144）重建。后数毁数建。清嘉庆三年（1798），修塔将成事，因塔灯失火，致塔檐、平坐、栏杆俱焚，只余砖砌塔身；直至 1935 年重修。1984 年 6 月，市考古研究所对地宫进行了考古发掘，共出土银殿、银塔等文物 140 余件，银殿、银塔皆镌有"绍兴十四年"铭文。1989 年 12 月，市政府拨款的按宋塔风貌重修工程竣工，建成为江南特有的仿宋阁楼式砖木结构，具有宋塔玲珑精巧、古朴庄重之特点。此塔为古明州港通江达海的水运航标，是中国大运河与"海丝之路"枢纽城市的标志。明李堂《咏天封塔》诗云："风暖正月闲，危栏怯近攀。眼中分世界，岛外列江山。南斗云霄上，东溟浩渺间。乘槎余兴逸，高处不愁寒。"

望族宅第　人文底色

现今的莲桥街，多条传统街巷与 20 多处明清格局和风貌完整的望族宅第，构成此地块的人文底色。位于开明街与塔前街交叉口的姚宅，系诺贝尔生理学或医学奖得主屠呦呦舅父姚庆三的故居。姚庆三为我国著名经济学家，曾任香港甬港联谊会会长。屠呦呦幼年时曾在此度过，现宅内有屠呦呦陈列馆开放。毛衙街毛宅位于此街 14 号，是建于晚清的一幢前后二进的深宅大院。据说祖上为明开国功臣毛彬。毛彬之孙毛达齐于 1400 年前后迁居宁波，此后毛家曾出过 14 名五品武官。士大夫第位于此街 19 号，清晚期建筑，前后两进，有月洞门相通。卢氏支祠坐落在塔影巷内，系面阔三开间，明间抬梁、次间穿斗式的清代建筑。甬上卢氏于明嘉靖年间从定海（今舟山市）迁居于此，卢氏支祠为卢氏一分支的祠堂。后裔中"抱经楼"主卢址（1725—1794），字丹陛，系清乾隆年间藏书家。抱经楼仿天一阁营制建，尊范钦为宗师，藏书数、质量极为可观。其与范氏天一阁、慈溪郑氏二老阁鼎足，传承 200 余年不倒。现此楼"抱经厅"迁入天一阁南园，与甬上徐时栋集一生所建的"水北阁"合一处，成为天一阁藏书文化区又一景观。

另有具清代建筑风格的孙传哲故居，位于塔前街 24 号。此居名"蜗居庐"（藏书楼），孙传哲（1915—1996）为新中国第一套特种邮票（国画）设计者，于 20 世纪末将藏书分别捐与天一阁和宁波大学。还有具民国建筑风格的李镜第故居。主人李镜第是"小港李家"第 28 代高字辈世祖，曾为晚清官员，后弃官经商，参加辛亥革命，捐资兴办效实中学并担任校董会主席。先生三代祖孙中不乏名人，均在此院出生或居住。还有南湖

屠呦呦旧居

卢氏支祠

孙传哲故居

（日湖别称）袁宅，系"淳熙四先生"之一袁燮之后住所。居宅原位于毛家巷 6 号，后迁建牌楼巷 15 号，为具有清末民初特色的建筑。现保存完整的杨氏宗祠，为晚清时纪念明名臣杨守阯而建。杨守阯（1436—1512），字维立，鄞县人。明成化十四年（1478）进士，授翰林院编修。因长兄杨守仁，从弟杨守随、杨守隅，侄杨茂元均进士出身，故有"一门五进士"之誉。

如今的莲桥街区，由宁波城市建设投资集团以"尊重、保护、原味"为宗旨，展开对宁波城市文化的另一种复兴与塑造。通过不断的磨合与探索，历经精心设计规划，最终采取原地保护和迁建修缮相结合的保护开发方案，在充分考虑建筑空间尺度、保留原有街巷的空间肌理的基础上，打造一条串联人文、商业、景观的公共活动轴线，构建既保留历史记忆又焕发城市新活力的功能区，为游客、市民至此品茶、听琴、挥笔、幽思、畅谈，提供一个穿越时空的休憩环境。

宁波德记巷：因海而兴　商业传奇

时雨　阿苏 / 文　潘旭光 / 摄影

德记巷历史文化街区，位于宁波市江北区白沙街道人民路 395 号，长 212 米，道路宽 3～4 米，建筑总面积为 6360 平方米。2010 年被列入宁波江北区改造计划。德记巷在人民路上并不难找，巷口镌刻着毛泽东主席的题词："动员起来，讲究卫生，减少疾病，提高健康水平，粉碎敌人的细菌战争。"这是毛主席在 1952 年 12 月举行的第二届全国卫生行政会议上的题词。正是在这次会议上，德记巷所在地江北白沙街道被评为全国爱国卫生模范。

中西文化交融

德记巷老街形成于 19 世纪中期。其时，宁波被辟为东南沿海五大通商口岸之一，江北老外滩附近成为外商居留和境内富贾的居住地。自晚清

德记巷历史文化街区

德记巷口的毛主席题词

到民国，此巷涌现出大量中西合璧的精美住宅。巷内至今仍保留昔日风貌，数十座清代、民国时期的民居建筑，各展姿容，偎依成趣。青砖黑瓦、石窗木雕，乃至断壁残墙、天井景观，无一不在诉说世事沧桑。走进巷子，踏着光滑的青石板，依然可感受到旧时场景：从中西合璧的楼宅木格窗内，传出洋人买办"江白驼"（经理）用洋泾浜英语高谈阔论的声音，以及打扮得花枝招展的妇人们，生着煤炉烘烤比萨与面包，从窗棂间飘出那缕炊烟……

置身此间，人们能暂时忘却现代都市的喧嚣，闻到旧时浙东街巷密布的钱庄典当算珠噼啪、商肆酒楼内银洋哐当的商贸气息，还有那份貌似平静安逸却内中暗流浮动，钱进货出的快感或错过时机的失意。

兴于"海丝之路"

位于今江北区外马路上的外洋码头，因千年大运河与崛起于唐宋时期的"海丝之路"而兴，足足保持了上千年的发展势头，至清末"五口通商"，其货运性质得以改变。历朝历代都以"国货"（主流产品丝、茶、瓷

德记巷

器）贸易为主，"洋货"（玉石珍宝）辅助。近代却为大宗洋货泊埠，主导货品为洋布、洋麻、洋油、洋火、洋烟，甚至连一颗小小的螺丝钉（洋钉），都由洋轮载货至斯，通过内设洋行、过塘行等买办转驳机构，沿浙东运河和民国后期建成的萧甬线火车西上，销往京杭运河与长江沿埠。地处江北外洋码头附近的德记巷，成为洋行买办首选商贸交易处与中外商家大贾的"后花园"。

老街历史可追溯到十六七世纪。明万历九年（1581），首辅张居正在全国推行"一条鞭法"，使沿海的商贸迅速地发展起来，缺地少（淡）水的宁波人，纷纷出洋谋求发展，出现了"大海洋洋、忘记爹娘"的首次"打工"浪潮。地处江北岸的外洋码头（今外马路一带），为他们背井离乡、生离死别之地。今白沙路靠甬江一隅，有着上一代人记忆犹新的"望娘滩"。此滩不是游子回乡探望娘亲，而是白发苍苍的老娘，把一针一线纳成的布鞋和纸糊银锭抛入江，口里声声呼唤其夫其子魂归故里。值得一提的是那时的德记巷老街地块，搭有许多破烂不堪的棚屋。在江风吹拂的夏夜，木制屋檐下，三三两两地坐在竹椅上纳鞋底与编草帽的纳凉老妪，边穿针引线，边东家长、西家短地唠叨着下南洋的丈夫和孩子汇寄多少"墨西哥鹰洋"，以及钱庄肩负算盘的"跑街"小哥上门折算的利率。

清末宁波开埠，临近老外滩的地理位置和便捷的交通，使得原本偏远的德记巷一带，迅速蹿升为商贸热地。在长约200米的巷子里，一批巨商富贾、洋行买办纷至沓来，在此营建私家宅院或传统商贸洋行；没多久，小巷内便高墙林立，院落鳞次栉比，中西建筑风格交融的宅楼拔地而起，成为此城继江厦钱庄后，最为闹猛的商贾云集之地。

商业进化的风景

现有德记巷老街，以保留有数十座中西建筑风格的住宅而闻名，形成了市区内少有的清末、民国时期的建筑遗存群落。这些高院深宅，当推近代宁波帮名人严子均故居为首。德记巷老街12号系他的私家宅院。严子均（1872—1931），号义彬，系晚清时期浙东巨商严信厚独子，曾任上海总商会会董。除继承父业主持上海源吉、德源两家钱庄外，还承办源通海关

严宅

官银行；1908年参与发起创办四明银行，任首任董事。除涉足金融业，还办有纱厂、造纸厂、榨油厂、金店等，商业足迹遍及北京、天津、汉口、厦门、香港诸地。

德记巷18—20号方宅，由两个石库门建筑院落和一个传统结构偏房组成。两个石库门为水泥磨石子式，门上有半圆形门楣，内饰卷草纹及菱形、方形图案。18号主楼曾毁于火灾，后重建。19号前后两进：前进主楼为三合院式，面阔三开间，进深四间；后进平屋，梁架采用穿斗式。此宅主为麻袋店老板，方姓（惜无名传），曾在上海林记麻袋行为徒。其与老板女儿林小姐相恋，因遭林父严厉阻止，带林小姐回宁波创办为码头运送洋货的麻袋行。创业初期的清苦与压力，使林小姐重返上海。方氏为迎回林小姐奋力打拼，数年后成为甬城行中日纳千金的"首领"。后林小姐没来，而在德记巷所建这幢中西合璧的洋楼，却挺立百年，直至今日。

民国时期，巷内中西文化盛行，许多文化产业也在此繁衍。据资料载，建造于1942年的芳记邮票社就在此巷一处老宅内诞生。此社专营近代邮票，是继国光邮票社后第二家专营集邮品的商店。其所创《邮目》（1946—1949，出刊10期），为甬城最早的集邮类杂志。

老街附近，建有诸多风格各异的老宅，有些如今还保留着。你只要随意推开一扇虚掩的门窗，总能触摸到旧日时光，感受到此巷往昔荣辱与兴衰。

位于大吉弄1、2号的董宅，由两幢近代民居组成。1号主楼坐东朝西，面阔五开间，高二层，屋面采用小青瓦硬山式，梁架为穿斗式。2号主楼坐北朝南，屋面也为小青瓦硬山式，梁架为穿斗式，带前廊，前廊有卷棚，车木栏杆雕刻精美，有团寿、回纹等图案，惜大门已毁。据调查，宅主董姓，为近代旅沪商人，曾投资教育事业。

人民路439号曹宅，为精致的近代三合院式民居。大门为砖雕门楼，有石雀替，上雕动物、植物及人物等图案。主楼面阔三开间两厢，高二层。前廊栏杆雕刻图案精美，有回纹、牡丹纹及团寿纹等。屋面采用小青瓦硬山式，梁架为穿斗式。宅主曹姓，是近代旅沪的工商人士。

方宅

董宅

地处复兴巷 15 号的许宅，由洋房主楼和偏房组成。洋房为中西合璧，面阔三间二弄，高二层，屋面采用小青瓦硬山式，梁架为穿斗式，二层为木漆地板，底层磨石子地坪，有前廊（二层设栏杆）。据查，宅主许仁根，系正大火柴厂职员。

泗洲街 9 号章宅，由甬道和一幢近代洋房组成。石库门上有半圆形装饰，其下为门匾，旧时上书"似兰斯馨"四个大字。面阔三开间，带有前廊，廊前为水泥栏杆（风化严重）。屋面铺有洋瓦（硬山式），梁架为西式木屋架，内为石膏顶，地面铺设精美花地砖。宅主姓章，在城内开有烧酒坊。

目前，德记巷历史文化街区已纳入江北区白沙街道改造项目。德记巷位于江北核心区外滩地域，范围北至西草马路，西以大庆南路为界，东至人民路，南至生宝路，用地面积约 8.98 顷。该项目将结合良好的历史文化遗存，复合居住、产业、游乐、商业等功能，融入历史、地方、公共空间、体验、城中艺术，打造以古为新的独特商业文化街区。

后 记

　　"浙东运河名城古镇"这一课题，对运河沿线的名城、古镇和历史文化街区进行了观察，探其源、明其流，从多个维度进行了发掘、梳理，展示了运河城镇发展波澜壮阔、多姿多彩的历史进程。尤其是以城、镇、历史文化街区为叙述单位，着力寻找其个性和特色，全方位介绍了运河对经济社会各个方面的深远影响，形成了自己的特色。

　　本课题在开展的过程中，进行了深入的实地调查，在参考了大量文献的基础上，尽可能多地吸纳各地最新的发展成果、保护利用的规划思路以及新的考古发掘成果等，努力保持完整性，为其他研究者提供有价值的线索。

　　全书的编排，大体按城—镇—历史文化街区的次序。其中，城、镇的体例，以绍兴、宁波为第一部分，萧山、上虞、余姚、慈溪、镇海为第二篇章，第三、四篇章为镇街。其中，丰惠、慈城作为曾经的上虞县治和慈溪县治所在地，单独为一个篇章。

　　全书的调研和写作过程，也是一个各方协作的过程。东南大学徐瑾副教授及其学生承担了绍兴和萧山大部分城、镇和历史文化街区的写作，并以专业的思维撰写了概述，为进一步思考运河水系与城镇发展的关联提供了启发。宁波张坚军（时雨）、桂维诚两位先生年逾古稀，承担起了宁波部分的写作；《宁波水文化》编辑夏萍儿在联络沟通方面投入了大量精力，并承担了图片的组稿工作。童波和周国勇为绍兴部分的镇街的撰写作出了重要贡献。

　　在这里，要感谢绍兴市文史馆冯建荣馆长和绍兴市新闻传媒中心原总编、绍兴市委统战部常务副部长单滨新，从绍兴市政协和原绍兴日报社合作推出"绍兴文史·百镇赋"大型系列报道后，一直关注浙东运河沿线城镇在发展过程中对运河文化的传承和保护，对本课题提出了高屋建瓴的意见和建议，为课题的顺利开展和学术质量提供了保障。绍兴市社会科学联合会王晶副主席、绍兴鉴湖研究会会长邱志荣一直对本课题给予有力的支持和保障，课题组表示诚挚的感谢。